Der Mann mit der Zigarre

Ich bitte nicht, dass man mir
erlaubt zu schreiben,
denn ich bin entschlossen,
es nicht zu unterlassen !

Gewidmet meinen Kindern
Beate und Rolf
sowie meiner Frau Sylvia
als Andenken an mich.

Es ist eine angenehme Aufgabe,
mich bei den Menschen zu bedanken, die mir bei der
Erstausgabe dieses Buches geholfen haben.

Meine Tochter Beate
musste sich beim Schreiben mit meinem miserablen
Grammatikverständnis auseinander setzen.

Mein Sohn Rolf
hat sich mit dem fertigen Manuskript befasst
und mir einige Anregungen gegeben,
die ich manchmal befolgte.

Albert Bayerl machte kritische Anmerkungen
zum Inhalt, die ich in einigen Fällen auch berücksichtigte.

Die ganze Arbeit am PC konnte ich nur machen,
weil mir Christian (Joogy) Calusic die ersten Schritte
beibrachte.

Die Erfahrungen und Ratschläge meines Lektors
Heinz Flock waren ein wesentlicher Beitrag zur Gestaltung
des Buches.
Für seine Begleitworte mein besonderer Dank.

DANKE.

Friedhelm Braß

Der Mann mit der Zigarre

Titel der Erstausgabe (im Original farbig)

Erschienen im Eigenverlag Friedhelm Brass, Auflage 1.100
Alle Rechte beim Verfasser.

Zum Geleit der Erstausgabe

Vor einiger Zeit bat mich Friedhelm Braß zu einem Gespräch, in dessen Verlauf er mich von seinem Plan in Kenntnis setzte, über sein bisheriges Leben ein Buch zu veröffentlichen.

Nach längerer Diskussion kam dann heraus, daß das Manuskript im Rohzustand schon „fertig" war!

Sein Wunsch war, daß ich als Lektor sein Buch in einen guten Zustand versetzen sollte. Warum? – Nun, das wird der geneigte Leser bei der Lektüre schon erfahren!

Als ich dann das Manuskript bekam, dachte ich bei der Durchsicht der ersten Seiten, na wieder so ein „Emporkömmling", der sich als „Schreiber" versucht!

Aber beim weiteren Lesen der Seiten wurde die Lektüre immer interessanter, ich mußte feststellen, daß der erste Eindruck mich getäuscht hatte. Dieses Buch ist zum einen Biographie, zum anderen ein interessantes Stück Zeitgeschichte, wie ich es in dieser Form noch nicht gelesen hatte . . ., ja, viele Passagen aus der Nachkriegszeit hätten von mir stammen können! Das fast gleiche Erleben! Zumal Friedhelm Braß mir an Alter nur zwei Jahre voraus hat.

Für mich stellte sich nun die Frage: Bringe ich dieses Manuskript in eine romanhafte Erzählung, oder lasse ich dieses „urwüchsige Erzählen" so bestehen, wie es dem Naturell von Friedhelm Braß entspricht. Ich glaube, das letztere mußte sein, denn alles andere würde nicht einem Friedhelm Braß entsprechen, diesem „Jungen" aus dem Volke, der es fertigbrachte, aus einfachsten Familienverhältnissen mit „nur" Volksschulbildung zu einem Manager, einer Leitfigur der Wirtschaft, aufzusteigen.

Der Autor schreibt in seinem Buch einmal: „Angst vor der Blamage habe ich nie gehabt!" – Dieses Buch kann gar keine Blamage werden, hier kann man als Kölner nur noch hinzufügen: „Jung, dat häste jot jemaat!"

Für die Unterstützung bei der Erstellung und Gestaltung
dieser zweiten, überarbeiteten Auflage von "Der Mann mit der Zigarre"
bedanke ich mich bei Dieter Rutkowski,
den ich aus meiner früheren Tätigkeit in Limburg kenne
und der mir damals schon in Werbe- und Druckangelegenheiten
tatkräftig zur Seite stand.

Durch die gemeinsame Arbeit an meinem Roman
"Ein turbulenter Weg" (erschienen 2015) und der überarbeiteten
Ausgabe dieses Buches wurden wir Freunde.

Ebenfalls Dank an Peter Kahl, für das Titelbild
und an Eike Lenz, der Korrektur gelesen hat.

© 2017
Herstellung und Verlag:
BoD – Books on Demand, Norderstedt
ISBN: 9783744813211

Umschlagentwurf, Satzerstellung und Druckvorstufe:
Dieter Rutkowski

Schrift Garamond
Papier cremeweiß 90 g/qm

Einleitung

„Ein Mann sollte in seinem Leben einen Baum pflanzen, ein Haus bauen und einen Sohn zeugen", ein bekanntes Zitat.

Ich nehme mir die Freiheit, hinzuzufügen: „ein Buch schreiben". Sicherlich, wenn diese eigenmächtige Erweiterung der sogenannten männlichen Potenz dem literarischen Kabarett (Quartett) zugänglich gemacht würde, gäbe es bestimmt wieder einmal eine publikumswirksame Auslassung über Qualität und Sinn des geschriebenen Wortes.

So werde ich mich erst gar nicht bemühen, etwas schriftstellerisch Wertvolles oder gar Unvergängliches zu Papier zu bringen. Es soll einfach ein Andenken für meine Kinder und deren Nachkommen sowie für interessierte Leser der Zeitgeschichte sein. Ich hinterlasse einmal keine Erbschaft im wirtschaftlichen Sinne, obschon ich viel und erfolgreich gearbeitet habe, weil ich das Erworbene auch für mich wieder verbrauchte. Ich erwarb für meine Nachkommen kein Vermögen. Das löst bei mir jedoch kein Bedauern oder gar schlechtes Gewissen aus. Mir ist es gelungen, nach einem alten chinesischen Sprichwort zu handeln und zu erziehen:

„Gebe einem Menschen einen Fisch, so hat er Nahrung für einen Tag, lerne ihn Fische fangen, so hat er Nahrung ein Leben lang."

Das Ziel scheint erreicht, denn meine beiden leiblichen Kinder Beate und Rolf ziehen noch immer ordentliche Fische an Land und sie leben äußerst zufrieden davon. Im Laufe meiner Ausführung wird der Leser erfahren, warum ich von leiblichen Kindern spreche, denn meine Familie hat sich in zweiter Ehe auf vier Kinder erhöht.

„Ein Mann sollte…" und „ich habe…", so steht es in den ersten Sätzen, und die Schlussfolgerung liegt nahe, dass das, was nun folgt, eine chauvinistische Selbstdarstellung wird.

Ich hoffe nicht, denn wenn es mir gelingt die Menschen, die meinen Weg begleiteten oder kreuzten, so darzustellen, wie ich es empfinde, so werden viele Frauen dabei sein, die mich mit ihrer Stärke und ihrem Wesen mitgeformt haben, und wenn mein Leben bis heute gut und erfolgreich war, so hatten sie einen erheblichen Anteil daran.

Um Nachsicht und Verzeihung bitte ich alle, die namentlich genannt werden und sich ungerecht dargestellt fühlen. Es ist nun einmal subjektiv, was ich schreibe; es kann auch gar nicht anders sein. Verheimlichen möchte ich aber auch nicht, dass es mir Freude macht, einigen – insbesondere männlichen Wegbegleitern – den Spiegel vorzuhalten, auch wenn ich längst davon ab bin, sie ändern oder in meinem Sinne bessern zu wollen. Trotzdem werde ich bei der Darstellung meines beruflichen Werdegangs auf einige Hinweise, wie man ein Unternehmen führt oder führen sollte oder wie man es am schnellsten ruiniert, nicht verzichten. Soviel Idealismus habe ich mir erhalten, dass vielleicht doch etwas aus meinen Erfahrungen hinübergerettet wird in eine neue Generation und dort Verbesserungen bewirkt. Damit hoffe ich dann doch wieder, dass das, was ich schreibe, auch gelesen wird. Bin ich deshalb inkonsequent oder gar gespalten?

Freunde lest, was ich geschrieben habe, und urteilt selbst.

Inhaltsverzeichnis

Der Kölsche Jung

Der Beginn

Es ist heute der 18. Juli 1997, an dem ich beginne mein Leben aufzuschreiben. Ich sitze auf dem Kreuzfahrt- und Clubschiff AIDA. Vor mir in einiger Entfernung die Küste Sardiniens. Im Blickfeld bis dorthin das tiefblaue Wasser des Mittelmeers; ein Blau, das unterbrochen wird durch kleine weiße Kronen, die die kabbelige See hervorbringt. Um mich herum Menschen, fröhliche Menschen, in Urlaubsstimmung. Was habe ich mir da vorgenommen, einen Lebensbogen zu spannen von heute zurück bis zum 1. September 1932, dem Tag meiner Geburt. Mein Geburtsort: Köln-Kalk, genauer bezeichnet mit Humboldt-Kolonie, Esserstraße 46.

Geburtshaus

Der Kölsche Jung

Mein ganzes Leben lang hat mich der Geburtsort Köln in besonderem Maße begleitet. Wird man als Kind auch vom gesamten Umfeld geformt, in das man hineingeboren worden ist, was sicherlich auch bei mir der Fall war, so gab mir der Herkunftsnachweis „Kölner" zu sein, besondere Impulse; als ich merkte, wie vorteilhaft das für mich sein kann, habe ich den „Kölner" in

mir gepflegt und bewusst nach außen getragen. Das fiel mir insbesondere deswegen nicht schwer, weil ich tatsächlich einiges in mir habe und spüre, das diesen Menschenschlag besonders „kennzeichnet". Ich vermeide zu sagen „auszeichnet", denn dazu muss man etwas leisten und, dass ich als Kölner geboren wurde, dazu habe ich nun wirklich nichts beigetragen.

Wir wissen alle, dass man Veranlagungen und Talente, die man sozusagen in die Wiege gelegt bekommt, besonders pflegen und ausbauen sollte. Allerdings mache ich einen deutlichen Unterschied zwischen angeborenen und den durch das Umfeld der ersten Jahre anerzogenen Eigenschaften. Da ist zum Beispiel die nicht nur offene, sondern auch die laute, gelegentlich zum Vorlauten neigende Art des Kölners, die aber in ihrer Konsequenz schnelles Reagieren, geistige Beweglichkeit und keine Angst vor der Blamage kennt. Im übrigen alles Voraussetzungen, die erforderlich sind, um ein guter Verkäufer oder ein guter Redner zu sein.

Die Erfordernisse der Sachkenntnis – bei einer Rede zum Beispiel – sind nötig, aber in ihrer Wirkung nachrangig gegenüber der Rhetorik. Der Erfolg meines Berufslebens basierte zu einem erheblichen Teil auf Verkaufen, Reden, Überzeugen und Begeistern. Ich werde darauf später noch zurückkommen.

So hat mir der Verlauf eines Verkaufsgespräches als junger Verkäufer auch die Erkenntnis gebracht, wie vorteilhaft es sein kann, sich als Kölner darzustellen.

Es war bei einem Bäckermeister in Ostfriesland 1959. Wer um diese Zeit einmal versucht hat, als Fremder in Ostfriesland zu verkaufen, der weiß wovon ich rede. Nachdem mein Gegenüber so gnädig war so zu sprechen, dass ich das meiste verstand, stellte er die Frage nach meiner Herkunft und ich sagte: „Aus Köln". Er verband wohl damit Fröhlichkeit, vielleicht auch Oberflächlichkeit oder Leichtsinn, denn er lächelte. Jeder Verkäufer weiß, was es bedeutet, wenn der potentielle Käufer positiv, dass heißt aufgelockert lächelt. Eine gute Atmosphäre ist geschaffen, ein echtes Lächeln bedeutet, die Seele des Gesprächspartners hat einen kleinen Spalt die Türe geöffnet, er hört zu.

Es gibt Verkäufer, die reisen mit dem neuesten Witz durch ihre Kundschaft. Ich habe immer davor gewarnt, ich mochte das nicht, denn diesem Lachen fehlt die Emotion, es geht nicht – wie vorher gesagt – an die Seele.

Nach dieser Erfahrung habe ich ganz bewusst versucht, meine Kölner Herkunft in vielen Gesprächen einzubringen. Ich glaube, es brachte Vorteile. Ähnlich war es bei Konferenzen und Diskussionen, wobei der Kreis keine Rolle spielte. Ob bei Bäcker- und Konditorlehrlingen, im Kreis der Geschäftsführerkollegen oder mit erfolgreichen, meistens älteren Managern aus Wirtschaft und Politik. Eine eingeworfene Bemerkung im rheinischen Tonfall oder im Kölner Dialekt brachte mir immer die Aufmerksamkeit der Zuhörer. In späteren Jahren habe ich auch in Reden ganz bewusst ein paar Worte im Kölner Dialekt eingebaut.

Soeben habe ich eine Trennung vorgenommen zwischen Geschäftsführerkollegen und erfolgreichen Managern. Im weiteren Verlauf meiner Ausführungen wird man erfahren, dass ich zwischen beiden einen deutlichen Unterschied festgestellt habe.

Noch eins zum Kölner und seinem Humor (gibt es den typischen Kölner Humor überhaupt?): Die Gedankenverbindung Kölner – Humor – Karneval ist geläufig und in allen Regionen unseres Landes, selbst weit über die Grenzen Deutschlands, gegeben und auch in allen Bevölkerungsschichten gleichermaßen vorhanden. Vielleicht kann man wirklich am Karneval (oder wie es in Köln heißt Fasteleer) ein paar Besonderheiten des Kölners aufzeigen.

Da ist zunächst die Brauchtumspflege. – Zu Festlichkeiten und Anlässen der verschiedensten Art gibt es überall den Rückblick auf die Vergangenheit und deren Darstellung. Die traditionsreichen Schützenvereine Westfalens oder die Trachtenvereine des Alpen- und Alpenvorlandes. Viele Städte und Gemeinden pflegen ihre Vergangenheit in letzter Zeit immer mehr zur Fremdenverkehrswerbung als von dem Bedürfnis getragen, eine Brücke zu schlagen von damals bis heute, um den Heutigen ihre Ahnen und Urahnen in ihren damaligen Lebensweisen näher zu bringen.

In einer Zeit, in der Klagen und Unzufriedenheit mit den gegenwärtigen Umständen einerseits und dem freiheitlichen Leben und materiellen Wohlstand andererseits vorherrschen, ist auch eine realistische Darstellung der Lebensumstände unserer Vorfahren nicht sonderlich beliebt.

So ist ja auch die Beurteilung der eigenen Lebensumstände von vielen unserer Zeitgenossen unrealistisch. In Gesprächen im Freundeskreis, am Stammtisch oder sonstwo gibt es häufiger die Frage: „Wie geht es", die glaubhafte Antwort: „Mir geht es gut." Eine Antwort, die auch durch die Lebensumstände des Gesprächspartners bestätigt wird. Dann kommt das große „Aber" und es werden Missstände sowie Unzulänglichkeiten in vielen Bereichen des täglichen Lebens genannt und es stellt sich eine Unzufriedenheit heraus. Wie erklärt sich dieser Widerspruch?

Mir geht es gut, ich bin unzufrieden!

Unsere freiheitliche Gesellschaft und der Wohlstands-egoismus ermöglichen es, dass es Menschen gibt, die schnell, scheinbar mühelos – wenn auch häufig am Rande der Legalität – gut, und damit ist reich gemeint, leben: Man bezieht sich nicht auf die eigenen Lebensumstände, sondern sieht sie in Relation zu anderen, denen es scheinbar oder auch ganz offensichtlich besser geht. Ich beschreibe das mit „Neidkomplex". Man hat es uns beigebracht und wir haben unsere Lektion gelernt, nach oben zu blicken und vorwärts zu schauen, Glück durch materiellen Wohlstand zu definie-ren und zu erleben. Wer wie im Sport nur Zweiter wird, hat verloren oder sieht sich als Verlierer. Die Idole sind die strah-lenden Siegertypen. Dies finden wir auch, oder gerade des-halb, an den Ausnahmen bestätigt. Auf Hunderte solcher nachgeeiferten Vorbilder kommen nur alle paar Jahrzehnte einmal wirkliche Persönlichkeiten, wie Albert Schweitzer, Mutter Theresa oder die ungenannten Helden des Alltags.

Dabei gibt es so viele Beispiele und Möglichkeiten, die uns glücklicher und zufriedener machen könnten. Ich em-pfehle den Blickwinkel, den uns der eigene Kirchturm gestattet, einmal zu verlassen, um zu erkennen, wie gering und unbedeutend doch unsere Nöte und Sorgen sind. Warum lernen wir nicht mehr und vergleichen unser Leben mit den Menschen in den vielen Urlaubsländern, die wir bereisen.

Wir sollten uns auch vor Augen halten, dass – wie schon immer – Probleme und Erschwernisse von heute, morgen die gute alte Zeit sind. Bei der Traditionspflege ist Schönfär-berei in höchstem Maße angesagt. Köln ist da keine Aus-nahme, aber vom Ursprung und Ansatz her anders. Es gibt wenige Regionen oder Vereine, die ihre Vergangenheit so der Lächerlichkeit preisgeben, verulken und verballhornen, wie es in Köln geschieht, und dass manchmal mit einem tiefgehenden Ernst, der auch häufig Anlass zu Kritik von außen auslöst. Die Kölner Stadtsoldaten (Funken) mit der Knabüüs, die op de Ääd fällt, dem Affzälle bes zwei, weil se´zu doof sin bes drei zu zälle un dem Stippeföttchen. Wer versteht das schon oder findet das gar lustig oder schön außerhalb Kölns. Aber das ist das wesentliche Merkmal des Kölner Karnevals: der Blödsinn, Spaß an der Freud, einfach nur jäck sin aus Spaß; ich wiederhole: am Blödsinn. Man muss wirklich in der Region geboren und aufgewachsen sein oder lange in Köln leben, um den tiefgehenden Ernst des Blödsinns zum Beispiel zu verstehen, wenn es in den Sälen oder auf der Straße heißt: "De Prinz kütt". Der Repräsentant des Volkes der fünften Jahreszeit, dessen einzige Aufgabe es ist Freude zu verbreiten. Wie tief verwurzelt der Kölner mit seinem Karneval ist, wie er das Brauchtum verinnerlicht in einer Art, wie es der Außenstehende nur schwerlich versteht, schildere ich mit einer Äußerung meiner kranken Mutter:

„Ich hann dies Johr noch nit ens de Prinz jesinn!" (Ich habe dieses Jahr noch nicht einmal den Prinz gesehen).

Sie charakterisierte damit, wie krank sie war und nicht in der Lage, einmal in der Saison den Prinz zu sehen. Meine nach München verheiratete Tochter berichtete mir von einem Erlebnis, das die Eigenart des Kölner Karnevals ebenfalls aufzeigt: Als Kölsch Mädche ging sie in München zum Fasching auf einen Kostümball und zog sich, für sie ganz selbstverständlich, jeck an. Als Clown im Lumpenkostüm, nicht schön, sondern lustig oder doof, man kann auch sagen blöd, sollte es sein. Sie war natürlich völlig deplaziert zwi-

Fastelovend mit Tochter

schen all den Schönen, die ihre Körper und Jugend darboten. Ich möchte das nicht abwertend beurteilen, denn um Freude zu haben gibt es viele Darstellungsmöglichkeiten, ich will nur die Besonderheit herausstellen.

Einige aus anderen Regionen, insbesondere aus Mainz, werden mit Recht sagen: Das gibt es bei uns auch. Ja richtig, der Kokolores in Mainz ist nichts anderes, aber wird er so intensiv betrieben, wie der Blödsinn in Köln? Der wesentliche Unterschied zwischen dem Karneval in Köln und Mainz ist das Wort. Der Aufstand gegen die Herrschenden, ein zentraler Punkt des rheinischen Karnevals, wird in Mainz mit der geschliffenen politischen Rede, mit der geistreichen Pointe betrieben, in Köln mit der blödsinnigen Verarschung.

Als in den fünfziger Jahren die Mainzer mit ihrem Fernsehkarneval Furore machten, bemühte man sich in Köln (im übrigen damals erfolglos) etwas ähnliches für das Fernsehpublikum aufzuziehen. Das Verständnis für den bis in die

Idiotie gehenden Blödsinn, den man in Köln liebt und pflegt, musste dem intelligenten Witz aus Mainz in der Publikumsgunst unterliegen. Wenn man heute feststellt, daß der Kölner Fernsehkarneval zumindest aufgeholt hat, so bedauert mancher Kölner, dass er dadurch, dass er allgemeinverständlicher wurde, ein Stück seiner Originalität aufgegeben hat. Viele wirkliche Kölner sagen mit Recht, „dat is keene Fasteloovend mie", was da mit Erfolg über den Bildschirm kommt. Aber wie heißt es, „Humor ist, wenn man trotzdem lacht", und Karneval hat nur einen bescheidenen Anteil am Humor, auch in Köln. Humor ist eine Lebensphilosophie, die nicht an eine Region oder Bevölkerungsschicht gebunden ist. Im Rheinland von Mainz bis Köln äußert sich der Humor lediglich lauter und öffentlicher, was am Straßenkarneval besonders zu erkennen ist. Wahrscheinlich weil es dort, vorhanden mit dem Vorlauten, weniger Angst vor der Blamage gibt. Und so schließt sich dieser Kreis für mich. Zu Beginn des Abschnitts „die Geburt als Kölner", sagte ich:

„Angst vor der Blamage habe ich nie gehabt!"

Meine stolzen Eltern

Mein Elternhaus

Beim Ordnen meiner Gedanken zu diesem Thema habe ich eine für mich erstaunliche Entdeckung gemacht. Eine Familie mit Vater und Mutter über einen längeren Zeitraum habe ich nicht gekannt. Das wird

mir erst jetzt bewusst, wo ich beginne darüber zu berichten.

Wie ist das möglich? Muss ich erst mit dem Schreiben beginnen, um mir darüber klar zu werden, bei dem Gedanken daran auch etwas traurig zu sein? Habe ich das elternliche Zusammenleben vermisst? Man sollte meinen, wenn es mir so spät im Alter erst auffällt, wohl nicht. Ich glaube, ich habe es mehr verdrängt, erst gar nicht zum Bewusstsein kommen lassen.

Möglicherweise ist das auch ein Grund für mein unruhiges, teils hektisches Leben. Ist meine jahrelange Suche und das Bedürfnis nach Geborgenheit nicht auch darin begründet? Ein Suchen, das erfolglos bleiben musste, weil es sich nicht vereinbaren ließ mit meinem Leben als erfolgsorientierter Einzelgänger, das ich führte.

Im Augenblick des Schreibens empfinde ich eine Erfahrung, die ich häufiger gemacht habe, bestätigt. Viele Erlebnisse hatte ich in allen Bereichen meines Lebens, bei denen ich mir wünschte, ich hätte sie mit jemand teilen können, aber es fehlte mir entweder der Partner, dem ich mich öffnen konnte oder es waren Dinge, die ich dem Partner nicht zumuten durfte. Es gibt den Spruch: „Geteiltes Leid ist halbes Leid." Ich füge hinzu, wenn man Freude teilt, verdoppelt sie sich. Oder die mathematisch krumme Rechnung wie es Albert Schweitzer ausdrückt:

„Das eigene Glück kann man nur multiplizieren, wenn man es teilt."

Diese Freude blieb mir zu oft verwehrt und auch die damit verbundene Geborgenheit. Es ist müßig darüber zu philosophieren, ob dieser Mangel, den ich heute mehr spüre als zur aktuellen Zeit und Situation, seinen Ursprung im so geringen Zusammenleben mit meinen Eltern hatte, aber sicher ist:

Das Umfeld der ersten Lebensjahre prägt den Menschen für sein ganzes Leben.

Meine Eltern trifft keine Schuld an diesem Mangel des Zusammenlebens. Es waren die äußeren Umstände der Vorkriegs- und Kriegszeit, in der ich heranwuchs. Ohne das besondere Zeitgeschehen wäre ich sicher auch im Familienverband groß geworden und behütet gewesen. Es ist heute kaum noch vorstellbar, wie das Zusammenleben der Familien in einer Arbeitersiedlung wie der Humboldtkolonie damals aussah.

Überhaupt, was ist Familie?

Wenn man in der heutigen Zeit und in unserem christlichen Kulturkreis von Familie spricht, so versteht man darunter ein bis zwei Kinder mit ihren Eltern. Die Großeltern sowie Bruder und Schwester werden bestenfalls dem erweiterten Kreis zugerechnet. Erstaunlich, dass sich diese Familie oder dieser Familienbegriff mit den Beteiligten, wie eben genannt, erst nach dem Zweiten Weltkrieg, also ab den 50er Jahren, so etablierte. Oma, Opa und Onkel, Tante, Neffen und Cousinen, bis hin zu manchmal Blutsfremden, gehörten früher zur Familie, die auch meistens in Wohngemeinschaften zusammen lebten. Fehlende soziale Absicherung, Versorgungsnotstand waren alltäglich und der Einzelne war in der größeren Gemeinschaft „Familie" besser aufgehoben. Was sich völlig verändert hat, ist die Alterspyramide, häufig erlebte früher ein Elternteil nicht mehr die Pubertätsphase des letztgeborenen Kindes.

Erziehung im umfassenden Sinn wie auch die Ernährung mussten von mehreren Mitgliedern übernommen werden. Ja-ja, wieder einmal die gute alte Zeit.

In den letzten Jahren erlebten wir als Folge des Wohlstandswettbewerbes mit seinen egoistischen Verhaltensweisen die weitere Fortschreibung und Entwicklung bis hin zur kinderlosen Ehe. Familienplanung (erst leben, dann Kinder), oder als Spitze der Singlehaushalt wurden die Maxime. Auch die Emanzipation der Frau im Berufsleben war nur möglich auf der Basis des Wohlstandes. Ihr Single-Dasein, ihre Selbstständigkeit in der Berufsausbildung und -ausübung und der eventuelle Wiedereintritt ins Berufsleben nach der Mutterphase, sind eine Folge des Wohlstandsegoismus. Mit großem Erfolg, wenn man Wohlstand „mit sich etwas leisten können" und „Besitz" definiert.

Ich will das nicht verstanden wissen als Kritik am Einzelnen oder der Gesellschaft, sondern nur als Feststellung einer Entwicklung. Der Mensch ist eben eingebunden in einen ganz natürlichen Ablauf in der Natur. Die Primatenforscher können belegen, dass sich Familienverhalten, Größe des Familienverbandes, Nachwuchsvorsorge der Eltern und Paarungsgewohnheiten mit reichlicherem Nahrungsangebot genau so entwickelt wie bei Affen.

Und unser christlicher Glaube? Dazu sei angemerkt, dass weniger als 20% der Weltbevölkerung in der christlichen monogamen Ehe leben.

Zurück zu meinem Elternhaus

In Wohnblocks mit vier bis fünf Etagen und noch einem Anbau im Hinterhaus waren die Häuser und Blocks aneinander gereiht. Die Innenhöfe durch zwei Meter hohe Mauern getrennt. In so einem Block bewohnten wir die Parterrewohnung mit Wohnzimmer, Schlafzimmer, Küche und Toilette. Ein Bad gab es nicht. Ich erinnere mich gut, dass

Samstags eine große Zinkwanne aus dem Keller geholt wurde. Die Toilette war gerade groß genug, dass sie da hinein passte. Mutter machte auf unserem mit Briketts geheiztem Küchenofen heißes Wasser und dann ging es in die Wanne. Zuerst der Vater, dann die Mutter und zum Schluss ich. Da sich das Wasser abkühlte, wurde kaltes abgeschöpft und heißes neu zugegossen.

Ja-ja, die gute alte Zeit.

In den Vierecken der Hinterhöfe waren Wäscheleinen gespannt, damit bei gutem Wetter dort die Wäsche getrocknet werden konnte. Bei schlechtem Wetter trugen die Frauen ihre Wäsche auf den Speicher. Von der im Keller gelegenen Waschküche bis zum Speicher immerhin sieben Etagen mit den schweren Körben. So ein Wäschekorb sah damals auch etwas anders aus als heute. Es gab keine Seiden- oder Nylonslips, sondern im wahrsten Sinne gewichtigen Damast, Frottee und vor allem die gute Baumwollwäsche. Alle vierzehn Tage war ein Waschtag zugeteilt, denn im Haus wohnten zehn Parteien. Ich erinnere mich noch, dass wir wohl zu den besser gestellten Familien gehörten, denn wir besaßen eine Waschmaschine, während die meisten Frauen auf dem Waschbrett schrubbten.

Als ich in den Kriegsjahren 1940 bis 1942 wieder einmal ein paar Wochen zu Hause war, durfte oder musste ich – wer weiß das schon so genau – auch die Maschine schlagen, das heißt 180 Bewegungen mit einem Holzklöppel, der im Bottich ein Holzkreuz bewegte, mussten gezählt werden. An diese Waschküche erinnere ich mich auch aus einem anderen Grund genau, denn dort wurde ich als Achtjähriger mit einem Mädchen beim „Doktorspielen" erwischt. Im übrigen bin ich nie wieder in meinem Leben, wie sagt man, in flagranti erwischt worden, wenn es auch manchmal haarscharf war.

Die gesamte Verwandtschaft wohnte in direkter Nachbarschaft. Opa und Oma Braß zwei Häuser neben uns, die beiden Schwestern meines Vaters, verheiratet, Tante Minchen als Frau Lohmüller und Tante Leni als Frau Zäck in den gegenüberliegenden Häusern.

Onkel Schorch mit Ehefrau Gerta im gleichen Hause wie wir. Nur die alleinstehende Oma Emma Mahlberg, die

Die Herren Brass

Mutter von Onkel Schorch und meiner Mutter, wohnte etwa 200 Meter weiter weg.

Das enge räumliche Zusammenleben (auch ein Ausdruck der Immobilität, wie sie wohl in vielen, den meisten Regionen des damaligen Deutschlands üblich war) hatte zur Folge: die gegenseitigen Hilfen in den Zeiten der Not, die in den ersten Jahren meines Heranwachsens überstanden waren, wie auch die Kenntnis der Lebensumstände des Nachbarn.

Ein ausgeprägter Gemeinschaftssinn war vorhanden (z.B. der gleiche Gesangverein, die gemeinsamen Wanderungen ins „Gremberger Wäldchen" oder in den Königsforst, und

Meine Mutter

mit steigendem Wohlstand Fahrradtouren an Ahr und Mosel). Wobei wir ein Tandem besaßen, was ebenfalls ein Ausdruck der sich verbessernden wirtschaftlichen Situation war. So glaube ich, dass es meinen Eltern ab Mitte der 30er Jahre bis zum Kriegsbeginn gut ging und sie zufrieden waren. Ich schildere das natürlich nicht aus dem eigenen Erleben, sondern aus Erzählungen, deren Inhalt ich in späteren Jahren aufnahm. Außer meinen Eltern gab es im verwandtschaftlichen Umfeld zwei Menschen, die einen nachhaltigen Eindruck auf mich gemacht haben: Onkel Schorch und Tante Ännchen. Zwei Menschen, die ihr Leben völlig unterschiedlich gestalteten, mit einer Lebensauffassung, wie sie verschiedener nicht sein konnte, die nie eine positive Beziehung zueinander hatten, obwohl oder gerade weil sie sich kannten. Sie hatten beide etwas, das mich nachhaltig beeindruckte: ihr Selbstbewusstsein, das nach außen hin äußerst ichbezogen wirkte.

Warum weiß ich so wenig aus der Jugendzeit meiner Mutter? Weder sie selbst hat jemals mit mir darüber gesprochen, noch habe ich von anderen irgendwann einmal etwas davon erfahren. Wie war ihre Schulzeit, welche Leistungen

Pflug des Lebens

brachte sie in der Schule, welche Erlebnisse hatte sie, wie verbrachte sie ihre Jugend? Wann und wie lernte sie meinen Vater kennen? Nichts, gar nichts ist mir davon bekannt. Ich besitze auch kein Bild oder Schriftstück aus Ihrer Kindheit. Das ist auch eine Erkenntnis, die mir jetzt beim Schreiben erst so richtig bewusst wird. Ich stelle erst heute – für mich überraschend – fest, dass ich auch nie danach geforscht habe.

Ja, diese Aufzeichnung, dieses Schreiben ist so, als wenn man im Garten des eigenen Lebens mit einer Schaufel mal leichte lockere, mal lehmig schwere Erde bewegt, und hier und da überraschende, manchmal tief berührende Entdeckungen macht.

Ich kann also von meiner Mutter nur aus dem eigenen Erleben berichten, und das war nur ein sehr kurzer Zeitraum. Es berührt mich eigentümlich, ja ich bin innerlich etwas aufgewühlt, es trifft mich tief, so empfinde ich im Augenblick, dass ich 66 Jahre alt werden mußte, und durch das Schreiben dazu veranlasst werde, mich mit meiner

Mutter zu befassen. Auch kann ich mich nicht erinnern, dass ich jemals mit meinen Kindern (immerhin ihre Großmutter) von ihr gesprochen habe, außer dass sie viel krank war und früh gestorben ist. Sie war für mich als Kind einfach da: Sie kochte, sorgte für Ordnung; was sonst getan und unternommen wurde, sagte der Vater.

Das erste und zum Teil noch zweite Schuljahr habe ich ja noch mit der Familie verbracht, aber, dass sie mir jemals bei den Schulaufgaben geholfen hat oder diese korrigierte, daran kann ich mich nicht erinnern. Ich kann ja wohl nicht auf Anhieb so ein guter Schüler gewesen sein, dass solches nicht notwendig gewesen wäre. Es gibt auch keine Strafe oder Anweisung, von der ich weiß.

Wenn Kinder sich beschweren, weil es ihnen nicht passt, in dem Augenblick, wo sie angehalten werden, pünktlich oder ordentlich zu sein (was immer man darunter versteht), oder fleißig die Schulaufgaben zu machen, so werden sie doch später feststellen, dass sie umsorgt und im umfassenden Sinne behütet waren.

Im Krieg 1943 ausgebombt und alles verloren – mein Vater war 1944 gefallen – lebten wir zum Teil im Verbund einer Großfamilie in Fürnheim, über das noch besonders zu berichten ist. Aber auch hier trat meine Mutter nie besonders in Erscheinung. Erziehung im Sinne von „Mach dieses, tu jenes oder lass das", kenne ich nicht. Das Einzige, was mir nachhaltig in Erinnerung geblieben ist, außer ihrer Krankheit, dass sie sich mit dem Tod meines Vaters nie abgefunden hat, ihn nie wahrhaben wollte. Zuerst die Wochen und Monate, in der keine Feldpost mehr kam, dann die Nachricht:

„Gefallen für Groß-Deutschland. Heil Hitler."

Ihre feste Überzeugung: „Das stimmt nicht, das glaube ich nicht." Sie ging zu Wahrsagern und Kartenlegern, kam dann immer mit der Nachricht zurück, er ist nicht tot. Eine Fülle von Argumenten brachte sie hervor, dass das nicht sein kann. Ich kenne keine Menschen in meinem Leben, die so wider aller Vernunft eine derartige Überzeugung in sich trugen. Ich kann es nur beschreiben mit: „Was nicht sein darf, das kann nicht sein." Ich bin sicher, noch 15 Jahre später (kurz vor ihrem Tod), wäre Vater zurückgekommen, so hätte sie gesagt: „Siehst du, ich habe es immer gewusst." Aus diesem Grunde war es auch gar nicht denkbar, dass noch einmal ein anderer Mann in ihr privates Leben hätte kommen können. Immerhin war sie erst Mitte dreißig, als mein Vater starb. Heute rückblickend weiß ich, dass sich zu dieser Zeit auch die ersten Anzeichen ihrer Krankheit bemerkbar machten, an der sie dann auch Jahre später starb. Sie hatte Tuberkulose. Eine Veranlagung für diese Krankheit hatte sie mit in ihr Leben gebracht. Ihr Vater, somit mein Großvater, war an Tuberkulose gestorben. Von ihm habe ich noch eine Fotografie, die ihn in einem Kurheim für Lungenkranke zeigt.

Opa Mahlberg (dritter von rechts)

Ich kannte eine Mutter nur dünn und schwach. Schwer heben konnte sie nicht, Gartenarbeit durfte sie nicht machen, und da sie die Sonne mied, war sie auch immer blass in der Gesichtsfarbe. Auch wenn ich sie nie nackt gesehen habe, so weiß ich, einen Busen im herkömmlichen Sinne hatte sie nicht. Der Hunger, schlechte Ernährung in ihrer Kindheit sowie die Einschränkungen des Krieges hatten auch Auswirkungen auf ihre körperliche Verfassung. Veranlagung und das Umfeld sowie die Ereignisse in ihrem Leben waren wohl die Gründe für ihren frühen Tod.

Ab 1948 – ich war noch in der Lehre – begann ihr regelmäßiger Klinikaufenthalt. Jedes Jahr war sie mehrere Wochen in Heil- und Kurkliniken. Das war dann die Zeit, und auch die einzige Zeit, in der ich mit ihr bei meinen Besuchen in den Kliniken Gespräche führte. Ich war in einem Alter, in dem man beginnt Fragen zu stellen, eigene Vorstellungen zu entwickeln und wir waren mehrere Stunden alleine, sei es bei kleinen Spaziergängen im Wald oder sie lag auf der Liege, warm eingepackt, an der frischen Luft. Die damalige Therapie bei Tuberkulose war viel frische Luft, keine Sonne und viel Butter essen. Ich weiß noch, wie schwer es für sie war, so viel frische Butter zu essen, denn diesen Luxus hatte sie in ihrem Leben nie gekannt. Unsere Gespräche waren oberflächlich. Sie handelten von Tagesproblemen, den Nachbarn in der Klinik, Ereignissen in der Verwandtschaft, meinem Bäckerberuf und meinem Fußball.

Wenn ich heute zurückdenke, was möchte ich jetzt nicht noch alles von ihr wissen. Fragen über Fragen könnte ich ihr stellen, aber das erkannte ich damals nicht. Wie sollte ich auch wissen, was mich 50 Jahre später am Leben meiner Mutter interessiert und wie sollte ich mich artikulieren. Froh bin ich, dass ich mit meiner Mutter noch einmal eine Reise gemacht habe und ihr noch einiges zeigen konnte. Wir sind mit meiner Lambretta – sie auf dem Sozius, was gar nicht so einfach war, da sie schon recht schwach war, – mit einigen Umwegen und Besichtigungen über Dinkelsbühl und Rothenburg nach Fürnheim

Ausflug mit Mutter

gefahren. Ich glaube, wir haben beide gewusst, dass es wohl ihr letzter Ausflug sein würde.

Aus dieser Erfahrung empfehle ich:

Kinder, stellt rechtzeitig die Fragen, lasst nichts unausgesprochen, denn der Brunnen eurer Herkunft versiegt unwiderbringlich.

Vielleicht ist es auch diese Erkenntnis, die mich veranlasst hat, einen Teil meines Lebens aufzuschreiben, oder insbesondere meine Gedanken ungefragt – aber wie ich eingangs sagte – als Vermächtnis zu hinterlassen. 1962 verstarb dann meine Mutter. Ich hatte zwischenzeitlich geheiratet und sie wohnte bei uns in Köln-Merheim. Meine damalige Frau pflegte und versorgte sie in den letzten Wochen ihres Lebens. In einem Hotel in Aachen erreichte mich die Nachricht, dass sie nach einem kurzen Krankenhausaufenthalt von nur wenigen Stunden verstorben war. So war ich auch in ihrer letzten Stunde nicht bei ihr. Ich durfte ihren Leichnam noch einmal sehen. Sie war schon im Kühlfach, man zog sie heraus, nahm das weiße Tuch von ihrem Kopf.

Da stand ich, alleine. Es war niemand mitgegangen auf diesem für mich schwierigen Weg ins Krankenhaus. Diese Einsamkeit in wichtigen Stunden und Situationen, da war sie wieder. Auch eine Einsamkeit, die ich empfand, wenn ich unter vielen Menschen war oder wenn es etwas Besonderes zu erleben gab, hat mich oft begleitet. Ich kann den Menschen in meinem Umfeld jedoch keinen Vorwurf machen, denn ich habe immer mein Umfeld selbst gestaltet.

Mein Vater

Was fällt mir dazu ein? Ich war wenig mit ihm zusammen und erst 10 Jahre alt, als er im Krieg in der Normandie bei der Landung der Alliierten, nach damaligem Sprachgebrauch „für Volk und Vaterland" starb.

So gibt es nur meine kindliche Erinnerung an ihn oder die später aus dem Kreis der Verwandtschaft geprägte. Die erste oder die am weitesten zurückliegende Begebenheit mit meinem Vater ist der Boxkampf, bei dem Max Schmeling gegen Jo Louis boxte und nach wenigen Sekunden bereits verloren hatte. Es muss nachts gewesen sein, heute weiß ich es, da ich es nachgelesen habe. Es war im Juni 1938, vier Uhr morgens. Ich hatte wohl den Wecker gehört und durfte aufstehen, auf dem Küchentisch sitzend dem knarrenden Volksempfänger lauschend, was da im fernen Amerika geschah und so schnell zu Ende ging. Ich erinnere mich sonst an keine einzige Begebenheit, bei der mein Vater eine Beziehung zum Sport hatte. In der damaligen Zeit gab es wohl auch genügend andere Probleme und Ziele. Die Arbeitslosenzeit war überstanden, die Inflation vorüber und überall war Fortschritt und Aufbau zu erkennen.

Wenn man den Erfolg des Despoten aus Braunau am Inn mit seinem Gefolge um diese Zeit beurteilt und den damaligen Zeitgenossen heute eine Mitschuld an den Verbrechen zuschreibt (an dem, was sich daraus entwickelte), so sollte man die damalige Gegenwart stärker berücksichtigen und mehr Verständnis für die Menschen aufbringen, die in dieser Zeit lebten. Die Männer hatten Arbeit, man konnte sich wieder satt essen und es gab – man muss es den Heutigen einmal sagen – am Sonntag einen Braten, es gab Fleisch. Wir besaßen einen Schrebergarten und Vater konnte Gemüse anbauen. Ein Radio war vorhanden, es wurde gespart für ein Klavier, was wir auch dann später kauften (natürlich gebraucht). Eine Zukunft wurde aufgezeigt. Nicht nur das sogenannte Bürgertum, auch die qualifizierten Facharbeiter hatten eine Perspektive. Man bot ihnen eine dritte Idee gegen die Ängste vor dem Kommunismus, insbesondere der bolschewistischen Prägung, und dem aus England und Übersee sich etablierenden Kapitalismus, dem man die Schuld an der Inflation mit der Vernichtung der kärglichen Ersparnisse und der nachfolgenden Arbeitslosigkeit gab. Es herrschte Optimismus und eine bescheidene Zufriedenheit.

Etwa drei Kilometer von unserem Wohnblock entfernt, Richtung Poll, am Friedhof, gab es eine Gartenanlage, die nach dem Krieg dem Autobahnzubringer weichen musste. Ich erinnere mich, wie mein Vater und ich mit Eimern auf die Poller Rheinwiesen gingen und Schafmist sammelten, der dann in einer großen Regentonne aufgelöst wurde und als Dünger seine Verwendung fand. Der ganz besondere Stolz und gärtnerische Erfolg war seine Brombeerhecke. Welch ein Luxus, diese Früchte! Ich durfte wenig und bescheiden davon essen, denn es wurde Marmelade daraus gemacht. Dann gab es die Gartenlaube, in der die Gerätschaften untergebracht waren. Ein alter Holztisch und zwei Stühle gehörten zum Inventar, aber ich habe keine einzige Situation in Erinnerung, bei der mein Vater und meine Mutter einmal gemeinsam im Garten, so wie wir uns das heute vorstellen, gesessen haben. Überhaupt weiß ich gar nicht, wann meine Mutter einmal im Garten war. Sie war wohl damals schon zu zart und schwach und mied die Sonne.

Im Winter hatte mein Vater eine andere Nebenbeschäftigung. Ein Hobby, das im Laufe der Zeit zu einer zweiten Einkommensquelle wurde. Er betätigte sich als Karnevalist. Die gesamte Familie Braß und auch die Seite meiner Mutter, die Mahlbergs, waren sehr musikalisch. Ein schwarzes, völlig unmusikalisches Schaf gab es später, das in dieser Richtung total unbegabt war – das war ich. Neben der Musikalität hatte mein Vater das Talent zum Dichten, vielleicht ist das zu hoch gegriffen, aber auf jeden Fall zum Texten von Melodien. Mit vielen bekannten und heute noch berühmten Karnevalisten hat er zusammen gearbeitet, und zu einigen Liedern, die Gassenhauer geworden sind, die Texte geschrie-

ben. Ich erinnere mich, dass in den Anfängen der Kriegsjahre Jupp Schmitz bei uns war, aber auch der vor kurzem
verstorbene Schmitze-Grön, Karl Berbuer, Jupp Schlösser als
seine damaligen karnevalistischen Freunde. Die nicht mit
dem Kölner Karneval so Vertrauten werden mit diesen Namen nicht viel anfangen können, aber der Interessierte wird
noch in Jahrzehnten diese Personen als Liedermacher vieler
Schlager des Kölner Karnevals finden. Ein Höhepunkt der
karnevalistischen Tätigkeit meines Vaters war die Darstellung des Schääl im Duett mit Tünnes. Mitte der 30er Jahre
war das Duett Braß-Hammerschlag als Tünnes und Schääl
in allen großen Sälen des Karnevals vertreten.

Jetzt, anlässlich des
Karnevals mit seinen
besonderen Feiern 175
Jahre KKV (Kölner Kar-
neval Vereinigung) und
750 Jahre Kölner Dom,
habe ich die Ausstellung
„Tradition des Kölner
Karnevals" im Zeughaus
in Köln besucht. Ich war
enttäuscht, dass die 30er
Jahre in Dokumentation
und Bild fast ganz ausge-
schlossen waren. Wenig
bis nichts war zu sehen
aus dieser Zeit. Es war
wohl nicht gerade ein
Ruhmesblatt der Verant-

Tünnes und Schääl

wortlichen des KKV, dass man sich ganz unkritisch und

somit auch unkarnevalistisch dem Zeitgeist angepasst hatte. Man schweigt sich lieber darüber aus.

Ein Dokument aus dieser Zeit, dass auch bei mir zu Hause an der Wand hängt, ist das abgedruckte nächste Bild. Ich weiß nicht, wie es den Krieg überlebt hat und in meinen Besitz kam.

Dieses Bild zeigt Tünnes und Schääl alias Braß-Hammerschlag als Fußgruppe im Rosenmontagszug (1936/37) mit einer Persiflage auf die Kartoffelschalensammelaktion der NSV.

„Mir kumme vun der NSV un sammele Ääpelschaale für die dicke Sau."

In den letzten Jahren seiner karnevalistischen Tätigkeit, die durch den Krieg beendet wurde, hat er auch zu seinen Texten die Musik geschrieben. Dazu musste er noch einmal Noten lernen, denn bei seiner außerordentlichen Musikalität hatte er am Klavier ausschließlich nach Gehör gespielt, sowohl bekannte Melodien als auch die eigenen Kompositionen. Um die eigenen Kompositionen zu übertragen, musste er sie dokumentieren und somit den Notenschlüssel kennen. Ich erinnere mich, wie er noch während des Krieges am Klavier saß und Noten schrieb. Die Folge davon war, dass auch ich bereits mit sechs Jahren Klavier spielen lernen musste.

Das Kind am Klavier

Das war für mich ein Greuel: erstens war ich – wie schon gesagt – völlig unmusikalisch, und dann die Musiklehrerin! Ich habe diese Person noch vor Augen wie selten jemanden aus meiner frühen Kindheit: klein, gedrungen, mit einem pomadisierten Herrenhaarschnitt, dem goldenen Parteiabzeichen auf der Jacke und mit einem Riedstock, mit dem sie mir auf die Finger schlug, wenn ich bei einer Etüde daneben griff, wobei ich mich überhaupt bei den Klavierstunden nur an Fingerübungen erinnern kann. Mit Sicherheit war das nicht die richtige Methode, um einem unmusikalischen Kind Freude am Klavierspielen zu vermitteln. Neben ein paar Liedchen, die ich zu Hause übte und einem Auftritt bei einem Kinderkarneval, bei dem ich (mein einziger öffentlicher Auftritt) mit meinem Vater vierhändig spielte, ist nichts übrig geblieben von den musikalischen Anfängen.

Als 1943 mit unserer ganzen Habe auch das Klavier verbrannte, wurde mir in Fürnheim in der Schule noch einmal das dortige Klavier zur Verfügung gestellt, aber ich hätte dort freiwillig hingehen müssen, und damit war meine musikalische Ära vorbei. Und was war das zu Hause für eine musikalische Familie! Mein Opa Fritz Braß, die Onkels, die Männer der Schwestern meines Vaters und im besonderen Maße Onkel Schorch, der Bruder meiner Mutter. Sie alle musizierten und waren im Gesangverein; ich glaube, der hieß "Liederkranz" und tagte bei Schlimm in der Eckkneipe der Humboldtkolonie. Die Kneipe gibt es noch und, wenn ich gelegentlich meine melancholische Phase habe, gehe ich dort hin, um ein Bier zu trinken.

Zurück zu meinem Vater. Er hatte wohl auch ein gewisses künstlerisches Geschick. Von der Berufsausbildung her war er als Eisendreher bei Klöckner-Humboldt-Deutz beschäftigt. In dieser Firma machte er für sich privat allerlei Eisenschmiedearbeiten. So hatten wir zu Hause schmiedeeiserne und verzierte Kleiderablagen an den Wänden hängen und im Wohnzimmer auf dem Tisch standen geschmiedete Kerzenständer mit Weinreben und Laub. Eine Besonderheit aus diesem Schaffen besitze ich heute noch und ich wünsche mir, eines meiner Kinder würde diese eines Tages übernehmen und in Ehren halten. – Der einzige Gegenstand, der im ausgebrannten und zerbombten Haus sozusagen überlebt hat:

Ein gusseiserner Christbaumständer, den er selbst angefertigt hatte. Nachdem der Brand sich abgekühlt hatte, ist mein Vater noch einmal durch die Trümmer gegangen, hat ihn gefunden und mit nach Hause gebracht. Dieser Weihnachtsständer wird jedes Jahr wieder benutzt. In diesem Zusammenhang weise ich schon einmal darauf hin, ich werde sicher darüber berichten, ob die Vorstellungskraft des Lesers ausreicht zu begreifen, was es bedeutet, nichts mehr zu besitzen als einen verkohlten eisernen Weihnachtsständer. Im Augenblick, da ich mich erinnere und das schreibe, habe ich Tränen in den Augen. Wie kann man nur einem solchen Gegenstand diese Bedeutung beimessen? Es ist wohl die Altersmelancholie. Das letzte Mal habe ich dann meinen Vater in Fürnheim als Soldat in Erinnerung. Er hatte auf Grund seiner Verdienste bei der Frontbühne einen kurzen Sonderurlaub bekommen. Ich sah ihn danach nie wieder.

Gedichte und Briefe meines Vaters

Karte ca.1944 zu uns nach Fürnheim

Es gibt oft Menschen, die haben sich lieb
und keiner kann sie je trennen,
doch dann kommt das Schicksal,
man fragt sich warum,
man kann es wohl grausam nur nennen.

Zerreißt dann alles, was Liebe gebildet –
man sieht es mit traurigem Blick,
man beugt sich, ist machtlos, Menschengeschick,
das Schicksal fragt nicht nach Glück.
Zurück bleibt dann eins nur, die qualvolle Zeit –
die Sehnsucht, und wer die nicht kennt,
der war noch nie vom Schicksal gepeinigt –
seinen Lieben getrennt.

Zum Geburtstag an meine Mutter am 23.04.1944

Am 23.4. gedenke ich dein – mein Lieb,
ich ließ dich zu Haus
leider kann ich nicht bei dir sein
bei eurem Geburtstagsschmaus.
Doch holen wir's nach, verlaß dich drauf.
Doch gratulieren tu ich schon heut,
und warte mit Sehnsucht und Vorfreude dazu
auf die schöne Urlaubszeit!
Dein Toni!

Zum 1. September 1943, meinem Geburtstag.
Zum Geburtstag!
Die schönsten Glückwünsche sende ich Dir,
es ist jetzt Freitagnacht um halb vier,
die Sirenen haben mich aus dem Bett gerissen,
der Schlaf ist hier noch immer so beschissen.
Draußen brummt es, es zischt und es kracht,
die Heimat und die Flakartillerie wacht.
Und ich denk, jetzt kommt Dein Geburtstag heran,
hoffentlich kommt diese Karte noch an.
Ich wünsch Dir alles Gute, mach Mutti keine Sorgen,
nach dem bösen Heute kommt wieder ein besseres Morgen.
Und wir werden wieder alle beisammen sein –
dies wünscht mit vielen Grüßen Dein Väterlein!

Toni Braß an die Schwiegermutter Oma Emma.
Zum Muttertag.
Der Tag ist gekommen, an dem wohl jeder denkt,
an die Mutter, die einem so vieles geschenkt.
Von hier bist Du ja ausgerückt,
wegen der Flieger, die Dich oftmals bedrückt.
Dort kannst Du in Ruhe schalten und walten,
und uns bleibst Du damit noch lange erhalten.
Wir danken für alles, was Du für uns hast getan,
Deine Kinder führest Du auf die rechte Bahn.
Du tatest was Du konntest für sie auf Erden,
denn für Dich sollten sie tüchtige Menschen werden.
Und nun senden viele Wünsche und manchen Gruß,
die Kinder, Hanni und Antonimus.

Toni Braß an Schwager Onkel Schorch
im Russlandfeldzug

Das alte Jahr war gerade vorbei
und das neue hatte begonnen,
da sind Deine Grüße aus dem lieblichen,
freundlichen Osten gekommen.
Wir erwidern für alle und denken
zurück an viele schöne Stunden,
die Du und wir, als Du warest zu Hause,
gemeinsam haben gefunden.
Und jetzt hängst Du von Neuem wieder im Dreck,
und wirst so manches vermissen,
und oftmals wirst Du fluchen und denken,
wie ist das Leben beschissen.
Auch dieser Feldzug, er geht mal vorbei,
bis dahin kannst Du noch hoffen
von allem was es gibt,
im schönen Paradies,
im Lande der Freiheit, im Osten.
Doch Spaß bei Seite und Ernst komm herein,
wir wissen jetzt wie es gewesen,
der Führer sprach, und es muss wohl so sein,
wir kehren mit eisernem Besen.
Der Sieg wird einst kommen, bis dahin fluche weiter,
es kann doch alles nichts nützen, trabe schön weiter,
durch Eis und durch Schnee,
durch Schlamm und durch Pfützen.
Zum Dank ist dereinst auch wieder alles zu haben,
an manch Liter Bier wirst Du Dich laben.
Zu Deinen Kindern sagst Du im Gegensatz zu heut,
wie schön war doch die Soldatenzeit.

Nun ist's mit diesem Mummpitz genug,
das Papier geht zu Ende,
wir grüßen alle von zu Haus
und drücken im Geist Dir die Hände.
Nun futtere Dich gut,
bleib gesund und werd nicht mager,
das wünschen wir alle, besonders Dein Schwager.

Zum Abschluss der Rekrutenzeit vorgetragen beim Bataillonsabend vom Rekruten Toni Braß

Kameraden, ich bin hier vor Euch getreten,
um Rückblick zu halten über die Zeit,
seit dem wir verlassen, die Grube, Kontor, Familie,
die Heimat, Vergangenheit.
Wir haben seitdem schon manches erlebt,
und vieles wurde uns schwer,
der Zivilist musste erst als Rekrut noch lernen,
der Soldat gibt die letzte Kraft daher.
Doch Schweres soll mit Humor man stets tragen,
dann ist's Leben leichter für alle.
Und eins muss das Höchste sein,
Kamerad sein in jedem Falle.
Und nun will ich mal kurz vorführen,
zusammengefasst zu schildern,
was wir erlebten, zwischen damals und heut,
in schnellen wechselnden Bildern.
Ein Brief rief mich damals aus dem privaten Leben,
eine Einladung die jeder kennt,
auf die man lange wartet, mit Hoffen, mit Sehnsucht,
mit dem zum Kommando man rennt.

Sehr liebenswürdig ist der stets abgefasst,
man wird darin höflichst gebeten,
wenn man Lust hätt und gerade nichts anderes zu tun,
in die Wehrmacht einzutreten.
Ich ging natürlich mit Freuden dahin,
und fand schon viele versammelt,
ein Bunker in Köln, der Treffpunkt für alle,
von Menschen voll gerammelt.
Und der Tommy, ein stetiger Gast in Köln,
der ließ es sich nicht verdrießen,
die Versammlung in der Tiefe des Bunkers am Dom,
ehrfurchtsvoll zu begrüßen.
Beim Krachen der Granaten, es rummste ganz nett,
zogen wir zum Bahnhof, zum Zuge,
die Zeit bis Paderborn, der ersten Station,
verging uns dann alle wie im Fluge.
Zum ersten Mal schloss sich, wir merkten es bald,
das Tor der schönen Kaserne,
und manches verschwand für uns, oh weh,
in unerreichbare Ferne.
Doch war unser Gastspiel dort sehr kurz,
zwei Anzüge konnten wir fassen,
doch das war zuviel, wir gingen bald fort,
und mussten einen lassen.
Dann ging's auf große Fahrt Marie,
auf Wiedersehn Ahoi!
Wir fuhren alle 5ter Klasse, den meisten war das neu.
Am Tage, da ging's, wir fuhren durch Deutschland
und später durch Feindesland.

Und viele sahen Neues, die immer zu Haus,
und nur die Heimat gekannt.
Aber Nachts, da fluchte es durch den Waggon,
denn Stiefel, Bauch und Gesicht,
die stießen in der Enge des Wagens zusammen,
vertrugen sich einfach nicht.
Was half es, die Nächte gingen zu Ende,
wir mussten die Federn vermissen,
und morgens wurde beim geringsten Halt,
am Bahndamm entlang geschissen.
Mit vielem Hallo, die Knochen zerrüttelt,
hat die Fahrt auch ein Ende genommen,
und wir sind schließlich mit Ach und mit Weh,
mit Gepäck noch bis Habas gekommen.
Nach kurzem Einrichten ging sie dann los,
die schöne Rekrutenzeit.
Und manch einem fiel sie gewaltig schwer,
zum Teil sogar noch heut.
Nun ging es los, im Wald und im Feld,
hinlegen, Sprung auf, marsch-marsch,
so klang es jetzt öfter, mehr wie uns lieb,
nicht immer sehr freundlich, oft barsch.
Doch auch hier war die Zeit schnell vorbei,
es blieb ja auch gar nicht aus,
denn immer wurde gesungen,
wir wollen aus Habas raus.
Dies hätten wir besser nicht gesungen,
das sieht schon jeder ein,
das Übungsgelände war dort trocken,
dazu gab es billigen Wein.

Wir zogen also hin, der neuen Heimat entgegen,
mit Lavetten, Gepäck und mit Wagen,
und dass die Fahrt schön war, in stockdunkler Nacht,
dies wird wohl keiner hier sagen.
Der Himmel hatte alle Ventile geöffnet,
es stürmte und goss in Strömen,
es wurde gewettert, geschimpft und geflucht,
in allen möglichen Tönen.
Das Wasser lief uns den Nacken hinunter,
und überlief Stiefel und Schuh,
doch auch dies nahm einmal ein Ende,
in einem alten Schloss gab es Ruh.
Es wurde gefeuert, getrocknet,
geputzt, die Ruhe war kurz,
doch rettete sie uns, das war ein Glück,
vor einem Schneewettersturz.
Und wieder ging's in die Nacht hinaus,
doch schon nach wenigen Stunden,
war wieder unser Ziel erreicht,
und wir hatten Ruhe gefunden.
Hier waren wir nun und sind auch geblieben,
der Dienst nahm wieder seinen Lauf,
es war ziemlich hart, darüber sind wir uns klar,
der Rekrut nimmt ja alles in Kauf.
Bei Tag und bei Nacht wird jetzt fleißig geübt,
auf Wiesen, auf Feldern, im Wald,
die Vöglein draußen, die schrecken oft auf,
wenn manches Kommando erschallt.

Des Morgens geht's los mit Gerätefassen,
Reihe rechts marschiert auf und ein Lied,
doch dies will nicht immer so richtig gelingen,
drum Fliegerdeckung, raus aus dem Glied.
Doch dies sind meistens die Böcke schuld,
die fremde Lieder angeben,
und von der ganzen M.G.K.
kann man nur ein Murmeln vernehmen.
Im Dunklen den Kompass zur Hand,
um jeden der jungen Rekruten-Soldaten zu prüfen,
ob er die Richtung fand.
Es ging im allgemeinen gut,
doch ist's dabei auch geschehen,
dass mancher in die Lage geriet,
durch stinkendes Moor zu gehen.
Sie kamen nach Haus, nass und verschlammt,
die einzige Hose zerrissen,
wer den Schaden hat, braucht für den Spott nicht zu sorgen,
die Sache war wirklich beschissen.
Es wurde gewaschen, getrocknet, geflickt,
der Schaden war dann behoben,
und morgens wurde in sauberen Sachen,
dann wieder Dienst geschoben.
Es geht nun alles einmal vorüber,
auch die Rekrutenzeit,
und heute sind wir hier versammelt,
zu froher Stunde bereit.
Wir sollen stets zusammenhalten,
mag's stürmen oder toben,
und ehrenvoll den Weg beschreiten,
den man uns wies von oben.

Lüsterklemme

Ich muss einmal die Chronologie meiner Aufzeichnungen aus einem aktuellen Anlass unterbrechen. Da habe ich doch heute tatsächlich eine Küchenlampe an der Decke aufgehängt. Die alte ausgetauscht, so richtig mit Kabel in die Lüsterklemme und fest unter die Decke und ich freue mich, sie brennt sogar. Wenn das meine erste Frau Margret oder die damaligen Schwiegereltern erfahren würden, sie müssten bestimmt staunen. Denn vom Handwerk im Hause hatte ich nun wirklich keine Ahnung, und ungeschickt, wie man mir bescheinigte, war ich im Übermaß. Einen Nagel in die Wand zu schlagen um ein Bild aufzuhängen und das dann auch noch gerade hängen sollte, war schon ein Problem. Aber war das Ungeschicklichkeit oder einfach keine Lust zu diesen Dingen. Ich fand ja immer jemanden, der mir das machte und ich konnte mich schöneren oder kreativeren Dingen widmen. Auf jeden Fall weiß ich heute, dass ich mich der Situation anpassen kann und auch für solche Arbeiten nicht zu blöde bin.

Tante Ännchen

Ihre Kinder, also meine Vettern und Cousinen, würden sich sehr wundern wenn sie wüssten, dass ich ihrer Mutter in meinem Lebensbericht einen besonderen Abschnitt widme. Als ältestes Kind der vier Brasse war sie wohl früh mit in die Verantwortung genommen worden und, so denke ich, frühreif. Und, was ich erleben konnte, ungeheuer selbstbewusst. Sie hatte sehr jung geheiratet und den Absprung aus dem Arbeitermilieu von Kalk geschafft, alle Ursprungshemmungen abgelegt, war sie weggezogen.

Ein Sprichwort dazu: „Man kann als Spatz geboren werden, aber als Schwalbe sterben."

Dann wurde sie aber mit zwei kleinen Kindern recht früh Witwe. Wieder verheiratet, lebte sie mit weiteren vier Kindern in Bergisch-Gladbach in einem für mich damals wunderschönen Haus mit Garten. Was war das Besondere an ihr, an das ich mich erinnere? Anfang des Krieges kam sie ein paarmal zu Besuch zu uns nach Kalk. Mutter war aufgeregt, es musste alles besonders akkurat hergerichtet sein.

Tante Ännchen war anders gekleidet als die Frauen, die ich kannte. Sie trug einen Hut und sie brachte einen Sohn mit, Hardy, der ein Jahr älter war als ich, der alles besser wusste und der so rau war, dass das gute Spielzeug von mir (ich weiß heute gar nicht mehr was das war) vorher weggeräumt wurde. Zwischen meiner Mutter und den anderen Tanten wurde nach dem Besuch darüber geredet. Als Kind konnte ich dies nur entnehmen, aber es war nicht besonders positiv. Später, als ich im Alter von 13 bis 18 Jahren in ihrer unmittelbaren Nähe wohnte, merkte ich, warum, und heute weiß ich, weshalb ich immer wieder ihre Nähe suchte, obschon das oft gar nicht angenehm war, und sie bewunderte. Die Art, ihre Meinung zu sagen, vor allen Dingen auch ungefragt äußerst Unangenehmes auszusprechen, das war es, was mich faszinierte. Dass ich abgekaute Fingernägel hatte, bekam ich häufig zu hören, aber mit dem geradezu vernichtenden Tonfall, wie sie sich äußerte, sagte das niemand sonst. Das mochte ich natürlich auch nicht, aber heute weiß ich, wie sehr ich das innerlich respektierte. In meinem ganzen Leben habe ich nur wenige Menschen kennengelernt, die ohne Not und ohne gefragt worden zu sein, so geradezu brutal offen Unangenehmes sagten. Eine solche Wesensart ist sicherlich nicht zielbewusst klug, damit macht man sich nicht beliebt. Tante Ännchen aber war für mich eine Respektperson.

Es muss auch ein besonders gutes Verhältnis zwischen ihr und meinem Vater gegeben haben. So versuchte sie einiges, was nach Ihrer Meinung in meiner Erziehung schieflief, zu korrigieren, nachdem mein Vater tot war.

So zogen meine Mutter, Oma Emma und ich nach dem Krieg ins gleiche Haus, in dem sie mit ihrer Familie wohnte. Wir kamen aus Fürnheim, und nach einer Zwischenstation in einer Baracke erhielten wir bei ihr eine Mansardenwohnung. Mit meinem Vetter Hardy habe ich in den letzten Kriegswochen einige Zeit zusammen gewohnt, aber davon später. Das Haus in dem wir zusammen lebten, war eine im Krieg zum Teil zerstörte Villa. Wochenlang musste ich dort hin zum Steineklopfen. Steineklopfen? Das muss wohl erklärt werden. Das aufzubauende Haus war ehemals mit Ziegelsteinen erbaut worden, die nun auf einem großen Trümmerhaufen lagen. Von diesen alten Ziegeln wurde mit einem kleinen Beil der Mörtel abgeschlagen, so dass die Steine zum Aufbau des Hauses wieder verwendet werden konnten, denn neue Ziegel gab es nicht. Vorher und während der gesamten Kriegszeit bewohnte Tante Ännchen, natürlich mit ihrer gesamten Familie, ein schönes Haus mit Garten am Wald, so wie ich es als Kind von der Humboldtkolonie her mit den Wohnkasernen nicht kannte. In diesen Wald bin ich einmal mit meinem Vetter Hardy gegangen. Er hatte zu Weihnachten eine Luftpistole bekommen und zeigte mir seine Schießkünste. Ich durfte nicht schießen, ich war noch zu klein! Ich hielt einen Pappkartondeckel am ausgestreckten Arm in der Hand und Hardy zielte darauf. Er konnte natürlich 'gut schießen'. Der erste Schuss traf meine

Stirn, womit die Schießübungen beendet waren. Diese Dummheit hat nie jemand erfahren und zwischen Hardy und mir ist auch nie darüber gesprochen worden.

Tante Ännchen hat mir, ohne es je zu erfahren, einiges auf den späteren Lebensweg mitgegeben; ich habe von ihr gelernt. Würden das heute ihre Kinder lesen, ihr Erstaunen wäre sicherlich groß.

Zu meinen vielen Vettern und Cousinen habe ich kaum Kontakt. Wir sehen uns alle paar Jahre einmal auf einer Beerdigung. Leider kann ich nur sagen, denn je älter ich werde, um so mehr bedauere ich das.

Schorsch mit Mandoline

Onkel Schorsch

Philanthrop - Lebenskünstler - Egoist - Kinderfreund - ich weiß nicht, ob das zusammenpasst, aber es ist das, was mir als Erstes zu ihm einfällt. Im Familienverband war er völlig „aus der Art geschlagen", wie es salopp heißt. Ich würde rückblickend sagen: Ein Künstlertyp, mit allem behaftet, was einen Freigeist ausmacht. Die Geschichten aus seinem Leben, die er mir als Kind und auch später noch, als ich schon erwachsen war und selbst eine Familie gegründet hatte, erzählte, waren für mich faszinierend.

Konnte ich auch in den späteren Jahren nicht mehr vielen

seiner Ansichten zustimmen, da mein Leben in ganz anderen Bahnen und in einem völlig anderem Umfeld verlief, so habe ich doch manche Lehre aus seinen Erzählungen gezogen. – Und vor allen Dingen, es war spannend, ihm zuzuhören.

Er war Jahrgang 1910, also ein Kind des Ersten Weltkrieges. Sein Vater starb im Laufe des Krieges. Die beiden Kinder, meine Mutter und er, lebten mit ihrer Mutter, das war für mich Oma Emma, in sehr bescheidenen Verhältnissen. Oma Emma musste Geld verdienen und ging nach Gremberghoven zum Bahnhof, um Züge zu reinigen. Viel Zeit für Haus und Kinder blieben ihr nicht, die Kinder waren sich selbst überlassen.

Umfeld, Kindheit und Jugend von Onkel Schorsch und somit auch von meiner Mutter, 1910 bis 1930:

1914 bejubelten Tausende von Menschen den Ausbruch des Krieges. Sie gingen auf die Straße, sangen und feierten. Kaiser Wilhelm verkündete mit Epos: „Wir kennen keine Parteien, sondern nur Deutsche".

Bald aber wurde allen die große Fehleinschätzung der Situation klar: Militärische Niederlagen an der Front und Hungersnot in der Heimat. Eine Hungersnot, die Deutschland in diesem Ausmaß nicht wieder erlebte, auch nicht in den letzten Kriegsjahren oder danach in Folge des Zweiten Weltkrieges. 1918, am 11. November, die Kapitulation und der Waffenstillstandsvertrag mit verheerenden Folgen, weil nicht aufzubringende Wiedergutmachungsverpflichtungen eingegangen wurden, gleichzeitig aber die Hungerblockade der Siegermächte bestehen blieb. In Verbindung mit dem ein Jahr später erfolgtem Versailler Friedensdiktat wurde ein Samenkorn der Unvernunft und der Unterdrückung gesät, das dann ab den 30er Jahren fürchterliche und verheerende Früchte trug. Arbeitslosigkeit und eine Inflation, wie sie kaum noch vorstellbar ist. Morgens wurden Löhne ausbezahlt, damit man noch bis 12 Uhr einkaufen konnte, denn am Nachmittag waren Brot und Eier wieder einige Millionen teurer. Im Januar 1923 kostete der Dollar 7200 Reichsmark, im Oktober des gleichen Jahres 4,2 Billionen RM. Bis am 15. November durch eine Währungsreform dem Spuk eine Ende gesetzt wurde und dadurch eine langsame Verbesserung der Lage begann. Aber wirtschaftlich blieben, auf Grund der Zahlungen an die Siegermächte von 1914/18, die Armut und die Arbeitslosigkeit. Danach, wenn auch in kleinen, mühsamen Schritten, wurde es wirtschaftlich besser, jeder spürte, es geht langsam aufwärts. Bis dann am 25. Oktober 1929 der sogenannte schwarze Freitag kam. Der Börsen-Crash in New York mit dem Beginn der Weltwirtschaftskrise und der erneuten Armutswelle in Deutschland. Politisch der Aufbau, das Bemühen und das Scheitern der Weimarer Republik. Und trotzdem nennt man diese Zeit die Goldenen Zwanziger Jahre.

Ich habe versucht, das zu verstehen. Liegt es daran, dass wir im Rückblick immer der guten alten Zeit nachtrauern, weil wir Menschen die Eigenschaft haben, und Gott sei Dank haben wir sie, das Schlechte zu verdrängen und das Gute aufzubewahren und hervorzuheben? Haben wir also den 20er Jahren im Nachhinein den goldenen Überzug gegeben? Nein, der goldene Ruf der 20er Jahre ergibt sich nicht aus den üblichen rückwärts gerichteten Verklärungstendenzen die alle Epochen betreffen, sondern aus dem enormen geistigen und künstlerischen Schaffen dieser Zeit und den kleinen Verbesserungen der Lebensumstände, ausgehend von einem niedrigen Niveau.

„Es ist eine Lust zu Leben".

Ulrich von Huttens Worte waren gelebter Zeitgeist. In allen großen Städten Deutschlands, insbesondere natürlich in Berlin, gab es eine so große Fülle von Theater, Dichtung und Literatur, Tanz und Sport, wie nie wieder in einem vergleichbaren kurzen Zeitraum. Namen wurden bekannt, die heute fester Bestandteil unseres Wissens sind. In loser Reihenfolge, ohne Bewertung und Zuordnung, nur um das Goldene der Zwanziger zu belegen, ein paar Namen und Fakten:

Aus dieser Zeit kennen wir Berthold Brecht, Emil Jannings, Strawinsky, Bartok, Hindemith, Kokoschka, Paul Klee, Zille, Carl Zuckmayer, Richard Tauber, aber auch Josephine Baker, der Jimmy und der Charleston als Tanz, Caracciola auf der Avus, Max Schmeling nach Amerika. Der erste Tonfilm 1923, der erste deutsche Rundfunk, der erste FKK-Film, die Damen schneiden sich die Haare ab, es entsteht der Bubikopf, Flughafen Tempelhof wird eröffnet, Bayreuth beginnt wieder mit den Festspielen, das Deutsche Museum in München entsteht, Albert Einstein erhält den Nobelpreis.

Verzeihung, lieber Leser, für diese Auflistung, aber ich schreibe das, damit meine Kinder wissen, nein, empfinden sollen, wie diese Zeit war, in der ihre Großeltern lebten. Das war dann auch die Zeit, in der der junge Georg Mahlberg aufwuchs, lernte sich durchzusetzen, zu behaupten, und zwar täglich neu, von einem Tag zum anderen. Seine Mutter, für mich Oma Emma Mahlberg geborene Rübsamen, eine feine, intelligente Frau, fromm und wohlbehütet erzogen, war nicht in der Lage, den robusten und schon als Kind mit renitenten Wesenszügen ausgestatten Sohn zu erziehen. Die Schule besuchte er kaum, es gab viele Abmahnungen, aber ohne Erfolg. Er setzte sich damals schon durch als Einzelgänger, und mir scheint, mit einem Erfolg, der ihn für sein ganzes späteres Leben prägte. Er sprach oft über die damalige schulische Erziehung, über den Riedstock des Lehrers, der Striemen hinterließ auf Armen, Beinen und Händen, weil er sich wehrte. Vom Schlüsselbund, den dieser ihm an den Kopf warf mit der Folge einer blutenden Verletzung. Aber all das machte ihn nur härter und stumpfte ihn gegen alle und alles ab. Disziplinierungsbemühungen, Anpassen und Unterordnen waren ihm zeitlebens ein Greuel.

Die Lehre als Maler und Anstreicher hatte er begonnen, aber nicht beendet. Was eine Not für seine Mutter! Endlich hatte er eine Anstellung als Lehrling, und dann machte er nicht weiter. Es war auch die Zeit, in der er die Sommermonate am Rhein verbrachte. Vom rechtsrheinischen Deutz ging er häufig nicht über die Brücke, er schwamm hinüber. Eine Einnahmequelle war für ihn der Sprung von der Hohenzollernbrücke in den Rhein. Er stellte sich auf das Geländer der Brücke, ein Freund kassierte bei den Neugierigen und Sensationsbedürftigen einige Pfennige, und dann sprang er in den Rhein, immerhin eine Höhe von über 20 Metern. Er hat das später, Mitte der 30er Jahre, noch einige Male gemacht, bis es dann die Ordnungskräfte des Staates verboten und ihn kurzfristig festsetzten.

Ende der 20er Jahre ging er dann für mehrere Jahre auf Wanderschaft. Eine Erscheinung dieser Zeit, die Mobilität einer arbeitslosen, bildungsarmen männlichen Elite besonderer Art. Sieben Jahre erwanderte er, wie er sagte, die

Hopfenernte in der Holledau

Donau von der Quelle bis zur Mündung. Mit kurzfristigen Arbeitseinsätzen bestritt er einen Teil seines Lebensunterhaltes. Hopfenernte in der Holledau, Weinlese in der Wachau, Stallbursche in der Puszta. Aber seine Hauptüberlebensquelle war das künstlerische Talent, das er besaß. Er malte Postkarten, schnitzte Figuren, erstellte Krippen zu Weihnachten und baute Modellschiffe.

Während ich hier in meinem Büro schreibe, schaue ich immer wieder auf eine Hinterlassenschaft von ihm aus den späteren Jahren, nach dem Zweiten Weltkrieg: Die Segelschiffe Santa-Maria und Adler von Lübeck, ein Zeichen seiner künstlerischen Geschicklichkeit und eine für mich tiefe innere Verbindung zu ihm. Am meisten brachte ihm aber seine Musikalität ein. Gitarre, Mandoline, Mundharmonika, Akkordeon, Bandoneon waren seine Instrumente. In den Wanderjahren begleitete ihn die Gitarre und die Mundharmonika, und gegen Ende seiner Wanderzeit das Akkordeon. Für eine Übernachtung und das Essen spielte er sich durch Kneipen und Bauerngasthöfe, und die Einnahmen am Sonntagmorgen vor der Kirche beim Musizieren mit der Gitarre reichten meistens für zwei bis drei Tage. Zum Beten hat er eine Kirche wohl nie betreten.

Als das Dritte Reich sich mit seiner strengen Ordnungspolitik formiert hatte, war es zwangsweise vorbei mit seinem Leben als Wanderbursche. Er musste nach Hause und einer geregelten Arbeit nachgehen, was er auch als Maler und Anstreicher versuchte. Er wurde kurze Zeit sesshaft und heiratete. Tante Gerta habe ich in Erinnerung als eine schöne Frau mit viel Temperament, die leben und genießen wollte, und die in den zehn Ehejahren mit ihm bis zur Scheidung, die meiste Zeit ohne ihn auskommen musste. Ich weiß, dass sie trotzdem in diesen Jahren selten alleine war. Als Knabe habe ich sie heimlich beobachtet. Sie war die erste Frau, die ich in Seidenstrümpfen mit Naht sah. Ich habe einmal zugeschaut durch Fenster und Gardinen, wie sie diese anzog, was mich äußerst aufregte, aber auch begeisterte. Im übrigen ein Accessoire, das mir bis zum heutigen Tag an Frauen immer noch äußerst gut gefällt.

Zwei Jahre dauerte dieses Familienleben, das kinderlos blieb (welch ein Glück für die nicht geborenen Kinder), bis Onkel Schorsch es leid war. 1938 meldete er sich freiwillig zur Waffen-SS-Polizeidivision Großdeutschland. Welch ein Irrtum, den er auch später oft erwähnte. „Ich Idiot, wie kunt ich dat dunn" war sein Ausspruch. Ein Mann, der sich nicht unterordnen konnte, der andere Meinungen nicht gelten ließ, dem Ordnung und Disziplin ein Greuel waren, ohne gesellschaftliche oder politische Visionen, frei von jedweder

Ideologie, kam in die Mühlen der SS-Ausbildung mit der Dritten-Reich-Ideologie und der absoluten Befehlsunterordnung bis hin zum, um einen Ausspruch von ihm zu verwenden, „Kadavergehorsam". Was muss das für ein innerer und äußerer Kampf gewesen sein! Die vielen Ausbilder, mit zum Teil menschenverachtenden Methoden, versuchten ihn zu disziplinieren, ihm das Rückgrat zu brechen. Sie scheiterten letztendlich; er war nicht zu ändern. Seine robuste, gesunde Natur – wie sagte er immer „Nie ein Gramm Fett am Körper, aber einen Brustumfang von 1,56m"–, half ihm dabei zu überleben. Dass er durch seine renitente Verhaltensweise häufiger in den Militärknast musste (im Barrasjargon hieß das wohl „Bau"), war eine natürliche Folge. Aber wie die Lebenswege so gehen, kann auch hierin neben vielen anderen glücklichen Umständen die Ursache zu finden sein, dass er den Krieg überlebte. 1942, während des Russlandfeldzuges, wurde er von der Polizeidivision ausgeschlossen, degradiert und zum Strafbataillon versetzt. Der ausschlaggebende Vorfall lag ein Jahr zurück und hatte sich in der Etappe in Paris zugetragen. Dort hatte er, um seinen Sold aufzubessern, Pferdemist der SS-Veterinärkompanie an französische Landwirte verkauft. Als die Landwirte wieder Bedarf hatten und bei der Kommandantur nachfragten, flog die ganze Sache auf. Nur der Vormarsch in Russland rettete ihn vor dem Standgericht, denn immerhin hatte er Heereseigentum verkauft, auch wenn es nur Mist war. Nach einer Verwundung in Russland und zwei Jahren Lazarett wurde er am 19. April 1945 vom Wehrdienst entlassen. Wie er es schaffte, in dieser Zeit noch eine Entlassung zu erreichen, um das Kriegsende als Zivilist zu erleben, blieb letztendlich sein Geheimnis.

Er sagte einmal: „Das war nur möglich, weil ich in der einen Hand eine Handgranate hatte und in der anderen eine Pistole, die den Stabsarzt zur Unterschrift des Entlassungsscheines bewegten."

Entlassungsschein

1.

Der **Stabsgefreite** (Dienstgrad) **Georg Mahlberg** (Vor- und Familienname)

geboren am **7. Juli 1910** (Tag, Monat, Jahr) in **Köln** (Ort, Bezirk, Kreis)

hat vom **18. Juli 1939** (Gestellungstag) bis **19. April 1945** (Tag, Monat, Jahr der Entlassung)

aktiven Wehrdienst geleistet und sich während seiner Dienstzeit _gut_ geführt.

Er wurde am **19. April 1945** (Tag, Monat, Jahr) nach **Wassertrüdingen b. Nürnberg** (Wohnort, Straße, Hausnummer, Kreis) entlassen. **Nr. 25**

Seine Wehrdienstpapiere (Kriegsstammrollenblatt, Soldbuch, W-Buch, G-Buch, V-Karte*)

werden an das **Wehrmeldeamt Nürnberg** (zuletzt zuständiges W.B.K. — W.M.A.) überwiesen.

Er hat am Entlassungstag erhalten*:

a) den ~~Ausweis~~ (Dienstzeitbescheinigung)

b) Wehrsold bis einschl. **3.5.45** _D.G. 15._ (Tag, Monat)

c) Unterkunftsvergütung bis einschl. _____ (Tag, Monat)

d) Naturalverpflegung bis einschl. **19.4.45** (Tag, Monat)

e) Verpflegungsgeld bis einschl. **3.5.45** (Tag, Monat)

f) als Eigentum:
ein Hemd, eine Unterhose, ein Paar Socken oder Fußlappen, ein Taschentuch

g) ~~gegen Bezahlung von RM 10,– ein Paar Schnürschuhe~~

h) leihweise:
Marschanzug, bestehend aus: Feldmütze, Feldbluse mit Kragenbinde, lange Tuchhose, Koppel mit Schloß und Schnürschuhen (Schnürschuhe streichen, sofern gemäß g käuflich erworben)

i) ~~Entlassungsgeld im Betrage von~~

Rauchermarken bis einschl. **8.4.45**
Lebensmittelmarken b. einschl. **19.4.45**
Einheitseife bis einschl. **März**
Feinseife bis einschl. **März**

Anerkannt:

Mahlberg (Unterschrift des Empfängers)

Lichtenberg/Erzgeb. d. 19.4.45 (Ort, Tag, Monat, Jahr)

Heeres-Entlassungsstelle 3/IV
Dresden (Truppenteil)

(Dienststempel)

Major u. Führer d. H. E. St. 3/IV (Unterschrift des Einheitsführers, Dienstgrad)

* Nichtzutreffendes ist zu streichen bzw. abzuändern.

Der Entlassungsschein ist ein interessantes Dokument: Ich selbst habe ihn als Soldat nur einmal gesehen, bei einem Heimaturlaub in Köln. Er brachte aus Russland „Bärenschinken" mit, wie er sagte, den wir auch als Delikatesse gegessen haben. Viel später erzählte er einmal, dass dieser Schinken von einem Esel der Gebirgsjäger stammte, den man organisiert hatte. Eine beim Militär lebensgefährliche Aktion, aber mit diesem Risiko lebte und überlebte er. Das Kriegsende erlebte er, wie bereits erwähnt, als Zivilist bei uns in Fürnheim, aber davon später. Dass ich so viel von Onkel Schorsch berichte, liegt sicherlich daran, dass er der einzige Verwandte war, der längere Zeit in meiner direkten Umgebung war. Vater und Mutter waren früh verstorben, Geschwister hatte ich keine, und als er verstarb, war ich bereits 52 Jahre.

In der Friedhofskapelle Köln-Porz habe ich vor einer kleinen Schar Trauernder folgende Worte gesprochen:

„Verehrte Trauergemeinde,

wir alle, die Herrn Georg Mahlberg, den Schorsch, oder Onkel Schorsch, heute auf diesem, seinem letzten Weg begleiten, erinnern uns aus dem Zusammenleben mit ihm an einen ungewöhnlichen Menschen, ja eigenwilligen Menschen, der ein abwechslungsreiches Leben auf seine Art gelebt hat.

1910 geboren in armen Verhältnissen. Seinen Vater hat er kaum gekannt, nur schwach waren die Erinnerungen an ihn, da dieser früh verstarb. Seine Mutter, „Oma Emma", hatte ihre Not, im wahrsten Sinne des Wortes, mit den beiden Kindern, aber nicht nur um sie satt zu bekommen. Da war schon sehr früh der robuste Charakterzug des jungen Mahlberg, der immer nur gerade das machte, wozu er Lust hatte, was ihm gefiel, das „Heute" lebte, das „Morgen" nicht beachtete.

Wer kennt nicht die Geschichten, über die er selbst berichtete und denen wir Kinder so gerne lauschten.

Hat er doch in seinen ersten Schuljahren sehr oft die Bücher vergraben und ist anstelle zur Schule zum Schwimmen gelaufen, natürlich im Rhein. Hier hat er sein erstes Geld verdient, indem er von der „Deutzer Brücke" in den Rhein sprang, und ein Freund oben für die Attraktion kassierte.

Die Malerlehre hat er nur begonnen. Das war sein Beruf, den er gelegentlich ausübte. Aber in den jungen Jahren war er in der Hauptsache, wahrscheinlich sogar sein ganzes Leben lang, Wanderbursche.

Die Donau, von der Quelle bis zur Mündung, die Vogesen, das Fichtelgebirge, der Bayrische Wald, der Böhmerwald, das Erzgebirge, das waren die Stationen seiner Wanderjahre. – Ein echter Wanderbursche seiner Zeit. –

Sein künstlerisches Talent half ihm dabei, besser zu leben als allgemein üblich. Ohne Noten gelernt zu haben, spielte er viele Musikinstrumente. Er nahm ein Instrument in die Hand und schnell kam Musik heraus.

Mundharmonika – Gitarre, beides zusammen.

Mandoline – Bandoneon. Die Instrumente seiner Zeit beherrschte er.

Sein Stolz: die 240 Bässe eines Knopf-Akkordeons, das ihn bis in die ersten Kriegsjahre begleitete.

War Musik einmal nicht gefragt, so malte er Postkarten und anderes. Natürlich nur an einem Tag soviel, wie er am nächsten Tag zum Leben brauchte.

Bei dieser Art zu leben, war für Familie und Heim wenig Platz. So war auch seine Ehe nur eine durch den Krieg unterbrochene Episode.

Als 1937 die Ordnungskräfte des Dritten Reiches ein Wandern nicht mehr zuließen, war es für ihn ein kurzer spontaner Entschluss, seinem Freund freiwillig zu einer Eliteeinheit des Deutschen Reiches zu folgen: Frankreich – Polen – Russland waren die Stationen.

Eine schwere Verwundung überstand er.

In der ihm eigenen Art schaffte er noch zu Kriegszeiten die Entlassung aus dem Heer, so dass er die letzten Kriegstage als Zivilist erlebte. Die Erfahrung der Wander- und Kriegszeiten ließen ihn auch gut die Nachkriegszeit überstehen. Er hatte sich in seinem Wesen nicht geändert. Er ging seinen sehr geraden Weg bis zum Ende. Wir, die ein Stück dieses Weges mitgingen, wussten immer, wo wir mit ihm dran waren. Er sagte jedem, was er wollte und was er dachte. Für uns Kinder hatte er schon immer ein besonderes Herz. Es war sein Stolz, als gutgestellter Rentner, Kindern eine Freude zu machen. „Loss die Penz, mir kunte uns dat fröher nit erlaube." Das war seine Rede. Mit ihm ist ein Stück einer Zeit von uns gegangen, wie sie unsere Kinder nur noch aus Büchern kennen lernen werden.

Ein gerader Mensch, ein Weltenbummler, ein Globetrotter, ein Original seiner Zeit – ein Freund der Kinder !

Unser Onkel Schorsch."

*Onkel Schorsch mit Freund –
Al Capone lässt grüßen*

1. September 1939
„Heute seit 4.45 Uhr wird zurückgeschossen"

Die wirklich bewussten Erinnerungen an mein Leben beginnen, wenn ich es chronologisch aufzeige, am 1. September 1939, meinem siebten Geburtstag.

„Heute seit 4.45 Uhr wird zurückgeschossen", ließ Hitler verkünden. Zwei Tage später, am späten Nachmittag, gab es Fliegeralarm. Der Krieg hatte begonnen. Wenige Stunden nach der Kriegserklärung Englands war das erste feindliche Flugzeug über Köln. Die Flak schoss, mein Vater nahm mich an die Hand und wir gingen auf die Straße und sahen das Flugzeug und die in seiner Nähe explodierenden Granaten. Viele Menschen standen herum. Es war ein Schauspiel. Kaum einer hatte Angst oder sah eine Gefahr, es war ja nur ein Aufklärer der Tommys, den man schnell vom deutschen Himmel holen würde.

In dieser Einstellung spiegelte sich das ganze Selbstbewusstsein und die Überzeugung der Stärke der Volksgenossen des Großdeutschen Reiches wider, dass man ihnen in einer beispiellosen und perfekten Propaganda beigebracht hatte. Nachts gingen wir einige Male bei Fliegeralarm auf den Dachboden unseres Hauses und schauten durch die Dachfenster dem Spektakel am Himmel zu. Ich stand auf einer Kiste, damit ich bis ans Fenster kam und sah die Scheinwerfer am Himmel.

Ich erlebte, wie plötzlich ein Flieger im Scheinwerferlicht zu erkennen war und dann alle Scheinwerfer in einem Lichtbündel den Flieger anstrahlten.

Die explodierenden Flakgranaten um den Flieger herum waren deutlich zu erkennen; wie kleine Sterne leuchteten sie am Nachthimmel.

Auf einmal sahen wir dann auch, wie ein Flieger eine Rauchwolke hinter sich herzog, die Leute und auch ich riefen „Hurra, getroffen". Im Rückblick „schlimm", denn dort oben am Himmel starben Menschen, Menschen die wir nicht kannten, Menschen, die bestimmt persönlich kein Interesse an diesem Krieg hatten. Väter, Söhne, Brüder, die Familien zurückließen, und wir riefen: „Hurra".

Die Ansicht, Fliegerangriffe als Spektakel zu betrachten, änderte sich nach einem Jahr, als 1940 die ersten Bomben fielen. Die Sirenen zum Fliegeralarm heulten in immer kürzeren Abständen. Jeder hatte eine kleine Tasche mit den notwendigsten Dingen parat liegen, und da es in den ersten Kriegsjahren nur immer Nachts geschah: raus aus den Betten und in den Keller. Zwischenzeitlich war ein extra Kellerraum hergerichtet worden, wo sich die Hausbewohner trafen. Alle hatten eine Gasmaske und es wurde geübt, sie anzuziehen. Die NS-Propaganda hatte den Menschen mitgeteilt, dass die alliierten Feinde vor einem Gasangriff auf die Zivilbevölkerung nicht zurück schrecken würden.

Die Kellerwand zum Nachbarhaus war durchbrochen worden und nur lose versperrt, damit, wenn das Haus einstürzt, man sich eventuell über eines der Nachbarhäuser ins Freie retten konnte. So waren die gesamten Wohnblocks des Vierecks miteinander verbunden. In der Nähe stand auch ein großer bombensicherer Luftschutzbunker mit Versorgungseinrichtungen des Roten Kreuzes. In der Hauptsache suchten dort Mütter mit Kleinkindern und Kranke Schutz. Dazu muss man wissen, dass es bei Fliegeralarm zunächst eine Vorwarnung gab, eine Sirene in einem anderen Ton, als die des Hauptalarms. Das bedeutete, die Flieger sind im Anflug über den Ärmelkanal. Ärmelkanal, ein Wortbegriff, wie es viele in dieser Zeit gab. Diejenigen, die in den großen Luftschutzbunker mussten oder wollten, machten sich dann auf den Weg. Der eigentliche Fliegeralarm kam erst später, wenn feststand, welche Richtung die Bomber nahmen. Im damaligen Sprachgebrauch: „Welche Stadt diesmal dran ist." Fünf bis fünfzehn Minuten hatte man dann Zeit, bis die Detonationen der Bomben zu hören waren. Der Befehl Churchills, die Bevölkerung des Nazireiches durch diese Bombenangriffe zu demotivieren und später zu zermürben (ebenfalls gängige Begriffe des Krieges; man schaudert heute noch, wenn man darüber nachdenkt), wurde mit Fortschreiten des Krieges immer perfekter. Es ging nicht darum, militärische Anlagen oder die Rüstungsindustrie sowie Verkehrswege, Straßen oder Bahnhöfe zu bombardieren, nein, die Zivilbevölkerung sollte getroffen werden. Um das von mir geschilderte Vorwarnsystem auszuschalten, damit auch Kranke und Kinder nicht so viele Überlebenschancen hatten, hatte man von alliierter Seite den Einfall, die ersten Verbände eine Stadt anfliegen zu lassen, um sich dann kurzfristig einer anderen zuzuwenden. Damit fielen dann auch mit dem Hauptalarm schon die ersten Bomben. Das Vorwarnsystem wurde daraufhin aufgegeben und man ging in den Keller zum Beispiel in Köln, wenn Hannover oder Nürnberg angegriffen wurden. Damit war dann mit Beginn des Jahres 1943 fast jede Nacht Fliegeralarm. In den letzten Monaten des Krieges kamen die Bomber am Tage, da keine nennenswerte deutsche Gegenwehr mehr vorhanden war.

Adolf Hitler in Köln

An einen großen Tag in meiner frühen Kindheit kann ich mich noch gut erinnern. Der Führer Adolf Hitler kam nach

66

Köln. Schon früh morgens gingen wir los und stellten uns hinter die Absperrungen der SA und nach langem Warten, meistens auf den Schultern meines Vaters, kam dann Adolf Hitler mit großem Gefolge im offenen Auto langsam an uns vorbeigefahren. Alle hatten ein Papierfähnchen in der Hand mit dem Hakenkreuz und die andere Hand war ausgestreckt zum Gruß, verbunden mit dem Ruf: „Heil, Heil, Sieg Heil"! Bei dieser Gelegenheit habe ich zum ersten Mal erwachsene Menschen vor Euphorie und Begeisterung weinen gesehen. Heute stelle ich in diesem Zusammenhang die Frage, ob es unter den Millionen, die ihm 1938-40 zujubelten, schon welche gab, die wussten, was er bereits angerichtet hatte und noch anrichten würde. Hier Tränen der Begeisterung, und Jahre später die Tränen der Trauer und des Leids, als Folge des verbrecherischen Tuns dieses Mannes und seiner Kumpane. Dieser Despot besaß die Worte, die Überzeugungskraft und das verbrecherische Talent, das auf einen nahrhaften Boden fiel.

Ein gedemütigtes, armes, den vielen Versprechungen auf Verbesserung seiner Lebensumstände enttäuschtes Volk sah, nein, das ist nicht deutlich genug gesagt, erlebte seine Auferstehung. Welch ein Irrtum!

Ich war damals im zarten Alter von sechs Jahren und empfinde es als falsch, dass ich heute eine kollektive Mitschuld dafür tragen soll, eine moralische Verbindlichkeit, die meine Kinder noch als Hypothek auf ihren Lebensweg bekommen. Die finanziellen sogenannten Wiedergutmachungsbelastungen aus dieser Zeit kann ich nicht abwenden, sie werden mir von staatswegen aufgebürdet.

Kann man eine solche Schuld überhaupt mit Geld abtragen? Ist eine Sühne, eine Schuld, die man mit Geld einfordert, noch moralisch? Martin Luther hat sich schon einmal dagegen gewehrt: Sühne, Schuldvergebung durch klingende Münze zu begleichen. Es folgte die größte Kirchenspaltung des Christentums. Eine moralische, persönliche Schuld für mich und meine Kinder in Folge der Verbrechen dieser Naziclique und ihrem, nicht nur in Deutschland zu findenden Umfeld, empfinde ich nicht. Wer mir diese Schuld einzureden versucht, kann nicht mein Freund werden.

Die Nachkommen der Opfer und Verbrecher, die Kinder, Enkel und Urenkel aus dieser Zeit, haben bereits ein besseres und normaleres Miteinander gefunden „als es uns verbeamtete Volksvertreter und insbesondere Vertreter anderer Interessen aufzeigen möchten".

Wir sollten uns gemeinsam an das Schreckliche erinnern und diese Erinnerung auch an unsere Kinder weitergeben, um eine Wiederholung solcher Katastrophen zu vermeiden, aber nur erinnern, nicht schuldzuweisend oder anklagend, sondern symbolisch die Hände haltend und frei im Kopf für eine gemeinsame Zukunft.

Zum Abschluss ein Zitat von Helmut Kohl dazu:

Wir, die Heutigen, sollten Schuldzuweisungen an unsere Eltern und Großeltern unterlassen. Es ist kein Verdienst, sondern die Gnade der Geburtsstunde, dass wir nicht dabei waren und uns entscheiden mussten.

Blauer Himmel – weites Land

Seit anderthalb Jahren habe ich nun meine Aufzeichnungen und Gedanken aus meiner Jugendzeit unterbrochen und einige Reisen gemacht. Im Augenblick sitze ich in Australien, Port Douglas, Nord-Ost Territorium, Queensland, im Hafen. In wenigen Tagen geht auch dieser Australientrip zu Ende. Ich habe Zeit und möchte aus dem unmittelbaren Eindruck heraus und noch vor Ort ein paar Eindrücke und Empfindungen zu Papier bringen. Es ist bereits meine dritte Australienreise, jedes Mal mit dem Camper durch einen Teil des Landes.

Blauer Himmel, weites Land – dieses Land kann man auch in einigen Wochen nicht völlig kennenlernen. Die Weite, die Entfernungen muss man erleben. Vierzigtausend Kilometer Strand, ein Meer mit klarem Wasser, auch manchmal gefährlich schön. In der Nähe von Städten an der Ostküste wie Sydney, Brisbane, "surfer's paradise" oder Cairns, die belebten Strände mit durchweg sportlichen, gebräunten Menschen, wie überhaupt, wenn ich den Australier beurteilen sollte, sportlich, freundlich und trinkfest. Außerhalb der bewohnten Zentren, menschenleere, weite Sandstrände. So musste ich zum Beispiel lernen, dass man an diesen einsamen Stränden möglichst dort ins Wasser geht, wo sich noch andere aufhalten. Nicht selten sind wir mit unserem Camper an den Strand gefahren und haben in einiger Entfernung, manchmal kilometerweit, Leute gesehen, und dort fuhr man dann hin, um zu baden. Im Norden, an der Ostküste, weisen einige Schilder auf Besonderheiten hin, die es ratsam erscheinen lassen, sie zu befolgen. Zum einen in den Monaten Oktober bis Dezember, die Warnung vor einem Fisch, der bei Berührung lebensgefährliche Hautverbrennungen hervorruft; interessant, dass selbst an den einsamsten Stränden diese Schilder den Hinweis auf Behandlung bei Unfällen mit diesem Fisch, wie auch die nächste Hilfestation anzeigen. Zum anderen, insbesondere in der Nähe der Mündung von großen Flüssen, der Hinweis: „attention crocodiles".

Die Meerwasserkrokodile gehören zu den größten ihrer Art auf der Welt. In manchen Jahreszeiten tut man gut daran, in der Nähe von Ortschaften zu baden, wo weit ins Wasser hinein Gummipontons mit starken Stahlnetzen bis zum Boden Schutz bieten. Mit meinem Sohn Rolf habe ich in einem kleinen motorgetriebenen Kahn eine Tour auf einem der großen Flüsse von Cooktown aus flussaufwärts gemacht, in eine unberührte wilde Flusslandschaft. Romantisch schön, aber auch nicht ungefährlich, wie auch die Autofahrt von Port Douglas über Cap Tribulation nach Cooktown. Einige hundert Kilometer Schotterstraße durch Urwald, mit niedrigen Bäumen und Sträuchern bewachsene Berge, wobei auch neben vielem anderen Getier schon mal

Krokodilfluss

eine Schlange den Weg, das heißt die Fahrbahn, kreuzte.

Einen weiteren Bericht über dieses Land behalte ich mir vor, um darüber später ausführlicher zu berichten, in der geheimen Hoffnung, bis dahin noch einmal da gewesen zu sein.

Hier im Hafen von Port Douglas, Samstag morgen gegen 11.00 Uhr in der Sonne sitzend, beobachte ich die Menschen und das Leben um mich herum. Das Besondere, das Exotische ist in der Zeit, seit ich hier bin, dem bereits Bekannten gewichen. Die Menschen, die hier am Pier vorbei gehen, glaubt man schon zu kennen. Es ist kein Völkergemisch aus vielen Rassen, wie sie in den Metropolen der Welt sonst anzutreffen sind. Hier fehlen die Afrikaner, die Südamerikaner; die Asiaten treten auch nicht in so großer Zahl wie zum Beispiel in Cairns auf. Die Australier und Neuseeländer, die hier sind, sehen auch nicht so aus, wie der Europäer sich den Australier, den Menschen des Outbacks vorstellt. Zum Beispiel tragen mehr Europäer australische Hüte als die Einwohner und die sich in Überzahl befindenden australischen Urlauber. In den letzten Tagen habe ich erst erfahren, dass der auf Etikette achtende Australier es als unhöflich ansieht, wenn man mit Hut ein Lokal betritt. Es gibt eben nicht nur den Outback-Menschen aus unserer Klischeevorstellung. Im Jacht- und Segel-Club, in dem ich gestern mit meinem Sohn aus Anlass meines Geburtstages gegessen habe, hängt am Eingang ein Schild:

No dogs – no smoke – no hat. Also nichts mit dem Krokodile-Dundee-Milieu, wie man es sich in Deutschland vorstellt, zumindest nicht hier an der Ostküste, die ich kenne.

Soeben betritt eine Gruppe ein Boot, wohl um ins Reef zu fahren. Hellhäutige Typen mit rotbraunen Pigmentflekken, mehrere von ihnen rothaarig. Das können nur Iren sein oder zumindest sind sie irischer Abstammung. Am Nebentisch sitzt ein Ehepaar, ich höre, es sind Engländer. Diese beiden sind ein Beispiel dafür, dass die Engländer nicht nur eine Nation von Sportlern und Cornflakes-Essern sind, sondern auch der Plumpudding in England seine Heimat hat und zumindest von diesen beiden Tischnachbarn reichlich genossen wird. Und dort kommt ein typisches Farmerehepaar aus den Staaten von Nordamerika. Sie etwa Mitte sechszig, gewagtes Dekollete mit viel Vertrauen in die Haltbarkeit von Schalen und Trägern, behangen mit Strass wie ein Adventskranz zu Weihnachten im Macy's-Kaufhaus in New York. Gut erkennbar: Hot Dogs sind ihre Lieblingsspeise. Er dürr, sieht aus wie ein Müslifan, zu Hause abends beim Whisky isst er wahrscheinlich Peanuts aus eigenem Anbau. Das Wichtigste, das er bei sich hat und seine ganze Ausstrahlung ausmacht, ist die Visa Goldkarte.

Da es erst 12.00 Uhr Mittag ist, fehlt noch eine Klientel von Gästen und Besuchern: es sind die hübschen Dinger in Miniröcken, die den Himmel nur knapp bedecken, mit einer Ausstrahlung von Jugend und Lust pur, wie sie an allen Sonnenstränden der Welt anzutreffen sind. Für sie ist es noch zu früh am Tage, ihr Aufgalopp kommt später.

Ja, je älter ich werde, um so schöner werden die Mädchen, mit meiner Sehschärfe kann das nicht zusammenhängen. Um beim Thema zu bleiben: Ich habe das Gefühl, bei mir lässt das Sehen schneller nach.

Es gibt ja auch eine Verwandlung ohne Veränderung der Sache oder des Gegenstandes, nur durch die veränderte Einstellung des Betrachters.

Nun, bald geht es wieder nach Hause und somit Schluss für heute.

Kinderspiele

Nun wieder zurück zur Esserstrasse 46.

Eines scheint mir wichtig, festgehalten zu werden. Wie beschäftigten wir Kinder uns damals in der Humboldtkolonie? Neben dem Fangen- und Versteckspielen, wobei nach Kölner Muster ausgezählt wurde (Schrumm, öll die söll die sepp die sa, rebbe di rebbe die Knoll); einer war raus oder dran. Es gab drei Spiele, die ich nie wieder sah oder erlebte. Es wird schwer sein, sie so darzustellen, dass der Leser sie versteht, aber ich probiere es:

Fiehle – Kiese – Bock an der Wand

Fiehle:

Der Name ist abgeleitet von dem Wort Feile. Bei diesen Feilen, die wir verwendeten, fehlte der Holzgriff, so dass die

Eisenspitze des Feilengriffes frei war. Auf unserem freien Platz (der mit Schotter und Erde bedeckt war) an der Ecke warfen wir die Feile mit der Spitze in den recht harten Boden. Sie sollte stecken bleiben. Dann wurde um den Einschlag ein Kreis gezogen und man musste noch mindestens drei weitere Einschläge in den Kreis platzieren. Jetzt wurde eine Brücke gebaut, indem man zwei weitere Einschläge außerhalb des Kreises anbrachte, durch die dann jeweils vom Ursprungskreis ausgehend ein Strich gezogen wurde. Dies war die Brücke, an deren Ende ein neuer Kreis entstand. In diese Brücke konnte man beliebig viele Treffer setzen oder auch weiterbauen, bis einmal die Feile nicht stecken blieb, was bei dem harten Boden oft vorkam. Dann kam der Nächste dran und musste in den vorgegebenen Brücken und Kreisen die gleiche Anzahl Treffer landen. So konnte man sich gegenseitig überholen.

Verstanden?!

Kiese:

Ein Stück Holz, ca. fünfzehn Zentimeter lang und quadratisch, wurde an beiden Enden angespitzt. Auf der Straße liegend musste mit einem stabilen Stock auf die Spitze geschlagen werden. Das hochfliegende Stück Holz (der Kies) sollte dann in der Luft getroffen und mit einem Treibschlag weit weg befördert werden.

Am Landeplatz des Kies wurde der ganze Vorgang wiederholt und so durch die Straßen getrieben. Unvorstellbar für uns heute. Links und rechts waren die vier- bis fünfgeschossigen Häuser und Fußgänger gab es ja auch. Störend war nur, wenn der Milch- oder Kohlehändler mit seinem Pferdewagen kam.

Bock an der Wand:

Zwei Parteien mit vier bis acht Jungen spielten hierbei gegeneinander. Wechselweise war eine Partei Bock und die andere sprang. Von der Bockpartei stellte sich einer mit dem Rücken an die Wand und legte die Hände vor den Bauch so ineinander, dass der Gefährte sich bückend den Kopf hinein legen konnte. Der nächste ging mit seinem Kopf unter die Schenkel der Vordermannes und hielt sich daran fest, und so auch die weiteren hintereinander. Damit entstand ein festgefügter Bock. Die andere Partei hatte nun die Aufgabe, darauf zu springen. Der erste Springer musste nun so weit springen, dass die Nachfolger noch alle Platz hatten. Sie durften die Erde nicht mit den Füßen berühren. Der Bock hatte das Ziel, unter dem Gewicht und dem Aufprall nicht zusammen zu brechen. Gelang das, so wurde gewechselt und die andere Partei musste Bock spielen. (In meiner Zeit als Betreuer einer Hockey-Jugendmannschaft habe ich dieses Spiel mit viel Gaudi bei den Jungs in der Turnhalle gemacht.)

Bei diesen Spielen spreche ich nur von Jungen. Mit den Mädchen gab es keine Gemeinsamkeiten, denn es gab ein Schimpfwort: „Der spielt ja mit Mädchen!"

Die Pimpfe

Ende 1942 durfte ich – wie viele andere auch – in die Hitlerjugend eintreten. Die Jüngsten nannte man Pimpfe. Ich bekam eine Uniform, Braunhemd, Koppel und Schulterriemen und unabdingbar – das Käppi.

Was war ich stolz und wie gerne ging ich zur Ausbildung und zur Übung. Mit Überzeugung lernte ich die „Schwertworte":

„Jungvolkjungen sind zäh wie Leder, hart wie Krupp-

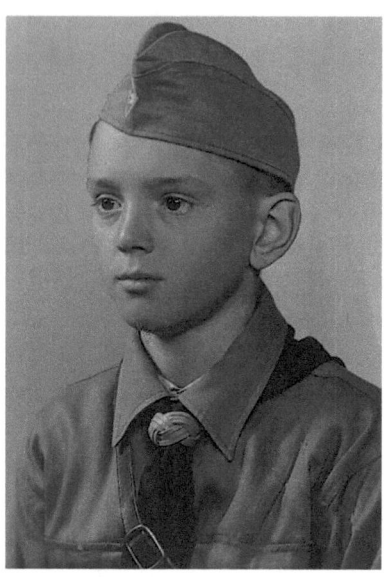

Ein 'echter' Pimpf

stahl, flink wie Wind-
hunde, gehorsam und
treu zum Führer!"

Man hatte es schon
verstanden, die Jugend
zu begeistern. Mit feuch-
ten Augen hörten wir die
Geschichten vom Hel-
dentum unserer Vorfah-
ren. Abends im Dunkeln
bei Fackelschein und am
offenen Feuer hörten
wir, wie die Schildchen-
Kadetten ihre Festung
bis zum Tode verteidigt
hatten, getragen von der
Idee von Freiheit und
Gerechtigkeit.

Wir sangen vom Rübezahl hinter den Bergen und die
Fahne hoch. Da ich vom Naturell her begeisterungsfähig
bin, war das für mich das Höchste. Später von Fürnheim aus
habe ich an einem Zeltlager der HJ in Talmässing teilgenommen. Das war schon fast militärischer Drill: Morgens um
sechs Uhr aufstehen, barfuss Dauerlauf durch die Wiesen
mit besonderen Abschnitten voller Disteln, die Stacheln
mussten wir uns dann gegenseitig aus den Füßen pulen, das
bedeutete Kameradschaft. Exerzieren, Schuhe putzen,
Kleider pflegen und jede Menge harter Sport. Mut und
Zweikampfverhalten waren gefordert und immer mit einem
Ausscheidungswettbewerb verbunden, bei dem der oder die
Besten ermittelt wurden. Der Gipfel war, auf einen Baum zu

klettern und dann in eine von den Kameraden aufgehaltene Dreieckszeltplane zu springen. Wer den höchsten Sprung wagte, bekam einen Orden. Dass sich dabei niemand die Haxen gebrochen hat, begreife ich heute noch nicht. Es wurde dadurch ein Ausleseprozess betrieben, denn in der arischen Rasse setzt sich nur der Stärkste durch und nur der hat die Qualität, zu führen. Es war die reinste Anwendung der Gesetze in der Natur. Diese harten Sportarten lagen mir nicht. Ich ging lieber in den Wald Pilze und Kräuter sammeln für die Gulaschkanone. Aber auch von solchen negativen Erziehungsmethoden kann man etwas lernen, und wer es gesund überstanden hat, dem hat es auch nicht geschadet.

Nach dem Fliegerangriff am 3. Juni 1943, in dessen Folge alle Häuser der Humboldtkolonie ausbrannten, habe ich nie wieder einen der ehemaligen Spielgefährten aus dieser Zeit getroffen. Ich bin aber auch fünfzig Jahre nicht mehr dort gewesen. In den letzten Jahren (auch hier wieder Altersmelancholie?) war ich dann einige Male da, habe vor dem Haus gestanden, auf der Straße vor dem Zimmer, in dem ich geboren wurde und gedacht, ich müsste einmal ein Gesicht wiedererkennen, aber das geschah natürlich nicht. In den beiden Nachbarkneipen habe ich einige Gespräche angefangen und Fragen gestellt nach den Leuten aus dieser Zeit – vergebens. Man muss dazu wissen, dass die Fassaden dieser Häuser alle stehen geblieben sind. Sie waren so massiv, dass nur der innere Körper der Häuser verbrannt ist und somit die Häuser mit den alten Fassaden kurz nach dem Krieg wieder aufgebaut wurden. Das hatte zur Folge, dass heute die Wohnungen Altbauten sind, mit Ausmaßen der 30er Jahre und ohne Komfort. In dieser ganzen Humboldtkolonie leben nicht mehr viele Deutsche. Nur noch solche,

die für zeitgemäße Wohnungen die Miete nicht bezahlen
können.

Schutt und Asche

Am 3. Juni 1943 dann die Katastrophe. Ich war zu Hause
und wir gingen nachts gegen 1 Uhr, wie üblich bei Fliegeralarm, in den Keller. Diesmal war Köln in besonderem Maße
dran. Die ersten Bombeneinschläge waren sofort so nahe,
dass jeder wusste: „Hück sinn mir dran."

Das ganze Haus bebte, die provisorische Wand zum
Nachbarhaus stürzte ein, sie hielt dem Luftdruck, der durch
die Keller ging, nicht stand. Rauch drang in den Keller.
Wolldecken wurden nassgemacht, die wir über uns legten.
Bei jedem Einschlag schrien wir aus Angst. Heute weiß ich,
dass das Ganze etwa fünfzehn Minuten dauerte. Dann die
bangen Fragen: „Raus hier, oder kommen die Flieger noch
einmal mit einer zweiten Welle? Können wir überhaupt
raus? Ist der Ausgang frei oder ist das Haus über uns zusammengebrochen? Dann sind wir verschüttet!" Vom Nachbar-
keller kamen die Leute und sagten, sie könnten nicht über
ihre Treppe ins Freie, alles sei verschüttet und es brenne. Die
große Frage an uns: „Ist bei euch noch frei?" Dann übernahm mein Vater das Kommando. Es waren ja auch nicht
mehr viele Männer da, sie waren alle Soldaten, es ging nur
um Frauen, Kinder und alte Leute:

„Hört mal alle her. Ich war oben, wir kommen durch.
Alle Wolldecken nass machen, über Kopf und Schultern
legen, nach unten schauen, damit keiner über brennende
Balken fällt. Mir nach über die Treppe." Hochsehen konnte
ich nicht, Rauch, Feuer, alles in Flammen, die Hitze. An der
Hand meiner Mutter und im Laufschritt über den Flur auf

die Straße. Vater war da, aber er ging wieder zurück in den Keller, um noch einigen zu helfen. Er schrie meine Mutter an, die ihn festhalten wollte: „Los, weg mit dem Jungen, hier liegen noch Blindgänger." Dann ging es die Esserstraße hoch bis zum Park, über brennende Balken und eingestürzte Gemäuer. Wenig später kam mein Vater wieder und sagte: „Wir treffen uns am Kirchhof (Friedhof), joht do hin, ich lure watt die andere mache, blid do bes ich kumme (geht dahin, ich schaue was die anderen machen, bleibt dort bis ich komme)." Er ging zurück, um die anderen Verwandten zu suchen und ihnen den Treffpunkt zu sagen. Und sie kamen, Opa und Oma Braß, Herr Mollenhauer, der Untermieter, Tante Leni mit Sohn Ludwig, Tante Minchen mit ihren Kindern Walter und Marlene, und zuletzt mein Vater mit Oma Emma. Alle unverletzt; jeder der ankam, wurde umarmt, „Jott sei Dank, du läfs noch."

Ich muss es noch einmal betonen, weil ich nicht weiß, ob die Vorstellungskraft des Lesers ausreicht, um zu begreifen, was es heißt gar nichts mehr zu haben. Die gesamte Familie Braß saß da: sieben Erwachsene und vier Kinder, leicht angesengte, verrußte und nasse Kleidung am Leibe und sonst nichts. Nicht die

Oma Emma

kleinste Handtasche, alle Habe verloren, mühsam Ange-
spartes und über Jahrzehnte angesammelte Erinnerungen,
alles weg in wenigen Minuten, und doch froh: Wir lebten
noch! Nur Oma Emma hatte eine Tasche bei sich. Die in
diesem Kreis am wenigsten beachtete Person, der man eine
gewisse Naivität nachsagte, hatte in der extremen Situation
die stärksten Nerven. Sie hatte noch eine Tasche voller Hab-
seligkeiten gerettet. Ihr Haus war auch nicht ganz so
schlimm getroffen, aber es war auch hier die erwähnte
Naivität, die sie noch einmal in die Flammen zurückgehen
ließ, um noch was zu retten.

Sonst besaß niemand mehr etwas. Als es dann anfing hell
zu werden an diesem 3. Juni, saßen wir alle im Straßengra-
ben am Poll-Kalker Friedhof.

Bei gelegentlichen Friedhofsbesuchen (meine Mutter war
da beerdigt und Onkel Schorsch liegt noch da), komme ich
an der Stelle vorbei, wo wir damals in etwa saßen. Die Straße
ist breiter geworden, eine Autobahnausfahrt ist dort entstanden. Die Erinnerungen an die Erlebnisse, die ich damals mit
zehneinhalb Jahren hatte, lassen mich aber nicht los.

Für meine Mutter und mich sowie die alleinstehende
Oma Emma, ging es dann über Bergisch-Gladbach nach
Fürnheim.

Man darf sich das nicht ganz so einfach vorstellen. Kein
Ausweis oder einen anderen Identitätsnachweis, kein Geld,
nichts zu Essen, nichts zum Anziehen. Mein Vater zog los
und organisierte. Es waren immerhin noch Tausende andere
in dieser Nacht obdachlos geworden. Das erste Essen aus
einer Gulaschkanone der Soldaten, Übernachtung in einer
Baracke mit vielen anderen, dann zur Behörde. Der Ortsgruppenleiter besorgte Ausweispapiere, damit man über-

haupt offiziell wieder jemand war, dann Geld vom Amt und ab in den Zug über Köln-Deutz – Wassertrüdingen nach Fürnheim.

Fürnheim

Wie kam der Kontakt nach Fürnheim zustande?

Es begann im Februar 1940. Ich war siebeneinhalb Jahre alt. Meine Eltern wollten mich aus dem sich verschärfenden Bombenkrieg und den beginnenden Einschränkungen in der Ernährung heraushalten und meldeten mich bei der Kinderlandverschickung, einer Einrichtung der NSDAP.

Da stand ich mit meinen Eltern und 800 weiteren Kindern am Deutzer Bahnhof, hatte eine Kordel um den Hals mit einem Schild, auf dem mein Name stand und die Adresse, wo ich hin sollte:

Fürnheim bei Wassertrüdingen, Familie Friedrich Doberer.

Mein Vater brachte mich mit meinem Koffer ins Zugabteil, es war alles sehr aufregend. Mutter weinte, „auf Wiedersehen", Winken aus dem Zugfenster, ab ging es in die Nacht hinein.

Von dieser Fahrt weiß ich nur, dass viele Kinder weinten. Die Betreuerinnen der Hitlerjugend kamen, um zu beruhigen und zu trösten. Morgens kam jemand und weckte mich. Er sagte: „Wir sind bald da." Eine andere Stimme sagte: „Was ist das für einer, der hat die ganze Nacht geschlafen."

„Wassertrüdingen, alles aussteigen, aufstellen auf dem Bahnsteig." Die Koffer wurden geholt und neben uns gestellt, dann wurde verlesen bis es hieß: "Fürnheim-Reichenbach-Himmerstall." Das waren wir, sechzehn Jungen und Mädchen. Die Koffer wurden von irgendwelchen

Helfern getragen und wir gingen vor den Bahnhof. Da stand ein Traktor, hinten dran ein offener Pritschenwagen mit Bänken, und ab ging es. Es war der Milchwagenfahrer, der die Milch von Fürnheim zur Molkerei nach Röckingen fuhr und auch noch einen kleinen Laden in Fürnheim hatte, Herr Nägelein. Es war kalt auf dem offenen Wagen. Wir bekamen Decken, um uns einzupacken. Oh je, was rochen die Decken komisch. Hier machten Stadtkinder zum ersten Mal Bekanntschaft mit Stallgeruch. Drei Kilometer bis zur Schmalzmühle auf einer asphaltierten Landstraße, neben uns die Wörnitz. Sie hatte Hochwasser und das Wasser war auf den Wiesen gefroren. Auf einer wackeligen Holzbrücke ging es über die Wörnitz. Beim Schmalzmüller, einer Mühle an diesem Flüsschen, wurden drei von uns ausgeladen, es waren die Reichenbacher. Auf einem holprigen Feldweg ging es dann weitere drei Kilometer nach Fürnheim.

Kurz vorher nach einer Kurve auf einem Hügel tauchte ein Haus auf. Wie ich später erfuhr Höhenbergers Eiskeller, über den ich später noch etwas schreiben werde. Dann, hinter dem nächsten Hügel, der Kirchturm von Fürnheim.

Wie oft bin ich in meinem späteren Leben noch diesen Weg gefahren und jedes Mal, aber auch jedes Mal bis heute, bekomme ich eine Gänsehaut, eine melancholische Stimmung, wenn ich diesen Kirchturm sehe. Es ist eine Parallele zu Köln, wenn ich von Reisen, auch aus dem Ausland, zurückkam und sah den Kölner Dom. Bei der Frage, wo ich geboren wurde und wo meine Heimat ist, sage ich mit Recht Köln, aber Fürnheim ist in meinem Inneren mehr als das, was man mit zweiter Heimat bezeichnet. Ich kann nur sehr schwer erklären warum, denn die Zeit, die ich in Fürnheim verbrachte, war doch relativ kurz, aber es war wohl eine für mein weiteres Leben sehr prägende Zeit.

Beim Bürgermeister Dobiers – mit richtigem Namen Höhenberger – wurden wir auf dem Hof ausgeladen und die Namen auf unseren umhängenden Schildern verlesen. Einer nahm mich an die Hand und rief:

„Doberer, Sofie, das ist deiner."

Vieles im Leben hängt von Zufällen ab, die nicht beeinflussbar sind, man nennt es einfach Glück oder Unglück. Ich bin allerdings der Überzeugung, dass man das Ergebnis von Zufällen nicht unbedingt mit Gelassenheit oder gar Demut als unabänderlich hinnehmen muss. Den Weg zu einem vorteilhaft erscheinenden Ziel kann man auch, sei es mit Beharrlichkeit, Mut oder Intelligenz, erzwingen, in die richtige Richtung beeinflussen, die man dann im Erfolgsfall Glück nennt. Ich glaube nicht an den Ausspruch, den ich häufig gehört habe:

Sofie

„Der oder die hat immer Glück – der fällt immer wieder auf die Füße!"

Nein, um auf die Füße zu fallen, muss man schon selbst die Beine nach unten bringen. Auch wird Glück oder Unglück von der Betrachtungsweise und der Einstellung zur augenblicklichen Situation empfunden, die selbst ohne Veränderung der Sache, nur durch die Veränderung des Blickwinkels des Betrachters, hervorgerufen wird. Jeder kennt die Glücksmomente in seinem Leben, die sich später ganz anders darstellen, wie auch umgekehrt.

Aber das Zufallslos, das seinen Ausdruck fand in „Sofie, das ist deiner", war Glück. Sofie, eine Bauerntochter, intelligent, klüger als viele in ihrem Umfeld, 18 Jahre alt, braungebrannt mit einem langen Haarzopf, schwarz (oder war es dunkelbraun?). Ein schönes Mädchen, man kann es mir glauben, das erkannte ich schon mit siebeneinhalb Jahren, nahm meine Koffer und mich an die Hand und ab ging es zum Hof.

Es muss Sonntag gewesen sein, denn sie waren alle in der Stube versammelt, als ich ankam. Der Bauer Doberer, klein, leicht dicklich, gehbehindert mit einem Stock, listige Augen und wortkarg. Die Bäuerin, eine stolze, kluge Frau, groß, mit vollem schwarzen Haar, und Lina die Magd, eher zart und fein, dunkelblond, etwas älter als Sofie. Es war eine ganz und gar fremde Welt, in die ich kam, nicht einmal ihre Sprache verstand ich. Sofie gab sich alle Mühe, mit mir hochdeutsch zu sprechen. Dann das erste gemeinsame Mittagessen. Vor dem gedeckten Tisch stellten sich alle in einer ganz bestimmten Ordnung auf zum Beten. Vorne rechts stand der Bauer, seitlich daneben, ca. ein Meter zurück, die Bäuerin, neben ihr Sofie, die Tochter des Hauses, dahinter die Magd Lina und ich. „Segne der Herr, was Du uns bescheret hast." Eine patriarchalische Ordnung die vor jedem Essen in der Stube eingehalten wurde. Das änderte sich im Laufe des Krieges, als der Bauer Soldat wurde und die drei Frauen den Hof alleine bewirtschafteten, mit gelegentlichen

Hilfen von Fremdarbeitern (nach damaligem Sprachgebrauch). Das waren zunächst ein Franzose als Erntehelfer, später dann mal ein Pole und zum Schluss bis Kriegsende der Ukrainer Nikoley, der dann fast zur Familie gehörte.

Als die Amerikaner Fürnheim besetzten, durfte er nicht mehr auf dem Hof arbeiten, was er noch gerne gemacht hätte. Seine im Dorf arbeitenden Kollegen haben ihm das verboten. Zwangsweise musste er dann nach dem Krieg wieder nach Hause, in eine unbestimmte Zukunft. Auch das gab es bereits 1945, Zwangsausweisung einer ganz anderen Art, Zwangsheimführung.

Es wurde nicht mehr so oft in der Stube gegessen, nur noch an Feiertagen. Zu sagen, dass das Leben sich nur in der großen Küche abspielte, wäre falsch, es wurde dort gegessen, gelegentlich schlief dabei auch mal einer ein, und ansonsten wurde gearbeitet. Das Leben spielte sich im Stall, auf dem Feld und im Holz (so nannte man den Wald) ab. Die Fülle dieser Arbeit hatte eine Dimension, die, hätte ich sie nicht erlebt, für mich heute unvorstellbar wäre.

Da mein Leben in Fürnheim mit diesem ersten Sonntagsessen begann, muss ich dazu noch etwas sagen, weil es auch die Lebensweise der Dorfbewohner jener Zeit charakterisiert. Viel später erkannte ich erst die Zusammenhänge: der Mangel an Bargeld, das Fehlen jedweder Technik, die für uns heute so selbstverständlich ist, kein Kühlschrank, keine Wasserleitung, die absolute Anpassung an die Natur mit ihren jahreszeitlichen Unterschieden, davon abhängig die Nutzung von Felderträgen und Vieh in einem sich wiederholenden Jahresrhythmus. Wie berichtet, es war Februar und die Zeit der letzten Schlachtungen. Zu Beginn des Winters wurde geschlachtet, natürlich nur Schweine. Die

Bauern planten, wie viel Fleisch sie im Laufe eines Jahres benötigten zur Versorgung von Familie und Gesinde. Die Aufzucht der Anzahl Schlachtschweine und die Schlachttermine richteten sich danach. Wurst wurde so viel gemacht, das sie ausreichte bis zum nächsten Schlachten, oder beim letzten Schwein der Saison bis zum Beginn des Frühlings mit dem zu erwartendem Temperaturanstieg, denn ohne Kühlung konnte die Wurst nicht bis in den Sommer hinein aufbewahrt werden. Das Schlachtfest, bei dem immer ein paar Frauen aus der Nachbarschaft halfen, war ein arbeitsreicher Tag. Das Schwein wurde am hinteren Lauf festgebunden und auf den Hof gezerrt. Das Schreien dieser Schweine habe ich noch heute in den Ohren, es musste ungewohnt aus dem Stall, bekam nichts zu fressen, während die anderen Schweine noch gefüttert wurden. Ich habe ein solches Schreien von einem Tier nie wieder gehört. Es ist schwer zu beschreiben und wer es noch nicht gehört hat, kann es sich nicht vorstellen, aber es mit Todesangst oder -ahnung zu beschreiben, so weit möchte ich nicht gehen. Es war die Fresssucht, es roch das Fressen der anderen und war ja nun in Wirklichkeit ein auf Fressen und fett werden dressiertes Wesen. Das Schreien des Schweins war auch im Dorf ein allgemeiner Hinweis, wo an diesem Tag geschlachtet wurde, wo es Metzel-Suppe gab (ein Vergleich zur Wurstsuppe, die es in anderen Regionen bei Schlachtfesten gibt).

Einer der beiden Metzger im Dorf wurde bestellt, der Herr Sauer oder der Herr Ries. Es war Tradition des Hofes, welchen Metzger man hatte. Ich habe nicht erlebt, dass dieser einmal gewechselt wurde, bis zu dem Tage an dem Metzger Sauer Soldat wurde und Herr Ries aufgrund seines Alters zu Hause bleiben durfte. Herr Sauer nahm die Rückseite einer großen Axt, die er mitbrachte, und schlug so auf den Schädel des Schweins, dass es betäubt umfiel. Dann wurde die Halsschlagader durchgeschnitten und das Blut in einen bereitgestellten Eimer laufen lassen, wobei einer mit einem Stock im Blut rühren musste, damit es nicht klumpte. Eine Aufgabe, die mir häufig zuviel. Damit war ich mitten im Geschehen des Schlachtens, für mich eine aufregende Sache, aber auch eine Erfahrung im Umgang mit Tieren und Einstellung zum notwendigen Nutzen von Tieren für die Ernährung.

Fast täglich werden wir heute konfrontiert mit Berichten über Massentierhaltung und nicht artgerechter Aufzucht oder nicht artgerechtem Transport. Hat sich, da wir keinen Hunger mehr haben, unsere Einstellung und Betrachtungsweise geändert oder läuft wirklich etwas falsch? Tiere als quasi industrielle Produkte zu bezeichnen mag sich schlimm anhören, ist auch in Grenzbereichen sicherlich verwerflich, doch Tiere sind zur Lebenserhaltung der Menschen unabdingbar. Mit den damaligen Tierhaltungsmethoden, Fütterung und Schlachtung, den relativ kleinen Einheiten des zur Verfügung stehenden Schlachtviehs, wäre die heutige Bevölkerung nicht mehr zu ernähren. Man bedenke, was ein Liter Milch kosten würde, hätten wir nicht die großen Herden mit Züchtungen und Fütterungsmethoden, die eine in dreißig Jahren verdreifachte Menge Milch pro Kuh ergibt. Eine Menge, die ohne Melkmaschine nicht zu bewältigen wäre. Ich weiß noch, wie viele sich gegen die Melkmaschine wehrten und sie als Tierquälerei verteufelten. So sehr ich auch begrüße, dass Auswüchse in der Tierhaltung von unseren Tierschützern bekämpft werden, so ist doch vieles, was in der Diskussion steht, für mich Wohlstandpalaver.

Wir haben auf dieser Welt Regionen, dort wünschen sich die Menschen solche Sorgen und können mit Recht nicht verstehen, wenn wir uns streiten, wie viele Hühner auf einem Quadratmeter gehalten werden dürfen oder ähnliches.

Ein Problem mit artgerechter Tierhaltung habe ich allerdings auch und verurteile es, wenn es nicht um die Ernährung geht, sondern um Vergnügen, Hobby oder Prestige. Der bis zur Unkenntlichkeit seiner Urspezies gezüchtete Schoßhund zum Beispiel, der regelmäßig zum Friseur muss und auch noch bekleidet ist, möglichst mit einem bunten Band an Hals oder Schwanz, Werbe- und Prestigeträger im Fernsehen und in der Öffentlichkeit ist – wie unter anderem Daisy, der Hund von einem Modezar in München – bereiten mir schon Sorgen. Auch der Papagei im Käfig oder die Katze im Wohnzimmer. Vieles wäre hier noch aufzuzählen, was eine lohnende Aufgabe für Tierschützer wäre, wie zum Beispiel manche für den Sport abgerichten Tiere oder die dressierten Tiere im Zirkus. Wobei im letzten Falle die Öffentlichkeit noch zu Spenden aufgerufen wird, um ein an sich unnötiges Leiden zu mindern.

Tiere sind zum „Nutzen" für die Menschen notwendig, darunter verstehe ich aber nicht – und ich sage es noch einmal – zum Vergnügen und Hobby.

Es sind zwei Jahre vergangen, seit ich diese Gedanken niederschrieb. Es war noch nichts bekannt von der jetzt aufgetretenen Katastrophe BSE oder der immer wieder mal ausbrechenden Maul- und Klauenseuche. Aber auch hier sehe ich nicht die Massentierhaltung an sich als Ursache, sondern die sich daraus ergebenden Fütterungsmethoden. Natürlich benötigen wir für große Schlachtviehherden auch große

Flächen. Vielleicht muss man den Begriff Massentierhaltung anders definieren oder besser erläutern. Zu unserer Ernährung jedenfalls brauchen wir eine große Masse an Tieren, die in bäuerlichen Kleinbetrieben nicht in ausreichendem Maße gezüchtet werden können.

Ich will die Dinge nicht verharmlosen, aber eine Erinnerung aus meiner Kindheit in Fürnheim passt an diese Stelle:

1. Die Maul- und Klauenseuche tauchte in dem einen oder anderen Dorf in den 40ziger Jahren immer wieder einmal auf.

2. Kenne ich eine fast makabere Aussage von Frau Doberer: „Die henn e damisch Viech im Stall, kei Wunner, wennse ach noch dovun fresse, das se met 40 kreppiere." (Könnte das der einfache Ausdruck für BSE gewesen sein?)

Aus heutiger Sicht kann ich mir zum Beispiel für Fürnheim, wo damals ca. 40 Bauern mit drei bis sieben Kühen ihren Erwerb hatten, zwei große Bauern mit eventuell je 250 Kühen vorstellen. Es wird dann aber in dieser Region eine Monokultur geben, verbunden mit erheblichen Nachteilen.

Aber was ist die Alternative im europäischen oder gar im globalen Wettbewerb. Es sind ja nicht nur die großflächigen Agrarbetriebe in Deutschland wie in Oldenburg oder Mecklenburg, die als Wettbewerber auftreten. In der EU sind genügend große Flächen vorhanden, und in Übersee denke man nur an Argentinien oder Uruguay, wo ich die riesigen Herden persönlich gesehen habe.

Von der Topographie und Bodenqualität benachteiligte Regionen werden große Brachflächen bekommen, eventuell führt das jedoch zum Aufleben der Schafzucht.

Für Fürnheim sehe ich noch die Möglichkeit als großflächiges Erholungsgebiet mit Tourismuschancen, wenn unter

Nutzung der schon erwähnten topographischen Lage eine Seenlandschaft entstehen würde. Die vor Jahrzehnten trokken gelegten Wiesen, die heute noch Namen tragen wie Neuweiher, Kabelweiher oder Forstweiher, könnte man wieder bewässern.

Wäre ich 20 Jahre jünger, würde ich mich sehr für ein solches Projekt interessieren.

Zurück zum Schlachten und einer Besonderheit, die man heute nicht mehr kennt. Die Borsten des Schweins wurden mit einem Strohbündel abgebrannt – geflämmt – anschließend wurde die Haut mit Wasser und einem flachen Dachziegel abgeschrubbt und somit die Verbrennungsreste entfernt. Dass man diesen aufwendigen Weg zur Entfernung der Borsten benutzte, lag daran, wie ich später feststellte, dass der Aufwand so viel heißes kochendes Wasser herzustellen um das ganze Schwein abzubrühen, wie es heute noch üblich ist, viel zu groß gewesen wäre. Solche Mengen heißes Wasser auf einem mit Holz beheizten Ofen zu produzieren, war kaum möglich. Ein großer Unterschied zu heute: die Schweine damals sollten möglichst viel Fett haben. Kurze schwarz/weiß gefleckte Tiere, die eine Speckhaut von zehn Zentimetern und mehr hatten, waren bevorzugt. Die heutigen Züchtungen sind langgestreckte, nach damaliger Auffassung dürre Tiere. Es ist ja sogar gelungen, dass diese Schweine heute eine Rippe mehr haben, was auch ein Kotelette mehr bedeutet. Das Ausbraten des Fettes zu Schmalz war dann die aufwendigste Arbeit. Wobei die ausgelassenen Speckgrieben eine Delikatesse waren, an die ich mich noch gerne erinnere; sie wurden aufs Brot geschmiert. Wurst gab es nur im Darm, Dosen kannte man damals noch nicht. Das Fleisch wurde zunächst in Salz gepökelt, ein Teil blieb in der Pökellauge bis zum Verzehr, und möglichst viel wurde geräuchert, weil es sich so am besten hielt. Die geräucherten Stücke wurden unterschiedlich aufbewahrt. Ein Teil hing auf dem Dachboden unter der Decke und ein Teil kam in große mit Asche gefüllte Wannen. Bei meinen Besuchen in späteren Jahren hatte sich das alles geändert. Das, was wir Fortschritt und Zivilisation nennen, hat auch in Fürnheim Einzug gehalten.

Gegessen wurde das Fleisch in der Reihenfolge seiner Haltarkeit. Nach dem Schlachten gab es zunächst die in einzelnen Blechtellern zubereitete Sülze. Die gesamte Speisekammer stand bis auf den Fußboden voll mit solchen Tellern. Dann wurde die Wurst gegessen. Es gab einfach nur Wurst bis zum nächsten Schlachten und ab Beginn des Frühlings waren dann das Pökelfleisch und der Schinken an der Reihe. Im Wesentlichen waren es in Fürnheim kleine, bäuerliche Betriebe, die heute alle nicht mehr existieren. Sie waren Selbstversorger, die gerade genug zum Überleben hatten. Es gab noch den Schäfer, als Nebenerwerbsbetrieb, den Schuster, auf dessen zusätzliche besondere Tätigkeit als Bader ich noch zu sprechen komme, einen kleinen Lebensmittelladen und der bereits von mir erwähnte Milchfahrer, der als erster im Dorf einen Traktor hatte; und dann noch die Brauerei Höhenberger und das Sägewerk Brunner. Ein paar Männer des Ortes hatten im Sägewerk und in der Brauerei Beschäftigung. Im Winter waren einige beim Fürsten, dem ein Großteil des Waldes gehörte, als Holzarbeiter angestellt.

Erst nach dem Krieg gingen die ersten in die benachbarten Orte, insbesondere nach Wassertrüdingen, meistens in verschiedene Bauberufe.

Die kleinen Äcker, teils in Hanglagen mit weniger guten

Bodenqualitäten, unterbrochen durch Hohlwege, einzelne Bäume oder einen Hain, der die Grundstücke trennte, selten klare, ebene, rechtwinklige Parzellen, standen einem rationellen Erwerbsackerbau entgegen. Die geringe Bodenfläche, die den meisten Bauern zur Verfügung stand, zwang sie, das Äußerste aus ihrem Grund an Ertrag heraus zu holen. Eine schwere, mühevolle Arbeit. Ich habe später mit Landwirten in Regionen gesprochen, die von der Natur her besser gestellt waren, die konnten sich schwer vorstellen, wie man in Fürnheim in den 40er Jahren Ackerbau und Viehzucht betreiben konnte.

Ein paar Beispiele, die das Gesagte aufzeigen: Futterrüben – Zuckerrüben gab es nicht – wurden nicht ausgesät, sondern Pflanze für Pflanze gesteckt, die Stecklinge waren vorher im kleinen Garten am Hof gezüchtet worden. Einen oder zwei Morgen Stecklinge mußten mit der Hand gesetzt werden. Maschinen dafür gab es nicht. Wenn diese angewachsen waren, musste das Unkraut dazwischen mit der Hacke entfernt werden. Eine andere Arbeit war das Schrollenklopfen. Bei Trockenheit wurden bei den lehmigen Böden die großen Erdklumpen, die der Pflug hinterlassen hatte und von der Egge nicht erreicht worden waren, mit der Rückseite der Hacke zerschlagen, so ging man tagelang über die Felder. Oder man ging zum Disteln. Die vielerorts reichlich vorhandenen Disteln wurden einzeln mit der Hacke zerschlagen. Bei der Getreideernte (die meisten Bauern hatten keine Mähmaschine) wurden die Garben mit der Sichel von Hand zusammengetragen und gebunden. Längst nicht alle Bauern hatten fertige Stricke zum Garbenbinden. Im Herbst gingen meist ältere Frauen, das waren zum Beispiel die Fickli, die Grofi und die Härtli, um nur einige zu nennen, mit der Kies (einem Rückenkorb) und der Sichel in den Wald und holten Seegras, das dann getrocknet und an einer Spindel – ähnlich dem Garn spinnen – zu Stricken für die Getreidegarben verarbeitet wurde. Oft habe ich beim Stricke drehen, so nannte man das, geholfen.

Am Gespann, das die Wagen und Geräte zog, konnte man die Größe des Hofes, damit war der gesamte landwirtschaftliche Besitz gemeint, beurteilen. Es gab Pferdebauern, die konnten sich aufgrund ihrer Größe für die Feldarbeit Pferde leisten. Das waren Doberes und Zähs, die noch eine Baumschule dabei hatten und die Höhenbergers mit ihrer Brauerei. Einige hatten auch nur einen Gaul im Stall. Dann gab es einige, die spannten Ochsen ein, teils ein Pferd mit einem Ochsen, oder ein Ochse und eine Kuh. Die große Mehrzahl hatte nur Kühe im Gespann. Da viele nur zwei oder drei Kühe hatten, mussten dann alle als Gespann herangezogen werden. Doberer, mein Bauer, war einer der Pferdebauern mit einem Wallach, dem Bachel, und einer

Bachel

Stute, der Liesel. Der Bachel, das Hahnpferd, so nannte man das Führungspferd, das im Gespann links ging, konnte auch alleine gehen, hingegen war die Liesel ohne Bachel nicht fähig, an der Leine zu gehen. Bei leichteren Arbeiten, wenn die Kraft eines Pferdes genügte, musste die Liesel am Kopfhalter geführt werden. Eine Arbeit, die mir damals sofort zufiel. So habe ich beim Pflügen – mit dem Einscharpflug, das war damals noch die gängige Art zu pflügen – im leichten Boden die Liesel Furche für Furche auf- und abgeführt, stundenlang; wohlgemerkt, ich war damals sieben Jahre alt. Sofie führte den Pflug. Lina war mit dem Bachel unterwegs, der – wie schon erwähnt – allein gehen konnte.

Habe ich diese Arbeit gerne gemacht oder habe ich mich nur gefügt? Das weiß ich nicht, auf jeden Fall aber hat mir das nicht nur bei Doberers, sondern im Dorf allgemein viel Respekt eingebracht, denn man kannte bisher kein Stadtkind, das so gut mit den Bedingungen und der vielen Arbeit zurecht kam. Noch zur Ergänzung: Ich lief natürlich barfuss über die Äcker und durch die Furchen. Viel später erfuhr ich, dass sich auch einige im Ort darüber aufgeregt hatten, weil die Mädels, die Sofie und die Lina, mich so sehr in die Arbeit eingespannt hatten.

Eine äußerst unangenehme Sache musste ich ebenfalls erfahren. Das waren die Bremsen, so nannte man die Stechmücken, die es im Sommer bei der Getreideernte und im Frühherbst beim Viehhüten in den feuchten Wiesen gab. Die im Gespann laufenden Tiere wurden mit einer schwarzen, fürchterlich stinkenden Masse eingerieben, damit sie von dieser Plage einigermaßen verschont blieben, sonst wären sie nicht mehr ruhig an der Leine oder dem Halfter zu führen gewesen. Wir aber hatten kein Gegenmittel und waren den zahlreichen Angriffen ausgesetzt. Eigentlich wurden wir unentwegt gestochen und ein Dutzend Einstiche an einem Tag waren ganz normal. Außer dass es weh tat, später nach der Gewöhnung nur noch piekste, gab es auch keine Entzündungen oder andere Folgen. Wenn man so ein Viech spürte, schlug man drauf, mit der Auswirkung, dass bei einem Treffer ein kräftiger Blutfleck entstand, weil es schon so voll gesaugt war. Heute existieren diese Bremsen kaum noch, weil es genügend Abwehrmittel gibt.

Ein anderes Erlebnis – ich war zweimal bei der Operation einer Kuh dabei. In beiden Fällen hatte die Kuh einen Draht verschluckt, der sich im Pansen oder der Speiseröhre festgesetzt hatte. Der Tierarzt betäubte sie mit einer Spritze, aber das Besondere und Erwähnenswerte ist, dass sich die Kuh während der Operation nicht hinlegen durfte. Zwei starke Holzbalken wurden unter den Körper geschoben, und eiligst im Dorf zusammengerufene Männer hielten sie für die Dauer des Eingriffes hoch, so dass die Kuh praktisch in der Luft hing. Dabei ruhig zu bleiben war gar nicht so einfach bei ihrem Gewicht. Der Tierarzt schnitt sie hinter der letzten Rippe auf und langte bis zu seinen Schultergelenken in das Innere der Kuh, um den Draht heraus zu holen. Ich habe es einmal genau mit angesehen.

Um das Thema der naturverbundenen Erlebnisse eines Stadtkindes auf dem Bauernhof abzuschließen, erwähne ich noch, dass es meine Aufgabe war, im Stall zu wachen, wenn eine Kuh trächtig war und kurz vor der Kalbung stand. Wenn am Mutterausgang eine Blase erschien, in der meistens schon die Füße des Kalbes zu sehen waren, dann lief ich aufs Feld, um die Leute heimzuholen, die bei der Kalbung helfen sollten. Für mich spannend und interessant.

Die Schule spielte in dieser ersten Zeit, in der ich in Fürnheim war, keine Rolle. An die Schulzeit erinnere ich mich erst, als ich dann später mit der Familie in Fürnheim wohnte. Nachdem der Bauer Soldat geworden war, führten Sofie und Lina zusammen mit der Bäuerin den Hof. In späteren Jahren ist es mir aufgefallen, wie ein durch und durch unbeweglicher Mann, gehbehindert, meistens mit Stock, schon so früh am Anfang des Krieges, eingezogen wurde, das heißt zum Militärdienst verpflichtet. Es kann nur so sein, dass er sich freiwillig gemeldet hat. Welche Gründe und Motive ihn zu diesem Irrsinn veranlasst haben, den Hof (auf dem er dringend gebraucht worden wäre) zu verlassen, sind mir unerklärlich geblieben. Ich habe Jahrzehnte später einmal mit der Sofie darüber gesprochen. Ihr ist es auch ewig rätselhaft geblieben. Ich weiß nicht, wie viel Morgen Ackerland und Wiese es waren und wie viel Hektar Wald, aber es waren sieben Milchkühe, nie mehr oder weniger, die passten nämlich genau in die vorhandenen Boxen, und sechs bis acht Kälber, ca. fünfzehn Schweine, jede Menge Hühner und Tauben und die beiden Pferde.

Eine ganze Zeit lang wollte die Bäuerin mal die Tauben reduzieren und es gab des Sonntags Taubenbraten. Diese Tauben waren gefüllt mit einem Gemenge aus Ei und Brot. Das waren auch die einzigen Mahlzeiten, bei denen es Kartoffeln gab, allerdings als warmen Kartoffelsalat. Rückblickend in der Erinnerung war der Kartoffelsalat mit Feldsalat gemischt und mit einer warmen Specksoße übergossen, eine Delikatesse, die ich so nirgendwo wieder angetroffen habe. Vielleicht ist das aber auch nur nostalgische Verklärung, die mich veranlasst, von Delikatesse zu sprechen.

In der Nachbetrachtung scheint mir der Unterschied

zwischen einem Städter aus dem Rheinland und einem Fürnheimer jener Zeit in den Essgewohnheiten zu liegen. Alle anderen Veränderungen, und diese waren, wenn ich jetzt zurückschaue, schon erheblich, wurden von mir gar nicht wahrgenommen. Ich schlief in einer Kammer für mich alleine in einem Bett, das unten einen mit Stroh gefüllten Leinensack hatte, über mir dicke daunengefüllte Oberbetten. Zu Beginn des Jahres noch, als ich ankam, war die Kammer voller Blumen, die dort überwinterten, Geranien und Betunien über die ich teilweise steigen musste, um ans Bett zu kommen. Sobald die Sonne da war, lief ich nur noch barfuss. Eine Hose reichte sehr lange. Abends wurden die Füße in einer so kleinen Schüssel gewaschen, dass sie kaum hinein passten. Morgens ging es sofort in den Stall, da war Waschen nicht nötig. Zur Schule ging ich ebenfalls barfuss, und Zähne putzen gehörte zur Grundreinigung, die regelmäßig Sonntags vor dem Kirchgang vorgenommen wurde, denn beim lieben Gott musste man sauber erscheinen.

Ein Eldorado für ein Kind, was allerdings nicht viele so sahen, und manche Eltern, die ihre Kinder gleich am Anfang besuchten, nahmen sie sofort wieder mit nach Hause. Bei meinen Eltern war das anders. Erstens kamen sie mich erst im Juni besuchen, und da war sowieso schon alles zu spät. Ich glaube auch sie erkannten, wie wohl ich mich fühlte und wie gut es mir ging. Nach dem Aufstehen ging es erst in den Stall zum Füttern, Kuh- und Pferdestall ausmisten und die Tiere striegeln. Für Nichtlandwirte: das war die Fellreinigung von Kühen, Kälbern und Pferden mit einem Kratzer und einer Bürste. Die Mädchen Sofie und Lina waren darin besonders eigen und auf Pflege bedacht, was nicht auf jedem Hof so war. Sollte das einmal ein Fürnheimer lesen, so wird er schmunzeln und es werden ihm einige Bauern einfallen, deren Ochsen im Gespann reichlich Überreste von Mist aus der Nacht am Hintern hatten. Die Korrektheit der Mädchen, beweisen zu wollen, dass sie ihre Arbeit beherrschten, nahm manchmal sogar skurile Züge an. So musste die Furche des Ackers beim Pflügen schnurgerade sein, und über die, denen es nicht so genau darauf ankam, wurde gelästert.

Dann wurde noch gemolken, und was mir besonders erwähnenswert erscheint, war das Tränken der Tiere. Die beiden Trogreihen im Kuhstall hatten ein Verbindungsrohr zu dem im Hof stehenden Brunnen. Das normale Auslaufrohr des Brunnens wurde mit einem Holzpfropfen zugemacht und dann musste gepumpt werden, sodass das Brunnenwasser in die Tröge im Stall lief. Das war für mich keine schöne Arbeit, und eine Viertelstunde oder mehr zu pumpen, das war schwer. Die Pferde wurden mit dem Eimer getränkt. Nachdem das Vieh versorgt war, wobei Schweine, Tauben und Hühner Aufgabe der Bäuerin waren, ging es an die eigene Nahrungsaufnahme. Das Frühstück fand je nach Jahreszeit zwischen sechs und acht Uhr statt. Solange ich im Krieg bei den Doberers war, gab es immer das Gleiche: kleingeschnittenes, selbstgebackenes Brot, mit heißem Wasser übergossen, damit die Säure etwas rausging, dann wurde das Wasser durch heiße Milch ersetzt. Aus einer großen Blechschüssel auf dem Tisch holte sich dann jeder einen Schlag auf seinen ebenfalls blechernen Teller. Anschließend Kaffee, in dem süßes, selbstgebackenes Weißbrot getunkt wurde, kurze Besprechung, was für den Tag anlag, und dann ging es hinaus auf das Feld. Nochmals, um es zu verdeutlichen: es gab nie etwas anderes zum Frühstück zu essen. Der Begriff Butterbrot als Beispiel für ein belegtes oder geschmiertes

Brot war völlig unbekannt. Es wurde auch niemals ein Brot beschmiert oder belegt. Ab und zu brachte der Milchfahrer mal Butter mit aus der Molkerei, die gab es dann Nachmittags zur Vesper, aber auch hier wurde die Butter (in Fürnheim sagt man „den Butter") geschnitten wie Schinken, ein Stück Brot, ein Stück Butter. Bei der selbstgekochten Marmelade, die es im Winter schon mal nachmittags gab, wurde das Brot in die Marmelade getunkt. Das Vespern nach der Feldarbeit und vor der Abendfütterung der Tiere war der Treffpunkt aller, der Familienangehörigen sowie auch der jeweiligen Helfer bei der Tagesarbeit auf dem Feld oder im Wald. Meine Aufgabe dabei war, das Bier zu holen. Mit einem großen Steingutkrug musste ich zur Brauerei Höhenberger; drei bis vier Liter Bier, je nach Anzahl der Helfer, wurden getrunken. Der Krug war für mich manchmal ganz schön schwer. Dabei hatte ich einen Holzstab, der für jeden Liter Bier von Frau Höhenberger, die den Ausschank machte, mit einer kleinen Säge eingeritzt wurde. Es war das „Kerbholz". Daher auch der Begriff, der hat was auf dem Kerbholz, gleichbedeutend für Bierschulden. Nach Beendigung der Ernte bezahlte der Bauer seine Kerbholzschulden mit Gerste an die Brauerei. Der Krug wurde beim Vespern zum Bauern gestellt, der als erster trank, und dann machte der Krug die Runde, bis wieder zum Bauer. Dort blieb er dann stehen, bis der Bauer wieder trank und somit die nächste Runde frei gab. Gelegentlich war es ein Ärgernis, wenn er den Bierkrug zu lange stehen ließ, während die anderen Durst hatten. Ich konnte ihm anmerken, dass es für ihn häufig eine Genugtuung war, seine Dominanz zu beweisen. Die einzige, die es manchmal wagte dagegen zu opponieren, war Sofie: „No sauf scho, mir hänn a Dorscht", hieß es dann von ihr. Der Bauer war halt der unumstrittene Patriarch. Später, als er nicht mehr da war, machte der Krug auch wesentlich schneller die Runde.

Ich bin immer wieder einmal gefragt worden: „Hattest du denn kein Heimweh?" Nein, Heimweh hatte ich nicht. Wusste ich nicht was das war? Von den ursprünglich sechzehn in Fürnheim mit mir angekommenen Kindern waren bis auf vier alle in wenigen Wochen wieder zu Hause. Nur zwei außer mir haben die gesamte Zeit, bis zur offiziellen Rückführung nach acht Monaten, ausgehalten. Es waren die Brüder Wiehrt, auch aus Köln, die beim Büttner (Fassmacher) der Familie Burger untergebracht waren.

Im Juni kamen dann meine Eltern zu Besuch. Ein Besuch mit großen Auswirkungen auf die spätere Zeit. Ich erkannte das seinerzeit nicht, aber was muss das für meine Eltern ein Schock gewesen sein, so wie sie mich antrafen.

Von links: Lina, ein Schulfreund, Sofie, Frau Doberer, ich und meine Mutter

Wie ich aussah und wo und wie ich lebte. Meine Mutter erzählte einmal, dass der Vater in dieser Situation gesagt hat: „Guck ihn dir an, wie gesund der aussieht, wie wohl der sich fühlt, und Heimweh hat der keins und bei uns zu Hause wird der Bombenkrieg immer mehr." Drei Wochen waren meine Eltern da. Mutter ging mit auf die Wiesen zum Heuwenden, obschon das nun wirklich nicht ihr Metier war, und Vater hat sich vom ersten Tag an mit dem desolaten Maschinenpark befasst. Das waren die diversen Pflüge, Eggen, der Balken der Mähmaschine und die Bremsen, sowie Räder der Leiterwagen. Er ging zum Schmied, dort konnte er mit Hammer und Ambos umgehen und hatte als gelernter Eisendreher das Werkzeug, um die Reparaturen durchzuführen.

Da wir in den Jahren 1942/43 noch zweimal zum Urlaub da waren – bis wir später ganz dorthin gezogen sind – hatten die Doberers den bestgepflegtesten Maschinenpark. Der Schmied, Herr Braun, im Ort eine angesehene Persönlichkeit, war nach dem Krieg Bürgermeister und mit uns befreundet. Für die Bauern war es eine ganz neue Erfahrung, dass Städter sich so um ihre Probleme kümmerten und so aktiv mitarbeiteten. Wir hatten eine Anerkennung im Dorf erreicht, wie keine andere später zugezogene Familie. Eins half dabei auch noch: wir waren evangelisch und gingen am Sonntag in die Kirche. Etwas was ich beibehalten habe, wenn ich in Fürnheim bin. Ich gehe in die Kirche.

Der letzte Urlaub war im Mai 1943. Mein Vater hatte in Voraussicht dessen, was auch dann passierte, Vorbereitungen getroffen, dass wir in Folge des Fliegerschadens in Köln nach Fürnheim kommen konnten. So entwickelte sich also der gute Kontakt.

Episode Wallau

Zwischen den Aufenthalten in Fürnheim war ich noch einmal einige Monate bei entfernten Verwandten in Wallau bei Wiesbaden – nicht weit von hier, wo ich jetzt wohne. Familie Schneider, sie war über meine Oma Emma, die eine geborene Rübsamen war, mit uns verwandt. Schneiders hatten eine Metzgerei und ein großes Gasthaus: der "Deutsche Hof". Von dieser Zeit ist mir in Erinnerung geblieben das wöchentliche Schlachten der Tiere, im Herbst das Pressen und Keltern der Äpfel, die in einem Keller in großen Fässern zu Apfelwein vergoren wurden. Im großen Wurstkessel wurde Latwerge gekocht, das ist eine Art Rübenkraut aus Birnen. Birnensaft und ganze Birnen wurden solange gekocht, bis eine streichfähige Marmelade entstand. Ich ging dort zur Schule, aber viel ist mir davon nicht in Erinnerung geblieben. Die dorfnahen Gärten standen voller Kirschbäume und im Frühsommer war es einer der beliebten Jugendstreiche, sich an Nachbars Kirschen zu vergreifen. Dass wir auch mal dabei erwischt wurden, blieb nicht aus, aber die Strafe dafür habe ich längst vergessen. Aufregend war, dass einmal in der Woche im großen Saal der Wirtschaft Kino war. Ich schlief gleich über dem Saal und konnte den Ton hören. So oft es ging, bin ich heimlich an eine Klappe gegangen, die Durchreiche für die Bewirtschaftung des Saales, und habe versucht, ein paar Brocken des Films mit zu bekommen. Alles in allem war ich zu sehr von den Freiheiten in Fürnheim verwöhnt, als dass mir die Erziehungsversuche und Disziplinierungsanstrengungen meiner Tante, wie ich zu ihr sagte, gefallen hätten. Wallau war eine Episode ohne nachhaltige Erinnerungen, so hat es auch über 50 Jahre gedauert bis, ich wieder einmal dort war.

Eins fällt mir dazu noch ein. Eines Tages wurde über dem Militärflughafen Erbenheim, der ganz in der Nähe war, ein englisches Flugzeug abgeschossen. Dabei hatte man beobachtet, dass ein Besatzungsmitglied mit dem Fallschirm abgesprungen war. Es musste noch in den hohen Kornfeldern versteckt sein. Alle Leute, die zur Verfügung standen, auch wir Kinder, wurden aufgefordert, sich an der Suche zu beteiligen. Wie bei einer Treibjagd sind wir in langen Linien durch die Felder und das hohe Korn gestreift. Einerseits hat es viel Spaß gemacht, denn sonst durften wir die Kornfelder ja nicht betreten. Andererseits aber hatten wir auch etwas Schiss, denn was würde passieren, wenn wir den Engländer wirklich finden würden. Tatsächlich ist er dann auch in der Gemarkung Wallau aufgefunden worden. Wir sind hingelaufen und haben ihn gesehen in seiner Fliegerkleidung, ängstlich auf den Boden guckend.

Rückblickend zu dieser Zeit eine grundsätzliche Bemerkung:

Wenn man in der Jugend viel allein ist, entsteht eine Traumwelt. Man flüchtet sich in diese und lernt kreativ zu sein. Kreativität und Wissen gehören zu den Bausteinen des Erfolgs. Dabei ist zu beachten, dass Wissen begrenzt, Kreativität dagegen unbegrenzt ist. „Wer viel träumt, lernt Kreativität. Ein Träumer muss dennoch keine Schlafmütze sein."

Stammtisch Streukooche

Wieder einmal unterbreche ich die Aufzeichnungen und Gedanken meiner Erinnerungen aus einem aktuellen Anlass. Gestern war ich Gast bei meinen Freunden am Stammtisch „Streukooche" in Köln. Alles ehemals selbstständige Bäckermeister, heute im Ruhestand. Vor mehr als 40 Jahren haben wir im Anschluss an unsere erfolgreich abgeschlossene Meisterprüfung diesen Stammtisch gegründet. Die Jungs treffen sich also nun schon seit vier Jahrzehnten jeden Dienstag. Durch meine beruflichen Wanderjahre konnte ich bald nach der Gründung nur gelegentlich an den Treffen teilnehmen, manchmal lagen lange Jahre dazwischen und dann gab es wieder Abschnitte mit regelmäßigen Besuchen und Treffen. Es war zunächst die Zeit der Familien und Existenzgründungen, übergehend in die Phase des finanziellen Wohlstands.

Hans, der leider schon tot ist, war der weitsichtigste, konsequenteste und erfolgreichste. Er hatte ein großes Geschäftshaus mit vielen Wohnungen auf Rentenbasis gepachtet, in dem er auch seine Bäckerei betrieb. Er war Konditormeister, erkannte aber sehr schnell, dass mit Brot und Brötchen das bessere Geschäft zu machen war. Ich unterstützte ihn gelegentlich mit meinen Kenntnissen als Bäcker, jedoch nicht nur mit Ratschlägen, sondern auch indem ich bei ihm backte. So entstand zu ihm und seiner Frau Hannelore ein freundschaftliches Verhältnis. Vom ersten überschüssigen Geld erwarb er einen großen Altbau, baute dort 1,5 Zimmerapartments mit voller Einrichtung und vermietete diese Räume an Nutten, die es in Köln reichlich gab. Er hatte einen guten einträglichen Weg gefunden, mit der ja im wahrsten Sinne des Wortes nicht unproblematischen Klientel, die diese Mieterinnen darstellten, umzugehen. Die Damen mussten eine dreimonatige Mietkaution zahlen. Waren sie vier Wochen in Zahlungsverzug, wurde das Türschloss ausgebaut (es waren im übrigen Stahltüren). Strom, Gas und Wasser sowie die Räumungskosten waren durch die Kaution bezahlt und es konnte weiter vermietet

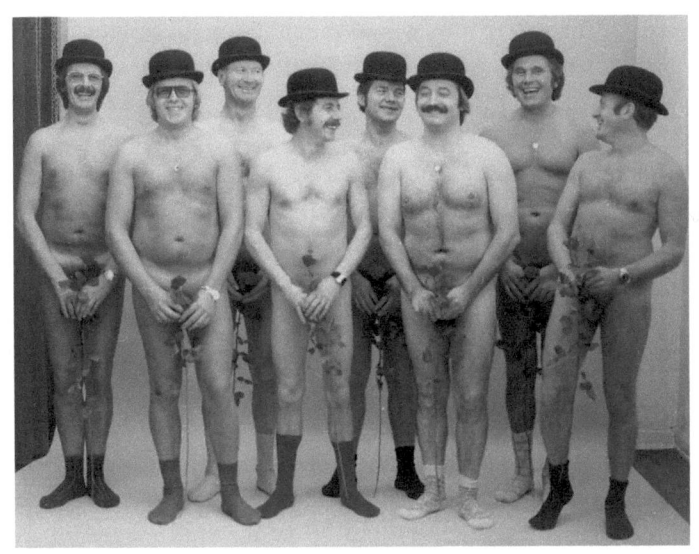

Stammtisch Streukooche

werden. Ich war häufig dabei, wenn wieder einmal eine Wohnungsräumung fällig war oder eine neue Mieterin gesucht werden musste. Damit hatte ich nicht nur einen Einblick in diese Szene, sondern auch einen interessanten Bekanntenkreis. Es waren nicht nur lustvolle Freuden, sondern auch Erlebnisse und lehrreiche Begegnungen. Einige Jahre später hat er dann das ganze Innere des Hauses renoviert und ein „anständiges" Wohnhaus daraus gemacht. – Schade, Hans musste als einer der Ersten von uns gehen.

Christian, den ich gestern wieder traf, hat genug Geld, um gut zu leben, wie alle anderen auch, aber er war nicht so erfolgreich mit seinen geschäftlichen Investitionen. Das erste Geld, das er verdiente, benutzte er zum Reisen. Er machte viel Urlaub; eine Motorjacht auf dem Rhein gehörte ihm. Er war immer so etwas wie der Schönling unter uns. Und Bernd, um den Kreis der engeren Freunde abzuschließen, hat in eine Bäckerei eingeheiratet und das Beste daraus gemacht. Zunächst nur Schwiegersohn; aber mit Geduld und Fleiß wurde er dann Unternehmer im besten Sinne des Wortes. Was ihm als Einzigem aus diesem Kreis gelungen ist, er hat einen seiner beiden Söhne als Nachfolger im Betrieb, so dass seine Bäckerei weiter besteht. Bernd kenne ich auch nur mit einer Luftsprühpumpe, er hat seit seiner Jugendzeit Asthma. Damals wurde ihm auch geraten, den Bäckerberuf aufzugeben. Aber er ist mit Willen und der Cortisonpumpe mit 67 Jahren noch immer dabei, gestern auch wieder mit seinem „Pümpchen", wie wir im Freundeskreis sagen. Aber was ist mit den Jungens in den letzten Jahren passiert? Alles alte Männer zwischen 65 und 70 Jahren sind sie geworden. Ich wollte nach unserem Umtrunk (sechs bis acht Kölsch) noch mal in die Stadt, denn sie kannten ja immer die neuesten Ecken, die besten Attraktionen, hatten Adressen parat. Nein, sie wollten nach Hause. Ich war entsetzt, ein bisschen enttäuscht, dass der eigentliche Stammtisch nicht wie sonst üblich erst nach dem Umtrunk begann. Nix: zu müde! Wo waren die Kerle geblieben, die manchmal nur Zeit für zwei schnelle Kölsch hatten, weil die amourösen Termine drückten, und was waren das manchmal für Dinger, die gedreht wurden. Wie bekannt, so auch damals bei uns: „wenn die Potenz es verlangt, kennt die Kreativität, sie auszuleben, keine Grenzen."

Auf jeden Fall, als ich gestern wieder zu Hause war, ging ich vor den Spiegel. Ein bisschen weniger Bauch, sonst sehe ich genau so alt aus wie sie, bin ich ja auch, aber sollte ich auch schon so lahm sein, merke ich das vielleicht gar nicht, muss ich durch eine solche Begegnung erst darauf gestoßen werden? Das kann doch nicht sein, stellt das nur mein Umfeld fest? Nein, vorige Woche bin ich noch 80 Kilometer mit dem Fahrrad über den Westerwald von Bad Hönningen nach Limburg gefahren. In Kürze fliege ich wieder nach Australien, diesmal mit Zwischenstopp und Besuch von Hongkong und meine Frau ist neunzehn Jahre jünger als ich, und nochmals, nein ich hoffe, ich glaube, ich weiß, ich bin doch jünger als die gleichaltrigen Freunde.

Oh weh, Glaube – Hoffnung – Eitelkeit, kein weiterer Kommentar !

Eine Anekdote aus dieser Zeit:

Wir machten eine einwöchige „Kulturreise" durch Italien. Bei der Abfahrt unseres Busses, nachdem wir von den Begleitern, die uns zum Treff gefahren hatten, verabschiedet waren, stieg einer nicht mit ein. Er blieb diese Woche bei seiner Freundin in Köln. Dass er pünktlich mit uns wieder im Bus zu Hause ankam, versteht sich. Die große Gaudi aber war erst, als wir uns mit unseren Frauen trafen und der Film vom Ausflug gezeigt wurde. Mitten in die Vorführung hinein plötzlich der Ruf von Gerti: „Wo es eijentlich minge Mann, ich sin dä (Jupp) ja nitt." – „Ävver Gertie, einer moth doch der Film driehe." (*Namen aus Diskretion geändert!) Der Film ist so oft bei unseren Familientreffen gezeigt worden, nur wegen der Freude die wir dabei hatten, weil die Frauen glaubten, dass der Jupp immer filmte. Zu einem seiner Geburtstage haben wir ihm dann auch eine Kamera geschenkt, was wieder neue Gaudi auslöste.

"Solle mer noch ens de Film vum Jupp luhre."

Dat sinn kölsche Tön, die mo nie verjiss!

In fröhlicher Runde genügte dieser Satz, um Lachsalven

hervorzurufen. Es war uns gelungen, einen Film zu schaffen, dessen Erfolg darin bestand, dass der Hauptdarsteller nie anwesend war.

Fürnheim zweiter Teil

Und nun zurück zum Zug Köln-Deutz – Wassertrüdingen – nach Fürnheim. Aufgrund der geschilderten Vorbereitungen meines Vaters hatten wir in Fürnheim innerhalb weniger Stunden eine Unterkunft. Die Bauernhöfe im Frankenland, ich glaube auch in vielen anderen Regionen, hatten neben dem Hauptwohnhaus, dem Stall und der Scheune alle einen Altenwohnsitz, in der Regel ein zweites kleineres Wohnhaus. Beim Schäfer und Bauer Huber war ein solches frei, das wir sofort beziehen konnten.

Wieder einmal werde ich beim Nachdenken auf einen Umstand aufmerksam, der mir vorher nie in den Sinn gekommen ist. Mussten wir für dieses Haus eigentlich Miete bezahlen, oder gehörte das auch zu dem Gebot der Nächstenliebe, das uns in reichlichem Maße entgegengebracht wurde? Monate später bezogen dann noch andere Fliegergeschädigte oder Flüchtlinge die freistehenden Alterssitze. Ich glaube, dass keiner Miete bezahlte.

Die erste Nacht schliefen wir mit Decken auf dem Fußboden. Dann kam der Sonntag mit einem unvergesslichen Erlebnis. Am Sonntagmorgen hatte der Pfarrer in der Kirche der Gemeinde mitgeteilt, dass nun auch der Einfluss des Krieges in Fürnheim Einzug gehalten hätte, und zwar in Form der ersten Fliegergeschädigten, und gleichzeitig appellierte er an die Nächstenliebe. Kurz vor dem Mittag bimmelte dann die Glocke an unserer Haustüre, es war niemand da, aber es stand ein Bettkasten davor. Wenig später wieder ein Klingeln, ein zweiter. So ging es den ganzen Sonntag-nachmittag, Tisch, Stühle, Küchenschrank, Küchengeschirr aller Art, Töpfe mit Fleisch, Eier, Mehl usw. – Während wir die Sachen herein holten und versuchten, uns einzurichten, klingelte die Glocke und wir wussten, da kommt schon wieder einer. Abends waren wir komplett ausgestattet. Von Gabeln und Messern bis hin zur Deckenlampe, die im Wohnzimmer gefehlt hatte.

Das war praktizierte Nächstenliebe. Bei all den Turbu-lenzen in meinem Leben, war das eines der eindrucksvollsten und nachhaltigsten Erlebnisse. Wir hatten allerdings auch den Vorteil, dass wir die ersten Fliegergeschädigten und – wie geschildert – schon bekannt waren.

Vor zwei Jahren war ich zum Osterfest mit meiner jetzi-gen Frau Sylvia wieder einmal in Fürnheim, und wie es für mich selbstverständlich war, am Ostersonntag in der Kirche. Gegen Ende des Gottesdienstes verkündete der Presbyter, wann der nächste Kindergottesdienst stattfindet und für wen die Kollekte am Ausgang bestimmt ist und wie viel in der letzten Kollekte war. Der Presbyter war der Braune Schorschl, ein Sohn des von mir bereits geschilderten ehe-maligen Bürgermeisters und Schmiedes; er sagte:

„Gestern am Samstag ist jemand durch unser Dorf gegangen. Daran, wo er stehen blieb und wo er hinein ging, habe ich erkannt, dass es der Friedhelm ist und der ist heute bei uns in der Kirche. Friedhelm, komm doch einmal zu mir an den Altar und spreche ein paar Worte zu uns!"

Es war eine für mich ergreifende Situation, und ich hatte erhebliche Mühe, meine Erregung unter Kontrolle zu brin-gen, auf dem Weg von der Empore, auf der ich saß, bis zum Altar. Unter anderem habe ich dann zur Kirchengemeinde von diesem Erlebnis des ersten Sonntags in Fürnheim nach unserem Fliegerschaden gesprochen und die damals an uns „praktizierte Nächstenliebe" erwähnte ich als eine Tat, die mich mein bisheriges Leben lang begleitet hat.

Nach ein paar Tagen musste mein Vater wieder zurück nach Köln zur Arbeit und für uns begann das Leben auf dem Lande. Ich ging in die Schule, die ich schon kannte. Klasse eins bis vier und Klasse fünf bis acht waren jeweils zusammen. Wechselweise hatte eine Gruppe am Vormittag, die andere am Nachmittag Unterricht. In der fünften Klasse waren wir zu viert, Adolf Stadelmann aus Reichenbach, er war schon älter und einige Male sitzen geblieben; Sofie Baummichel, mit richtigem Nachnamen Christ, aus Himmerstall und Ernst Endrest, einer von drei Söhnen des Wagners, das hieß des Wagenbauers. Es war eine Eigenart im Ort, dass einige nicht mit ihrem richtigen Nachnamen genannt wurden, sondern nach ihrer Berufs- oder ehemaligen Berufsbezeichnung.

Der Ziehrer Willi, der Dobierse Willi, der Wagner Ernstel, der Büttner Schorsch, das waren solche Namen.

Wenn ich auch in Wallau und in Köln, bedingt durch das viele Verreisen und die Fliegerangriffe, nur unregelmäßig zur Schule gegangen bin, so war ich doch in einigen Dingen den Mitschülern weit voraus. Da ich ja schon einiges gesehen hatte im Verhältnis zu meinen Klassenkameraden, wurde ich schnell der Sprachführer oder auch der Räuberhauptmann, obschon ich zu den jüngsten zählte. Seinen Ausdruck fand das in einem Geschehen, das etwas Grummeln bei den Bewohnern des Ortes auslöste. Der Schullehrer Scheerbacher war gestorben und seine Nachfolgerin, die schon einige Zeit da war, bestimmte mich zusammen mit Anni

Schülein, den Kranz am Grab bei der Beerdigung niederzulegen, und ich musste die Worte sagen:

„Wir danken unserem Lehrer Herrn Scheerbacher für alles und werden ihn in guter Erinnerung halten."

Das wäre eigentlich die Aufgabe eines einheimischen älteren Schülers gewesen, so sehe ich das heute auch, aber ich konnte diesen Satz allgemeinverständlich deutsch und fließend sprechen. Was ich in dieser Schule lernte, war etwas Rechnen und Heimatkunde, vom heiligen Berg der Franken, dem Hesselberg, den Kalksteinfossilien, von denen wir viele in der Schule hatten, und vom Nördlinger Ries, das durch einen Meteoriteneinschlag entstanden war. Von der Rechtschreibung habe ich nichts mitbekommen, was sicher auch daran lag, dass ich von Geburt an ein halber Legastheniker bin, wie ich mich selbst beschreibe. Ein Gefühl für die Rechtschreibung oder ein Wissen habe ich nie gehabt und nie gelernt. Was ganz deutlich beim Schreiben dieses Manuskriptes wieder zum Vorschein kommt. Wer dieses hier einmal in Reinschrift fasst, wird das merken, aber er soll darüber schweigen. Es ist für mich auch erstaunlich gewesen, dass ich diese berufliche Karriere machen konnte ohne Kenntnisse der Grammatik. Es gibt Wörter, die kann ich auf einer Seite dreimal schreiben, und ich schreibe sie jedes Mal anders, ohne es zu merken.

Eine schulische Tätigkeit haben wir alle gerne gemacht, nämlich Heilkräuter sammeln: Schafsgarben, Breit- und Spitzwegerich, Brennnesseln und am liebsten Birkenblätter von jungen Birken. Dann noch die Kerne von Äpfeln und Birnen, diese brachten wir in Kuverts und Schächtelchen mit in die Schule. Diese Heilkräuter wurden dann auf dem Kirchenboden getrocknet. Das Heilkräuter sammeln war bei

Sofie und Anni

mir auch deshalb noch besonderes beliebt, weil ich dann mit der Anni Schülein zusammen sein konnte. Die um ein Jahr ältere Anni war die schönste im Dorf, jedenfalls in meinen Augen, und ich suchte ihre Nähe. Ich glaube, ich gefiel ihr auch ganz gut. Von später kann ich sagen, dass es das erste Mädchen war, das ich sehr mochte. Da ihr Opa, Herr Schülein, der Gemeindediener war, musste sie häufig, meistens im Sommer, nachmittags die Kirchenglocken läuten, das sogenannte Gemeindeläuten. Ich ging oft mit. Die Bauern auf den Feldern richteten sich danach. Es war das Zeichen, um nach Hause zu gehen zum Vespern und das Vieh zu versorgen.

Ein langes Seil hing von der Turmglocke bis auf den ersten Boden, das wir dann ziehen mussten. Ein Mordsspaß war es, wenn wir beim Seilziehen einmal aus dem Rhythmus kamen und die Misstöne weit übers Dorf hinaus zu hören waren.

Dies war dann auch die Zeit, in der meine Arbeit auf dem Hof von Doberers nachließ, denn ich hatte andere Interessen. Mein Freund, der Büttner Schorschl, richtiger Name Georg Öchslein, ging in die Lehre als Bäcker nach Dinkelsbühl. Wenn er sonntags zu Hause war, durchstreiften wir mit dem Dackel Waldi die Wälder. Wir wussten, wo die Fuchsbauten waren und schickten ihn dort hinein. Einmal ist es uns bei der Geschichte etwas mulmig geworden, denn unser Waldi kam nicht wie gewohnt aus dem Fuchsbau, sondern wir hörten, wie unter uns in der Erde ein Riesenterror war. In dem Fuchsbau hatte sich ein Dachs eingenistet und der leistete unserem Hund Widerstand, Waldi war sehr zerzaust und blutete, als er wieder ans Tageslicht kam.

Eine Arbeit, die mir im Spätsommer und Herbst zufiel, war das Vieh zu hüten. Die Viecher waren das Weiden im Freien nicht gewohnt. Sie kamen nur nach der zweiten Heuernte auf die ortsnahen Wiesen. Elf Monate standen sie im Stall, und wenn sie dann heraus kamen, war der Wirrwar am Anfang doch erheblich, und sie waren nur schwer in der gewünschten Richtung zu halten. Es waren kleine Herden, wenn man drei bis acht Kühe oder Ochsen überhaupt als Herde bezeichnen kann. Wir Jungs trafen uns dann zu allerlei Spektakel auf den Wiesen bei unseren Herden. In den Bächen wurden Fische gefangen und am Feuer, das immer dabei sein musste, gebraten. Viele ausgewilderte Hauskatzen, die es gab, wurden gejagt. Man muss dazu wissen, dass diese Katzen eine Plage und Gefahr für junge Hasen und kleine Hühner sowie Küken waren. Sie wurden auch von den Bauern selbst gejagt und abgeschossen.

Ein Spiel mit bösen Folgen hatten wir entdeckt: es gab Mengen von ungelöschtem Kalk (Karbid), der zum Weißen der Ställe benutzt wurde. Diesen füllten wir in Glasflaschen, etwas Wasser dazu und ein großer Holzpflock als Verschluss. Der Gasdruck vom Karbid schleuderte das Holz weit in die Luft. Einmal standen wir um eine solche Flasche herum und nicht das Holz flog in die Luft, sondern die Flasche explodierte. Mein Freund Fritz Schmitt stand neben mir und wurde von einem erheblich großen Glassplitter an der Hand getroffen. Zwischen Ring- und kleinem Finger steckte der Splitter. Er ragte an jeder Seite einige Zentimeter heraus. Ich habe ihm mein Hemd über die blutende Hand gebunden, und wir sind zum Schuster gelaufen. Das war in Fürnheim der Bader, oder man würde heute sagen, der Sanitäter des Dorfes. Er besaß Verbandsmull und auch Schmerztabletten. Nachdem er den Fritz notdürftig verbunden hatte, habe ich ihn mit dem Fahrrad nach Wassertrüdingen gefahren. Er hinten auf dem Gepäckständer sitzend. Nachdem er im Krankenhaus versorgt, verbunden und eingegipst wurde, konnte ich ihn wieder mit nach Hause nehmen. Es gab auch niemanden, der sich sonst darum kümmerte oder ihn z.B. mit dem Pferdewagen abholte. Der ganze Vorfall fand kaum Beachtung, auch folgte keine Strafe, es gab nicht einmal eine mahnende Ansprache. Es ist schon sehr schwer, sich das heute vorzustellen. Es wäre ein Skandal und ein Schuldiger müsste gesucht werden, aber hier passierte einfach gar nichts.

Der Bader war der Erste-Hilfe-Mann im Ort und – wie schon geschildert– in Fürnheim war das der Schuster. Man nannte ihn so, denn der richtige Name war Fruchtwirt. Ein Original mit hohem Ansehen, denn in jeder Familie gab es jemanden, der ihn schon in Anspruch genommen hatte. Er saß während seiner Arbeit immer direkt am Fenster und beobachtete alles, was auf der Straße passierte. Er wirkte auf uns Kinder immer etwas stolz und unnahbar. Allerdings nicht so beängstigend wie sein Nachbar Härtlein, dem wir alle nicht im Wald begegnen wollten. Bei den Waldarbeitern im Sägewerk und bei den Bauern, mit ihren zum Teil vor-sintflutlichen Gerätschaften, gab es häufiger schlimme Unfälle. Der Bader war auch in einer Art multifunktionaler Tätigkeit Friseur des Ortes, daher wohl auch die Namensgebung Bader.

Da ich gerade die Waldarbeiter erwähne: Im Winter bin ich zu ihnen ins Holz gegangen und habe beim Stöckesprengen zugeschaut. Stöckesprengen: das muss ich wohl erklären, das ist es auch wert, denn diese Arbeit wird es so mit Sicherheit nie mehr geben. Die beim Fällen im Erdreich verbliebenen Baumstümpfe mussten entfernt werden. Ob das nun geschah, weil man eine glatte gerodete Fläche für das Setzen neuer Stecklinge brauchte, oder einfach nur, weil man das Wurzelholz zum heizen des Ofens benötigte, weiss ich nicht. Auf jeden Fall war es eine Mordsarbeit mit Pickel, Hacke und Schaufel, die Wurzeln frei zu legen. Dann wurde mit einem großen Handbohrer in die stärksten Wurzeln ein Loch gebohrt, das mit körnigem Schwarzpulver gefüllt wurde. Noch eine Zündschnur dran, und die Wurzel konnte aus der Erde gesprengt werden. Das Wurzelholz brannte zwar sehr gut, aber es war auch eine schwere Arbeit, es zu Hause zu zersägen und gebrauchsfähig aufzuspalten. Solche Arbeiten wird man bald nur noch im Museum gezeigt bekommen, aber für mich war das damals sehr interessant, sicher auch, weil es etwas gefährlich war und die Holzarbeiter schon etwas raue Typen waren, zumindest für einen kleinen Jungen aus Köln.

Im Winter gab es für uns noch ein besonderes Spektakel: Eis machen. Die Brauerei Höhenberger brauchte für ihre Bierlagerung im Sommer Eis, und die Kühlmaschinen hatten nicht genügend Kapazität dafür. Auf den beiden Feuerweihern des Dorfes wurde die 20-25 cm dicke Eisschicht mit Äxten in einzelne Eisplatten zerlegt und in den Eiskeller gefahren. Der Eiskeller war ein tiefes in die Erde hinein gebautes Gewölbe. Dieses Gewölbe wurde mit dem Natureis vom Boden bis unter die Decke gefüllt. Das Eis hielt sich dort ein ganzes Jahr lang. Mit Eispickeln musste das Eis im Keller aus der Wand gelöst werden und wurde im Sommer zum täglichen Bedarf geholt. Da die Weiher nicht sehr tief waren, konnten wir auf den Eisschollen, mit Holzstecken schiebend, fahren. Zweimal erlebte ich, dass einer von uns ins eiskalte Wasser gefallen ist, aber es waren immer genug Helfer da, sodass nichts Schlimmes passierte. Dass die Erwachsenen uns nicht von solchem Tun abhielten, wundert mich im Nachhinein schon sehr.

Später, Ende der 50er Jahre, hat das Gelände mit dem Eiskeller die bekannte Kosmetikfirma Schwarzkopf erworben und ein Wohnhaus darauf errichtet. Der Eiskeller wurde zum Atombunker umfunktioniert.

Einen kleinen Unfall hatte ich in Fürnheim, der nur deswegen erwähnenswert ist, weil die daraus entstandenen Folgen mich mein gesamtes Leben bis heute begleiten. Auf dem Bauernhof meines Schulfreundes, Schwarze Schorchel (Georg Schwarz), hat mich dessen Hund in den Oberschenkel gebissen. Eine kleine blutende Wunde hatte mir dieser Straßenköter beigebracht, an sich nichts Schlimmes. Die Wunde hat etwas geeitert und es ist eine kleine Narbe am hinteren Gesäßansatz zurückgeblieben. Als ich noch jünger und beweglicher war, konnte ich sie sehen, heute bin ich zu steif dafür. Aber was nachhaltig geblieben ist, ist meine geradezu panische Angst vor Hunden.

Ich komme mir manchmal selbst lächerlich vor, wenn ich vor dem kleinsten Hund erschrecke, und was das Schlimmste ist, die Viecher merken das sofort. So mache ich auf der

Straße einen Bogen um jeden Hund und trotzdem, oder gerade deshalb, werde ich von ihnen angekläfft. Ich führe diese Angst auf das zwar kleine, aber traumatisierende Erlebnis in Fürnheim zurück.

Für die Kriegsverhältnisse mit den Bombenangriffen und den Ernährungsschwierigkeiten im gesamten Deutschland lebten wir in Fürnheim sehr gut. Zum Einkaufen mussten wir in das sechs Kilometer entfernte Wassertrüdingen. Mit dem kleinen Leiterwagen zogen dann meine Mutter und ich los. Gelegentlich bin ich auch mit dem Fahrrad alleine gefahren, wobei ich allerdings nur hin fahren konnte, denn auf dem Heimweg war ich so bepackt, dass ich das Rad schieben musste. Das war nicht immer einfach, wegen der Hitze, Kälte oder des Regens auf dem weiten Weg; einige Male habe ich leise vor mich hin geweint. Mit elf bis zwölf Jahren, die ich damals war, begann ich über einige Dinge nachzudenken. Aus der Tradition des Elternhauses heraus habe ich häufig gesungen:

„Ich möch zo Foos no Kölle jon."

Dieses Einkaufen in Wassertrüdingen hatte im Frühling auch so seine Besonderheit. Die Wörnitz war dann regelmäßig über die Ufer getreten und hatte die Straße an der Schmalzmühle überspült. Dann wurden wir, meine Mutter und ich, von einem Polen durch das Wasser getragen. Nachdem mehr Flüchtlinge in Fürnheim waren, fuhr uns Herr Nägelein wöchentlich mit seinem Traktor und einem offenen Pritschenwagen nach Wassertrüdingen. Im Winter hatte es einmal so geschneit, dass wir im Hohlweg bei Reichenbach in einer Schneewehe stecken blieben, ca. fünfzehn Frauen und Kinder. Herr Nägelein ging ins Dorf (immerhin über zwei Kilometer) und holte Männer, um uns heraus zu schaufeln. Der starke Wind hatte den Hohlweg fast zwei Meter zugeweht.

Um das ganze Ausmaß an Leid und Erfahrung, das meine Mutter, als kränkliche Frau aus der Stadt, damals machen musste, zu begreifen, sollte der Leser einmal innehalten und darüber nachdenken. Ich war abgehärtet und in diesen Dingen sicher schon frühreif, trotzdem merkte ich, wie meine Mutter litt.

Da der Bombenkrieg in Köln immer schlimmer wurde und wir aus Fürnheim berichteten, dass wir das nicht kannten und genug zu Essen hatten, kam nach und nach ein Teil unserer Verwandtschaft zu uns. Tante Gerta, die Frau von Onkel Schorsch, mit ihren Eltern, der Familie Lingnau. Dann eines Tages kam mein Vetter Hardy – er hatte die Adresse von zu Hause – aus einem Hitlerjungen-Lager von Eger. Er konnte schon nicht mehr bis Bergisch-Gladbach, weil dort die Front war. Dann, ganz zum Schluss, kam Onkel Schorsch.

Mein Vater war zum Ausgang des Jahres 1943 noch Soldat geworden. Er kam einmal in Uniform auf Urlaub nach Fürnheim, um sich dann für immer zu verabschieden. Bei der Landung der Alliierten in der Normandie wurde er eingesetzt. Die Feldpostbriefe blieben aus und 1944 kam die bereits geschilderte Nachricht: „Gefallen für Großdeutschland".

In der Schule wurde das bekannt. Wir mussten alle aufstehen und das Deutschlandlied singen. 37 Jahre war er alt geworden, ein Alter, in dem heute das Leben oft erst richtig beginnt. Keine Ideologie, keine territorialen und damit verbundenen wirtschaftlichen Ansprüche rechtfertigen den Soldatentod. In dieser Zeit kamen dann auch die Fliegerverbände am Tage über Fürnheim.

Ich muss die Vorstellungskraft der Heutigen wieder einmal bemühen, was es bedeutet, wenn hundert und mehr Kampfbomber der Amerikaner oder Engländer sehr niedrig und ohne Gegenwehr über uns hinwegflogen, um eine deutsche Stadt zu bombardieren. Das monotone Dröhnen am Himmel und das Wissen, welch vernichtende Ladung sie an Bord hatten, war, auch wenn wir noch Kinder waren, beeindruckend und für das ganze Leben prägend.

In Fürnheim merkten wir bald, dass wir persönlich nichts zu befürchten hatten, denn dieses kleine Dorf im Walde war kein lohnenswertes Objekt für unsere damaligen Feinde. So standen wir denn auch ungeschützt auf dem Feld und schauten dem Treiben am Himmel zu. Fürnheim war direkt vom Krieg nur eine Woche betroffen und noch einmal circa vierzehn Tage in der turbulenten Nachkriegszeit.

Plötzlich und ganz überraschend waren deutsche Soldaten mit Panzern, Kanonen und Autokolonnen im Dorf. Es wurde am Waldrand eine Verteidigungslinie aufgebaut, Gräben ausgehoben und Geschütze in Stellung gebracht. Gott sei Dank ist aber nie geschossen worden, denn die Amerikaner sind auf der Hauptstraße einfach vorbei gerollt und haben das Dorf mit seinen winzigen Befestigungen einfach liegen gelassen.

So schnell wie die Soldaten gekommen waren, waren sie auch wieder weg, und vielleicht zwei Stunden später rollten die Amerikaner mit ihren Fahrzeugen doch in Fürnheim ein.

Ich erinnere mich noch genau an diesen Tag. Ich stand mit meinem Vetter Hardy, Anni und noch einigen anderen auf der Straße, als die deutschen Soldaten im Eilschritt zu ihren Autos und in der Mehrzahl zu den LKW's liefen und davon brausten. Aus dem Wald und den Hohlwegen kamen sie und ab in Richtung Schmalzmühle-Wassertrüdingen. Überraschend war, wie viele Soldaten in unserer Gemarkung gewesen waren, davon hatten wir nichts gemerkt. Für Hardy, der das miterlebte, war das eine schlimme Erkenntnis, denn er war bis zum Schluss vom Endsieg überzeugt. Er meinte bis zuletzt, dass eine neue Verteidigungslinie aufgebaut würde, und er glaubte an die Wunderwaffe V.1 oder V.2, kaum einer nahm ihn noch für „voll".

In diesen Tagen hatten wir einen Schutzengel in Person eines Kinderfreundes am Himmel. Tieffflieger, in Form von Jagdmaschinen, kamen über Fürnheim. Wir standen auf der Wiese am Forsthaus und wollten zu den Soldaten am Waldrand, als aus einer Dreiergruppe von Jagdfliegern einer im Sturzflug auf uns herunter kam. Wir liefen aufgeschreckt auf den Wald zu, aber bevor wir den Wald erreichten, war er schon über uns hinweg. Der Pilot hatte uns bestimmt als Kinder erkannt und nicht auf den Auslöser seines Maschinengewehrs gedrückt. Die nächsten Tage sind wir nicht mehr auf die Felder gegangen.

Das Zusammenleben in unserer Wohngemeinschaft gestaltete sich in den letzten Kriegswochen auch immer schwieriger. Es war ein beengtes Wohnen, denn ursprünglich waren wir in unserem kleinen Häuschen mit drei Personen, und nun waren wir fünf Erwachsene mehr.

Mit Hardy schlief ich in einem Bett. Es war immer ein Gerangel, wer an der Wand schlafen musste. Einmal habe ich ihn hereingelegt und mit ihm um eine Woche an der Wand schlafen gewettet. Im Radio hatte ich gehört, dass Chamberlain gestorben war, natürlich für Hardy das Symbol eines Erzfeindes, dieser Engländer. Ich habe ihm von dem

Tod so mit den Worten „ich glaube" erzählt. Er glaubte nicht. Daraufhin haben wir gewettet, und er musste eine Woche an der Wand schlafen.

Unsere zugereisten Verwandten hatten alle keine Beziehung zu den Bauern und zum Ort. Ihnen ging es wie den vielen anderen Flüchtlingen, die mittlerweile in großer Anzahl in Fürnheim waren. Die Bauern waren auch nicht mehr so großzügig mit Hilfen, wie zu unserer Anfangszeit. Einmal konnten sie die teilweise auch unverschämten Forderungen zu diesem Zeitpunkt des Krieges nicht mehr erfüllen und zum anderen gab es kein Verständnis füreinander. Hilfe bei der Ernte oder im Stall, die diese Bauern so sehr gebraucht hätten, gab es von den Flüchtlingen nicht, obwohl sie genug Zeit hatten. Das waren die Fürnheimer von mir und meinen Eltern nicht gewohnt.

Ein weiteres Problem in unserem Zusammenleben, neben der Enge, waren die unterschiedlichen Meinungen und Charaktere, die aufeinander trafen. Für die Lingnaus waren die Bauern Hinterwäldler, was uns, mir und meiner Mutter, nicht gefiel. Hardy, braun und SS geimpft, war noch immer vom Endsieg überzeugt, und daneben dann Onkel Schorsch, der die Schnauze voll hatte vom Barras und vom Krieg. Hardy hielt Onkel Schorsch für einen Deserteur. Dazwischen meine Mutter, die leidgeprüfte Kriegerwitwe. Oma Emma erwähne ich nicht, denn an ihr ging das alles vorbei.

Am Tag, als die Amerikaner einzogen, hatten wir gerade ein frisch geschlachtetes Schwein zum Weiterverarbeiten in unserer Wohnung auf dem Tisch liegen. Dass wir damit nicht vernünftig umgehen konnten, war doch klar. Vieles, was die Bauern verwendeten, wurde bei uns weggeschmissen. Am zweiten Tag, als die Amerikaner da waren, wurde im Ort ein Dolmetscher gesucht und siehe da, Hardy stellte sich zur Verfügung. Alle Bauern mussten ihre Gewehre abgeben, teils sehr schöne, alte Jagdflinten wurden auf dem Hof bei Höhenbergers zusammen getragen. Die Soldaten bedienten sich erst selbst und den Rest bekamen die Fremdarbeiter, die Russen und Ukrainer. Das war ein schlimmer Augenblick für die Bewohner des Dorfes, als die Amerikaner einzogen und die Fremdarbeiter ihre Arbeit niederlegten. Der Ortsgruppenleiter, Herr Schönberger, sowie der Sägewerksbesitzer Herr Brunner, der kein so besonders gutes Verhältnis zu den bei ihm angestellten Fremdarbeitern hatte, mussten ihre Häuser räumen und die Fremdarbeiter zogen dort ein. Die erste Nacht wurde nur gesoffen und gefeiert. Die Bauern hatten Angst, insbesondere die, die mit ihren Leuten nicht ganz so gut umgegangen waren. Aber ich weiß, das war nur eine ganz kleine Minderheit. Den meisten Fremdarbeitern ging es besser als je zuvor und auch später danach, daher habe ich auch ein sehr gespaltenes Verhältnis zu den Entschädigungsforderungen von ehemaligen Ostarbeitern, denn diejenigen, die in der deutschen Landwirtschaft arbeiteten, lebten besser als zu Hause. Nikoley zum Beispiel, der Ukrainer von Doberers, wollte weiter arbeiten, aber er wurde von einigen Hardlinern bedroht und musste mitmachen. Bewundernswert war für mich in dieser Situation die Haltung der Amerikaner. Sie unterbanden sofort jeden Versuch gewaltsamer Eingriffe bei den Bauern durch die Fremdarbeiter.

Nach wenigen Tagen war der Spuk zu Ende. Ein paar große LKW's der Amerikaner kamen und alle Fremdarbeiter aus dem Osten wurden zwangsweise in ihre Heimat verfrachtet. Mit Tränen hat sich unser Nikoley verabschiedet, er wäre lieber bei uns geblieben. Die Amerikaner hatten sich der Sache Fremdarbeiter angenommen und sie gelöst, bevor sie zu einem Problem werden konnte. Die amerikanischen Soldaten, es war ja die kämpfende Truppe, zeigten auch ganz offen ihre Abneigung gegen die kleine Gruppe zum Randalieren bereiter Ostarbeiter und ihre Sympathie zu den Deutschen. Die Amerikaner waren nicht nur dabei, den Krieg zu gewinnen, sie hatten auch ganz schnell die Sympathie der Deutschen gewonnen.

8. Mai, 1945

Waffenstillstand, der Krieg ist zu Ende, und bei uns gibt es nur ein Thema: Wie kommen wir nach Hause?

Zo Foos noh Kölle

Ich habe das nicht ganz verstanden und mitgetragen, für mich war Fürnheim meine damalige Heimat. Der Vater von Hardy, Onkel Gerhardt, kam seinen Sohn abholen, übrigens mit dem Fahrrad, denn die Eisenbahnen fuhren noch nicht. Es war Onkel Gerhardt Wittrock, er wurde beauftragt, sich zu Hause umzusehen und eine Bleibe für uns in Köln zu besorgen. Onkel Schorsch bastelte sich ein Fahrrad zusammen und fuhr eines Tages los. Nach einer Woche stand er wieder auf dem Hof, mit einem Pferd und einem Platowagen. Eine Riesengaudi – wie er das wohl gemacht hatte? Mit dem Wagen ging es zum Schmied, dort wurden die Federn verstärkt und einiges ausgebessert.

Das Pferd musste beschlagen werden, was etwas problematisch war, denn der Gaul hatte, wie Onkel Schorsch sagte, den faulen Strahl, das war eine Art Huffäulnis. Unser gutes Pferd hatte sein Leben im Bergwerk verbracht und dabei über einen längeren Zeitraum im Wasser gestanden und es war blind.

Dann kam der Tag, die Sachen, die uns wichtig erschienen, wurden aufgeladen, der Wagen war übervoll. Das noch reichlich vorhandene Fleisch und die Wurst aus unserer eigenen Schlachtung musste auch mit. Oma Emma durfte auf dem Wagen sitzen, alle anderen mussten laufen. Verabschieden im wahrsten Sinne des Wortes mit dem Lied:

„Zo foss noh Kölle. Ich möch zo foss noh Kölle jonn."

Nicht viele, die so singen, haben es auch praktiziert, wir haben es gemacht.

Die erste Station war nach ca. 20 km knapp hinter Dinkelsbühl. Der Gaul musste in den ersten Tagen vorne am Kopf geführt werden, denn blind wie er war, konnte er nicht an der Leine gehen. Doch mit jedem Tag wurde das besser. Er vertraute Onkel Schorsch und marschierte drauf los, aber nur solange er in der Nähe war, denn ohne Onkel Schorsch war der Bock unsicher und ging nicht.

Wir, das waren die Lingnaus, Tante Gerta, meine Mutter und ich, liefen hinter dem Wagen her. Wenn wir durch die Dörfer kamen, wurde links und rechts an den Haustüren geklingelt und um Brot, Eier, Speck oder Obst gebettelt. Zu Essen hatten wir in reichlichem Maße. Nach einigen Tagen hatten wir so viel, dass wir das Betteln auch mal unterbrechen konnten.

Unser Gaul durfte einmal am Tag eine Pause machen, um sich auszuruhen und Gras zu fressen. Das war dann auch die Gelegenheit für uns, sich einmal hinzusetzen. Der Gaul lebte in der Hauptsache von Brot, so gut war es ihm noch nie gegangen. Dieses Pferd blühte richtig auf. Das machte sich auch in den Tageskilometern, die wir zurücklegten, bemerkbar. Gegen Ende der Tour schafften wir 30 bis 35 km pro Tag. Die Übernachtungen waren da schon etwas problematischer. Solange wir im ländlichen Gebiet waren, schliefen wir in Scheunen. Einmal haben meine Mutter und ich in einem so richtig stinkenden Schweinestall geschlafen, unserer Schlafstätte gegenüber in der Box grunzten die Viecher.

Das war im Wiedbachtal. Heute geht dort eine Autobahnbrücke drüber, aber das bäuerliche Anwesen, in dem ich so genächtigt habe, steht noch. Bei nächster Gelegenheit werde ich einmal von der Autobahn abfahren und mir das Haus ansehen, um es auch eventuell meiner Frau Sylvia zu zeigen.

Waren wir in kleinen Städten, haben wir in Schulen oder auch in Sälen von Gasthäusern geschlafen. Solche Trecks waren in dieser Zeit nicht ungewöhnlich. Tausende von Menschen waren in Bewegung, viele sogar mit Handkarren, Kinderwagen, die gefüllt waren mit dem Lebensnotwendigsten. Wir sahen vierspännige Ponywagen, wie sagt man so schön: „Weiß der Teufel, wo die diese Pferde her hatten."

Der Krieg hatte eine große Menge Menschen in Bewegung gesetzt; aus dem Osten die Flucht vor den Russen, aus den Ballungsräumen der Städte waren sie vor Hunger und den Luftangriffen in die abgelegenen ländlichen Gegenden geflüchtet, so wie wir. Und jetzt nach Kriegsende zog es jeden wieder nach Hause, soweit das möglich war. Die Bewohner an den Landstraßen waren diese Trecks schon gewohnt und wussten damit umzugehen.

Trotz der Not bestand eine große Hilfsbereitschaft. Jeder hatte im Krieg jemanden oder etwas verloren und somit ein hohes Maß an Verständnis. Erst später, als das Überleben gesichert war und Abstand zu den Schrecken des Krieges gewonnen wurde, begann das, was ich mit „Wohlstandsegoismus" bezeichne.

Siebzehn Tage hatte unsere Wanderung nach Hause gedauert, bis wir in Bergisch-Gladbach ankamen. Wir, meine Mutter, Oma Emma und ich, zogen (gemeinsam mit den anderen der Familie Braß) in eine Baracke. In drei Zimmern wohnten damals Oma und Opa Braß, Tante Minchen mit ihren zwei Kindern, ihr Mann war im Lazarett in Erlangen gestorben, Tante Leni mit Sohn und ihrem Mann, der bereits aus dem Krieg zurückgekommen war, und noch Herr Mollenhauer, das Anhängsel der Familie Braß, über dessen Beziehung zur Familie ich nie so richtig Bescheid wusste. Also alles ganz schön eng und primitiv. Wenn es regnete, mussten wir Eimer aufstellen, um das Wasser aufzufangen, das durch die Decke kam. Onkel Schorsch hatte ein Bahnwärterhäuschen, direkt an einem Gleis einer zu diesem Zeitpunkt stillgelegten Bahnlinie, in Beschlag genommen und mit den Mitteln, die ihm zur Verfügung standen, renoviert, und war mit seiner Gerta dort eingezogen. Lingnaus sind für immer ganz aus unserem Blickwinkel verschwunden.

1945, wieder zu Hause

Unser gutes Pferd graste tagsüber am Bahndamm. Ich musste darauf aufpassen, abends kam es in das Stellwerk der Bahn. Es war schon eine verrückte Zeit. Es gab keine Regeln, keiner sagte was man tun sollte oder durfte. Jeder wirtschaftete und organisierte, so gut er konnte. Überlebenskampf eines geschlagenen und geschundenen Volkes.

Drei Tage nach unserer Ankunft in Bergisch-Gladbach habe ich dann nicht richtig auf unser Pferd aufgepasst und es ist über die Auffahrt einer kleinen abgerissenen Brücke auf die Gleise gefallen und hatte sich schwer verletzt. Schnell war ein Pferdemetzger gefunden, der es schlachtete, und zwar im Stellwerk des Bahnhofes von Bergisch-Gladbach. Das Fleisch wurde pfundweise verkauft. Wie damals das Überlebensspiel funktionierte, zeigt folgendes: der Metzger war noch dabei das Pferd zu zerlegen, da standen schon die Menschenschlangen vor dem Stellwerk, um ein paar Pfund Fleisch zu bekommen, übrigens für 20 RM das Pfund. Jeder informierte seinen nächsten Bekannten: „Da gibt es Fleisch, schnell hin bevor es alle ist."

Auch das ist für mich eine interessante Verhaltensweise der Menschen dieser Zeit. Es hieß *nicht* ich weiß was, ich kenne eine Quelle, wo es etwas zu holen gibt, nicht weiter sagen, damit wir auch genug kriegen. Eine Verhaltensweise, die man heute leider als fast normal oder doch zumindest verständlich bezeichnen würde. Nein, es war die Notgemeinschaft, die im Krieg entstanden war und das Überleben wahrscheinlicher machte.

Eine Anmerkung dazu.

Der Drang nach Freiheit, nach Selbstentscheidung, die Auflehnung gegen die Obrigkeit, gegen Fremdbestimmung, kommt in Phasen der Sicherheit, im angstlosen Zustand, besonders zum Vorschein. Sobald wir nicht mehr wissen, wie es weiter geht, wenn Not entsteht, insbesondere Lebensangst, suchen wir die Nähe anderer und insbesondere jemanden, der Sicherheit ausstrahlt, Verantwortung übernimmt und, um es einfach auszudrücken, der sagt wo es lang geht. Das in solchen Phasen auch Scharlatane ihre Chance haben und verführen leicht ist, ist erklärlich. Das ist dem Menschen, auch dem sogenannten Zivilisierten, von Natur aus mitgegeben. Besonders beispielhaft ist das in der Natur festzustellen.

Die wohlgenährte Herde auf der Weide oder im Gatter benutzt jede sich bietende Gelegenheit, um auszubrechen. Aber schon beim Gewitter mit Blitz und Donner kommt sie zurück, sucht Schutz hinter dem Zaun oder in der Gemeinschaft, wenn Gefahr von wilden Tieren droht. Der Herdentrieb ist eine aus Not und Angst entstandene, angeborene Überlebensstrategie. Wir verhalten uns nicht anders. Für mehr Gemeinschaftssinn, für besseres soziales Verhalten, fehlt uns die Not.

Nicht der Wohlstand mit seinen vielen Möglichkeiten oder unsere Intelligenz, sondern die Not erzeugt Sozialverhalten. Für Gefühlsbetonte mag das menschenverachtend, schlimm klingen, aber es ist wahr, leider.

Mit dem Erlös aus dem Fleischverkauf und dem Verkauf des Wagens war ein Kapital zusammengekommen, das den Grundstock für einen schwunghaften Schwarzmarkthandel bildete, den Onkel Schorsch begann und uns das Leben ein klein wenig erleichterte, denn der Mangel an Nahrung war schon schlimm. Es ist auch die einzige Zeit in meinem Leben gewesen, in der ich nicht genug zu Essen hatte und hungerte. Es war dumm aus Fürnheim wegzuziehen.

Aus dieser Zeit kenne ich Rübensuppe, Sojasuppe oder so Dinge wie gebackene Rüben. Wir, insbesondere die Kinder, gingen auf die Felder und klauten die Rüben, machten die Ähren auf den Getreidefeldern ab. Davon wurde in der Kaffeemühle Mehl gemahlen oder auch in der Pfanne geröstet, um Kaffee zu kochen. Holz wurde geholt wo es ging, natürlich nicht nur das Wenige, was noch herumlag. Wir waren ja nicht alleine auf Tour, alles was sich bewegen ließ, wurde abgerissen.

Bevor der Wiederaufbau begann, gab es erst noch mal eine Zeit der Zerstörung. Später wurde dann die ganze Sache des „Organisierens" perfekter.

Im Bahnhof Gremberghoven mussten die Güterzüge langsamer fahren, weil es dort etwas bergauf ging. Wir, die Kinder, kletterten auf die Kohlenzüge und warfen die dicken Brocken Kohle während der Fahrt herunter. Ich höre es heute noch in meinem Gedächtnis, wie die Leute am Bahndamm standen und riefen: „Werft uns Kohlen runter."

Es war schon eine tolle Zeit, die es wert ist, beschrieben zu werden.

Im Kölner Dom predigte Kardinal Frings, dass diese Dinge, die da alle geschehen, kein verwerflicher Diebstahl seien, sondern verzeihlich. Daraufhin entstand in Köln für Stehlen, der noch heute gängige Begriff „Fringse", ein Andenken an einen Kardinal, der die Nöte der Menschen verstand; ein großer Mann.

Ein besonders erwähnenswertes Erlebnis fiel ebenfalls in diese Zeit. Onkel Schorsch hatte wieder einmal eine Idee, wie etwas zu organisieren war. Wir waren als Heimkehrer mit dem ehemaligen Wohnsitz Fürnheim gemeldet. Onkel Schorsch stellte daher den Antrag, dass wir unsere Möbel aus Fürnheim abholen durften. Die amerikanische Militärbehörde genehmigte uns das, aber mit dem Hinweis, dass wir uns um das Transportmittel selber kümmern müssten. Die Amerikaner machten sich das leicht, für uns war es aber wichtig, eine Durchfahrtsgenehmigung durch die französische Zone zu bekommen. Immerhin war Deutschland in die vier Zonen der Besatzungsmächte aufgeteilt, es war im Grunde ein regelrechter Grenzverkehr. Mit Hilfe von Onkel Gerhard, Vater von Hardy, der wie bereits erwähnt bei der Reichsbahn etwas Einfluss hatte, wurde ein Antrag auf einen leeren Waggon gestellt, um einen von der Militärbehörde genehmigten Transport durchzuführen. Das klappte tatsächlich!

Auf dem Bahnhof in Bergisch-Gladbach stand ein Waggon für einen Transport von Bergisch-Gladbach nach Wassertrüdingen und zurück. Onkel Schorsch, meine Mutter und ich schleppten einen Tisch und drei Stühle in den Waggon, setzten uns mit etwas Verpflegung dazu und bemühten uns nun darum, möglichst schnell an einen Zug angehängt zu werden. Das war eine verrückte Reise.

Vom Güterbahnhof in Gladbach fuhr man uns nur ein paar Kilometer nach Gremberghoven. Dort standen wir eine Nacht, wurden auf den Gleisen hin und her geschoben, bis man uns an einen Zug nach Niederlahnstein anhängte, das war die Grenzstation der französischen Zone; wieder rangieren und ein Zug nach Würzburg, neues ab- und anhängen, das gleiche noch mal in Pleinfeld. Nach drei Tagen waren wir in Wassertrüdingen. Die Reise selbst war schon Abenteuer pur. Da es sehr warm war, hatten wir eine Waggontür auf, saßen an unserem Tisch – ab und zu rumste es mal richtig beim Rangieren – und spielten Karten. Schwierig war es, an Wasser zu kommen, denn wenn wir hielten, standen wir auf irgend welchen Gleisen und wussten nicht, wann es weiter ging, sodass wir uns nicht weit entfernen durften. Aber Onkel Schorsch regelte das, wenn er auch manchmal im letzten Moment, bevor es wieder losging, in den Waggon sprang. Einige Bahnarbeiter bestaunten uns, denn es gab sonst keine

Leute in den Güterzügen. An der Grenze wollten die Franzosen Schwierigkeiten machen, aber die Genehmigung der Amerikaner beeindruckte sie. In Wassertrüdingen wurde der Waggon abgestellt. Wir gingen zu Fuß nach Fürnheim und organisierten zwei Tage lang Kartoffeln. Zwei Pferdefuhrwerke beladen mit 60 Zentnern Kartoffeln, einem Sack Mehl vom Schmalzmüller und einigen Pfund Speck sowie Eiern brachten uns wieder an den Waggon in Wassertrüdingen und die gleiche Odyssee wie auf der Hinreise begann von neuem. Der Unterschied war, dass wir auf den Bahnhöfen die Türen verschlossen halten mussten, denn wir hatten Sorge, dass jemand unsere Ladung sehen könnte, dann hätte uns auch kein Dokument von den Amerikanern mehr geholfen. Wie immer es auch geschehen sein mag, in Bergisch-Gladbach erwartete man uns bereits. Auf dem Güterbahnhof standen fast 100 Menschen mit Kisten und Taschen. Die ganzen Naturalien, so nannte man das, wurden sofort ab Waggon verkauft. Ein Zentner Kartoffeln 200 RM, ein Pfund Speck 30 RM, das Pfund Mehl 10 RM und pro Ei gab es 5 RM. Nur mit großer Mühe gelang es uns, noch etwas für den eigenen Bedarf zu behalten. Dazu mussten wir die Türen des Waggons verriegeln, über Nacht bewachen, um dann irgendwann unbemerkt unsere Naturalien abzuholen.

Ich bin der Meinung, nichts kann diese Zeit besser beschreiben, als dieses Erlebnis.

Nach einigen Wochen, ich weiß nicht, wie lange es gedauert hat, zogen wir dann in das Haus von Tante Ännchen, das ich durch Steineklopfen, wie schon berichtet, mit aufbauen geholfen hatte.

Die Schule begann. Es war noch die Zeit der Konfessionsschulen. Da die Bevölkerung von Bergisch-Gladbach fast ausschließlich katholisch war, gab es in jedem Stadtteil eine katholische Schule. Alle Kinder, deren Eltern aus der Kirche ausgetreten waren (es handelte sich hierbei ausschließlich um Nazis und Protestanten), wurden in der Stadtmitte in einer Schule zusammengefasst. Was war das für ein durcheinander gewürfelter Haufen. Die Flüchtlinge aus dem Osten, vielfach evangelisch, ohne Schuhe, mit abgerissener Kleidung, monatelang vor den Russen geflüchtet, die Mädchen mit den schlimmsten Erfahrungen, hatten in den letzten Jahren keine Schule mehr besucht. Daneben die Kinder der Nationalsozialisten, die von der Adolf-Hitler-Schule kamen. Eine Schule für die Eliten, für unsere Verhältnisse gebildet, denn sie hatten schon Englischunterricht gehabt und waren in ihren Internaten bestens geschult worden. Es war für die Lehrer und Lehrerinnen unmöglich, einen gemeinsamen Lehrstoff zu finden. Hinzu kam noch, dass die Lehrer/Innen, die in der Partei waren, nicht mehr im Schuldienst tätig sein durften. Das hatte zur Folge, dass so gut wie keine Lehrer mehr da waren.

Der Ausschluss aller in staatlichen Diensten angestellten ehemaligen Parteiangehörigen hatte ebenfalls zur Folge, dass fast keine Behörde mehr funktionierte, einschließlich der Polizei. Immerhin, über 90% der Beamten musste zu Hause bleiben. Da auch niemand wusste, nach welchem Gesetz oder welcher Ordnung zu handeln war, war die Freiheit, wie schon gesagt, „grenzenlos". Aber auch hier zeigte sich noch eine gewisse Disziplin. Es gab kein Morden oder Rauben, wenn man mal von „fringsen" absah. Wenn heute in Großstädten einmal für fünf Stunden der Strom ausfällt, herrscht auf den Strassen der Mob, ganz eklatant in einigen Überseestaaten zu beobachten.

In den zwei Jahren in der Buchmühle, so hieß unsere Schule, hatten wir drei Lehrer. Zuerst eine Lehrerin, lieb, nett und ahnungslos, wie man mit uns umzugehen hatte. Dann einen Lehrer, wo man den ausgegraben hatte, weiß ich nicht. Völlig überfordert versuchte er es erst mit Güte und Nachsicht, später dann mit dem Stock. Dazu muss man wissen, was wir zu dieser Zeit alles trieben.

Ich fuhr z.B. nach Fürnheim, um Speck, Eier und dergleichen zu besorgen. Um mit der Bahn fahren zu können, brauchte man eine Genehmigung von der Militärbehörde, die ich nicht hatte. Ich fuhr daher ohne Fahrkarte in völlig überfüllten Zügen.

Auf der Hinfahrt hatte ich einem Rucksack, in dem hoch aufrecht ein leerer Koffer war, der dann heimwärts mit Essbarem gefüllt war. Einmal bin ich auf den Puffern des Waggons von Köln-Deutz bis nach Siegburg gefahren, bevor ich in einem Abteil einen Platz bekam. Man muss sich das einmal vorstellen wie es dabei zuging: an der Vorderseite des Zuges waren alle Türen und Fenster wegen Überfüllung geschlossen, auf der anderen Seite, dem sogenannten Gepäckbahnsteig, hatten die Reisenden wegen der schlechten Luft die Fenster auf. Der Zug hielt, vom Puffer runter, den Rucksack mit Koffer in das geöffnete Fenster geworfen und dann hinein geklettert, sich in das Menschenknäuel einfach fallen lassen, irgendwie kam man dann schon mit den Füßen auf den Boden und man war drin. Zwischen Würzburg und Ansbach habe ich auch mal einige Stunden auf dem Dach des Zuges gesessen. Ich darf daran erinnern, ich war zu dieser Zeit vierzehn Jahre alt. Bei meiner ersten Fahrt ging der Zug nur bis Gunzenhausen, von da ab musste ich die 20 km zu Fuß gehen. Auf der Heimfahrt war das Problem des Grenzübergangs von der amerikanischen zur französischen Zone. Die Franzosen ließen die Reisenden mit ihren erbettelten Lebensmitteln nicht durch, die Koffer und Rucksäcke wurden dann von der Militärpolizei durchsucht und Fleisch, Speck und Eier beschlagnahmt. Als Kind hatte ich es etwas leichter, mich durch die Absperrungen zu schmuggeln oder sie zu umgehen. Bei etwa sechs bis sieben solcher Hamsterfahrten ist mir nie etwas abgenommen worden. Zu Hause wurde nur ein Teil der gehamsterten Naturalien selbst gegessen. Ein Großteil wurde auf dem Schwarzmarkt verkauft, ein anderer gegen Dinge wie Kakao oder Zucker eingetauscht. Es gab da verschiedene Wege Geschäfte zu machen. Ich wurde von Onkel Schorsch gut angelernt, einige Male habe ich ihn auch auf den Touren begleitet. Der Schwarzmarkt blühte und es wurde geschoben, damit war gemeint, Ware zu tauschen, hin- und herschieben, um das zu bekommen, was man haben wollte. So haben wir Speck aus Fürnheim gegen Schnaps getauscht und den Schnaps wieder gegen Zigaretten und diese dann zu Schwarzmarktpreisen verkauft, um mit der Reichsmark Kartoffeln, Mehl und alles, was so nötig war, zu erwerben.

Schorsch hatte in Solingen eine kleine Messerschmiede gefunden, die noch mit einem wassergetriebenen Hammerwerk arbeitete, denn Strom gab ja nur wenig und wenn, nur stundenweise. Dort erhielten wir für unsere Lebensmittel Essbestecke und Taschenmesser. Mit diesen Solinger Waren sind wir dann nach Bayern gefahren, über die Dörfer zu den Bauern, um sie gegen Speck einzutauschen. Auch hier hatte Onkel Schorsch eine Idee, heute würde man sagen, ein Marketingkonzept. In einem Dorf, möglichst weit von der

Hauptverkehrsstraße weg, wurde als erstes der Pfarrer aufgesucht und um Auskunft gebeten, wo im Ort in der nächsten Zeit eine Hochzeit anstand. Gelegentlich fanden wir diesen Hinweis auch als Aushang an der Kirche oder beim Bürgermeisteramt. Diese Bauern suchten wir dann auf und boten unsere Solinger Stahlwaren an. Das funktionierte fast immer, denn für die Aussteuer vom Sohn oder der Tochter wurde auf dem Land auch in den schlechten Zeiten gerne einmal ein Schwein, das nicht registriert war, geschlachtet. Dazu muss man wissen, dass alle großen Tiere, also Rindvieh und Schweine, bereits seit Beginn des Krieges registriert waren. Kontrolleure kamen zum Nachzählen, ob der angegebene Viehbestand auch stimmte, denn der freie Verkauf war verboten. Die Bauern hatten aber immer noch ein paar Stück Vieh in irgendeiner Ecke der Scheune. Es war ja auch nicht nachzuvollziehen, ob eine Sau acht oder zwölf Ferkel geworfen hatte.

Wir nahmen dann auch nur noch Schinken und Speck in Zahlung, weil das am besten zu händeln und damit auch der beste Preis zu erzielen war. Gerade zu abenteuerlich war, wie wir die schon angesprochene Zonengrenze passierten und den Speck vor dem Zugriff der Soldaten retteten.

Des öfteren sind wir vor der Grenze aus dem fahrenden Zug gesprungen (man muss sich vorstellen, die Züge rauschten nicht so wie heute durch die Landschaft) und gingen durch Feldwege über die Grenze und stiegen in den nächsten Zug wieder ein. Dass wir Stunden warten mussten, bis der nächste Zug kam, versteht sich. Für die Kontrolleure hatten wir auch Zigaretten und Schnaps dabei, um uns den Durchgang zu erkaufen. Mit der Cleverness und der Kaltschnäuzigkeit von Onkel Schorsch klappte das immer.

Ich erlebte, wie man Frauen ein oder zwei Pfund Butter abnahm, uns aber durchließ. Zum besseren Verständnis muss noch gesagt werden, dass die Franzosen auch nicht gut verpflegt waren und insbesondere an amerikanischen Zigaretten und an Schnaps interessiert waren.

Es mussten aber immer wieder andere Quellen des Schwarzmarkthandels aufgetan werden. Das Reisen wurde zu zeitaufwendig und so gingen wir eine zeitlang direkt an die Quelle, wo das meiste zu holen war: die Kasernen der amerikanischen Soldaten. Dreiviertel-Liter-Flaschen musste ich suchen und, was das größte Problem war, die dazu gehörigen Stopfen oder Korken.

Um einmal konkret den Vorgang eines Geschäftes zu schildern:

Der Liter Schnaps "Knolle-Brandy", das war Rübenoder Kartoffelschnaps, in irgendwelchen Kellern gebraut, wurde für 200 RM gekauft und anschließend in Dreiviertel-Liter-Flaschen umgefüllt. Mit diesem Schnaps fuhren wir nach Gießen an die Kaserne zu den Negern (Verzeihung, aber es war der damalige Sprachgebrauch), und dort bekamen wir für eine Flasche Schnaps 200 Zigaretten, die wir in Köln für fünf Reichsmark pro Stück wieder verkauften. Von der Differenz lebten wir dank Onkel Schorsch nicht schlecht.

Aber auch hier wurden die Ansprüche schnell größer, andere Handelsware war begehrt und die Mengen verschoben sich zu größeren Einheiten. LKW's mit Holzkohlemotor wurden beschafft und es ging an die Mosel, um Wein einzutauschen. Auch hier war ich einmal mit. Onkel Schorsch hatte mal wieder den richtigen Riecher und große Mengen Kakao besorgt, für den wir in Bernkastel eine Ladung Wein bekamen.

Die Besatzungsmächte bemühten sich um die Bevölkerung. Es waren Lebensmittelkarten eingeführt worden, um das wenige, das vorhanden war, möglichst gleichmäßig zu verteilen. Die zunächst auf 1300 Kalorien festgesetzte Tagesration musste auf 1000 Kalorien herabgesetzt werden, die sich wie folgt verteilte:

Als Tagesration gab es 18g Zucker, 9g Kaffeeersatz, 18g Nudeln, 27g Grieß, 375g Brot, 5g Butter, 2g Käse, 14g Fischmarinaden, 30g Fleisch. Dazu kamen noch 335ccm Magermilch. Das liest sich heute wie ein Diätrezept, man sollte es einmal veröffentlichen unter dem Titel „Leben wie 1946".

Jede Woche, später einmal im Monat, holte man sich auf irgendeinem Amt die Lebensmittelkarten ab. Die Geschäftsinhaber mussten auf großen Bögen die Marken aufkleben und abrechnen. Ich weiß noch, was das für ein Problem war, dieses Aufkleben, es gab nämlich weder Kleister noch Leim. Mit Mehlpampe auf Packpapier wurde es gemacht, man sieht, es fehlte einfach an allem.

Dass man uns in dieser Zeit in der Schule, wenn wir überhaupt hingingen, nicht auf Rechtschreibung oder Rechnen ansprechen konnte oder uns gar Ordnung beibringen konnte, war klar. Diese Versuche mussten unter den geschilderten Umständen fehlschlagen. Ein Jahr ging das so und dann trat auch in der Schule Ordnung ein. Eines Morgens wurde uns ein neuer Lehrer vorgestellt. Die ersten zehn Minuten mit ihm werde ich nie vergessen.

Wir saßen in unseren alten, viel zu kleinen Schulbänken, als der Noch-Lehrer mit einem Herrn hereinkam. Er war groß, weißhaarig, für unsere Verhältnisse damals recht alt.

Wie soll ich ihn beschreiben? Gerader Gang oder aufrechter Schritt, in jedem Fall vom Erscheinungsbild her eine Persönlichkeit. Die Worte des Noch-Lehrers, es ist bezeichnend, dass mir sein Name nicht einfällt: „Hier ist jetzt euer neuer Lehrer, Herr Fendel. Der wird schon mit euch zurecht kommen." Zu seinem Nachfolger sagte er: „Das ist die Klasse. Sie haben schon gehört, sie ist etwas schwer zu führen. Ich wünsche Ihnen viel Erfolg. Ach ja noch eins: Dienstag bis Donnerstag sammeln wir das Essensgeld für die Schulspeisung ein, das bis Donnerstagmittag abgegeben werden muss. Dann hat jeder genügend Zeit, es mitzubringen, wenn er es einmal vergessen hat."

Herr Fendel schaute ihn mit großen Augen an und sagte: „Vergessen?" Er wiederholte: „Vergessen, das gibt es nicht. In Zukunft wird donnerstags um acht Uhr das Essensgeld eingesammelt. Wer nicht bezahlt, bekommt kein Essen!"

Das Wort „Vergessen" kam nicht mehr über seine Lippen. Der alte ging ohne Auf Wiedersehen zu sagen, wie ein begossener Pudel aus der Klasse, und da hatten wir ihn, den neuen. Die nächste Maßnahme von ihm war, wenn wir gefragt wurden, hatten wir aufzustehen, uns neben die Bank zu stellen und mit den Händen auf dem Rücken zu antworten. Es gab keine Schläge, – der andere hatte gelegentlich mit dem Riedstock zugeschlagen – es gab keine Strafarbeiten, so irre Dinge wie 50 mal ein bestimmtes Wort zu schreiben. Disziplin und Ordnung herrschten sogar bei uns, nur durch das Wort, das Auftreten und die Erscheinung von Herrn Fendel. Dieses dann folgende eine Jahr mit ihm war in meinem Schulleben das Einzige, in dem ich dann auch regelmäßig erschien und etwas gelernt habe. Ich habe später noch oft mit meinem Freund Erich darüber gesprochen unter dem Oberbegriff Persönlichkeit. Erscheinungsbild plus Verhaltensweise, genügten nicht nur, um uns zu disziplinieren im Sinne von beherrschen oder einzuschüchtern, nein wir fanden ihn gut, wir folgten seinen Gedanken und Ausführungen, wir merkten, dass wir bei ihm etwas lernten.

Die zehn Prinzipien zur Persönlichkeit

Später, als Leiter der EDEKA-Bildungsstätte in Bad Schlangenbad, habe ich das Thema Persönlichkeit zu einem Seminarinhalt gemacht. Die zehn Prinzipien zur Persönlichkeit:

1. Selbstanalyse
2. Ordnungsprinzip
3. Konstruktives Denken
4. Vorurteilslosigkeit
5. Umsicht – Einsicht – Voraussicht
6. Tägliche Pflicht als Aufgabe
7. Klare Vorstellungen, klare Überzeugung
8. Toleranz
9. Selbstbeauftragung
10. Mut zur Blamage

Aus meiner Vortragsreihe von damals hier ein Auszug:

Wenn man sich stark fühlen möchte, muss man stark aussehen. Wenn man zuversichtlich sein möchte, muss man durch entsprechendes Verhalten Zuversicht ausdrücken. Was den Menschen bewegt, sind nicht die Dinge selbst, sondern die Ansichten, die er von ihnen hat.

Folgende Begebenheit zu einem Lieblingsthema von mir, sie werden es schon gemerkt haben: Mut zur Blamage.

Beim Fischessen in eleganter Umgebung passierte es mir, dass ein Stück Fisch von einer Gräte absprang, auf das Kleid einer Nachbarin: „Verzeihung gnädige Frau, ich wusste nicht, dass der Fisch noch lebte", war mein Kommentar. So kann man eine peinliche Situation retten.

Erich und ich

Mein Freund Erich

In diesen ersten Schultagen in Bergisch-Gladbach lernte ich meinen Freund Erich Flocke kennen.

Bis in den heutigen Tag hinein – also fast 60 Jahre – hält diese Schulfreundschaft schon, obwohl wir weit auseinander, im wahrsten Sinne des Wortes, in anderen Welten leben. Er ist nun schon seit über 40 Jahren in Südamerika und lebt in Uruguay. Wir sehen uns immer dann, wenn er in Deutschland ist.

Bei meinem 50. Geburtstag war er bei mir in Limburg und zur Feier meines 60sten kam er in die Türkei. Seinen 60. Geburtstag habe ich mit ihm in Montevideo gefeiert. Unser Zusammenhalt, so glaube ich, beruht unter anderem auf dem gegenseitigen Wissen des Vertrauens und der Zuverlässigkeit. Dass bei unseren heutigen Treffen die Erinnerung an unsere Jugendzeit ein Thema ist, ist wohl altersbedingt, aber wir können uns auch über viele andere Dinge austauschen, da wir jeder für sich in einem anderen Umfeld, auf einem anderen Kontinent leben.

In der Schule saßen wir zunächst nebeneinander in einer Bank. Das hat dann Lehrer Fendel bereits nach zwei Tagen geändert, denn er wollte sich wohl Klarheit darüber schaffen, wer wirklich die Antworten wusste, die wir gaben. Bei seinen Vorgängern haben wir gezählt: „Eins, zwei, drei" und dann gemeinsam den Finger gehoben, keiner sollte besser dastehen als der andere. Herr Fendel klärte die Sachlage schnell. Erich kam von der „Napola", einer Eliteschule des Dritten Reiches, und wusste viel mehr als ich, mit meinem Fürnheimer Hintergrund. Aber sobald es sich um den neu gelernten Stoff handelte, war der Unterschied nicht mehr sehr groß. Wenn man es auf einen Nenner bringt, war er zu dieser Zeit klüger als ich. Wenn er das jetzt lesen würde, höre ich ihn schon sagen: „Nur zu dieser Zeit?"

Unsere erste gemeinsame Aktion war im Wald Holz holen, auf einem zweirädrigen Karren. Wir waren nicht die einzigen und die Wälder waren teilweise wie ausgekehrt. Schnell hatten wir heraus, dass Birkenholz auch im frischen, nassen Zustand brannte und so bewaffneten wir uns mit einem Beil und schlugen kleine Birkenstämme ab, immer in der Angst, einmal erwischt zu werden. Aber wir hatten Glück und zu Hause Holz zum Brennen.

Als wir eine Fußballmannschaft aus Spielern der Schulklasse bildeten, kam auch zum erstenmal unser Talent zum Organisieren und zum Führen anderer zum Tragen. Ein Ball musste organisiert werden, Spiele mit anderen Mannschaften wurden vereinbart. Wir brauchten einen Fußballplatz, wo wir spielen durften und wir gaben uns einen Namen: „Torpedo Gladbach", den gab es noch nicht in der Gegend.

Da wir keine Trikots besaßen, war unsere Spielkleidung schwarz/weiß. Schwarze Turnhose konnte ein jeder besorgen und ein weißes Unterhemd hatte mittlerweile auch ein jeder. Eine große Aktion wurde gestartet. Erich konnte über seinen Onkel, der eine Schuhriemenfabrik hatte und die einmal seinem Vater mitgehörte, blaue und weiße Wolle besorgen. Die Mädchen in unserer Klasse haben wir dann gebeten (wenn sie uns mochten und gerade nichts anderes zu tun war), die Fußballstutzen zu stricken. Wir gehörten zu den ersten Fußballmannschaften des Kreises, die neue Stutzen hatten.

Solche Kleinigkeiten, die zu organisieren Erich und mir zufielen, brachten ein enormes Wir-Gefühl und einen besonderen Zusammenhalt. Um unsere Spielstärke zu verbessern, haben wir uns dann auch nicht mehr auf unsere Klasse beschränkt und gute Jungs zu uns geholt, sofern sie im Alter und „auch sonst" zu uns passten. Mit dem „auch sonst" nahmen wir es ernst, es gab gute Fußballer, von denen wir meinten „dat es en Krad (Prolet)" und somit konnte der nicht bei uns spielen. Damit waren wir eine etwas aufgepeppte Schulmannschaft, die vergleichsweise einen guten Fußball spielte.

Als dann unsere Schulzeit zu Ende war, ist es Erich und mir gelungen, die Truppe noch drei Jahre zusammen zu halten. Wir haben mit dem Jugendleiter des in Bergisch-Gladbach größten Vereins, dem 09, gesprochen und ihm eine komplette Jugendmannschaft angeboten, mit der Bedingung, dass wir auch zusammen spielen durften und nicht aufgeteilt würden auf die anderen Mannschaften des Vereins, denn 09 hatte immerhin drei A-Jugend-Mannschaften. Das konnte er uns natürlich nicht zusagen, wir wären je nach Leistung in die einzelnen Teams verteilt worden und genau das wollten wir nicht. So wurden wir dann im kleinsten und ärmsten Verein in Bergisch-Gladbach, der DJK, aufgenommen. Die hatte zu dieser Zeit gar keine A-Jugend-Mannschaft und war über die vierzehn Neuzugänge sehr glücklich.

Mit dieser Mannschaft sorgten wir dann in Bergisch-Gladbach und darüber hinaus im Rheinisch-Bergischen Kreis für Furore. Ich weiß noch, wie wir zu unserem ersten Mannschaftsspiel nach Bechen kamen. Unsere Vorgänger im Verein hatten dort zuletzt 9:0 verloren und nun kamen völlig neue Gesichter dort an und gewannen klar. Dazu kam, dass üblicherweise mit dem Fahrrad angereist wurde, wir hatten aber bereits ein Auto. Es wurde ein Dreirad „Tempo" organisiert, mit dem wir anreisten. Das Größte waren dann die Spiele gegen die sonst übermächtigen 09er, die uns zu unseren Bedingungen nicht haben wollten. In den zwei Jahren haben wir viermal gegen sie gewonnen. Für eine Kleinstadt wie Bergisch-Gladbach, wo jeder jeden kannte,

Torpedo

war das schon ein tolles Ding. Nachdem wir aus dem Jugendalter heraus waren, ließ sich die Mannschaft nicht mehr zusammenhalten. Einige spielten in der ersten Herrenmannschaft und andere zogen berufsbedingt weg, sodass wir uns nach weiteren zwei Jahren auflösten.

Es gab ja auch recht bald ein anderes Problem im Club, denn wir waren ein Verein im Verein und gehörten nie so richtig dazu. Wir reisten mit dem Autobus an, besaßen schnell eigene Trikots, neue weiße Hosen und schwarz/weiß gestreifte Trikots, dazu unsere blauen Stutzen, als Erinnerung an unsere Schulzeit. Wir waren eitel, das konnte in dem armen DJK nicht gut gehen. Wir machten unsere eigene Karnevalsveranstaltung und füllten den DJK-Saal mit 200 Leuten. Wenn ich sage wir, so waren das immer Erich und ich. Bei unseren Veranstaltungen gingen wir beide auch auf die Bühne, oder wie man in Köln sagt: „In die Bütt." Aber wie alles, ging auch das zu Ende.

Zum Abschluss der Schule war dann noch die Konfirmation ein Höhepunkt. Ein Jahr lang gingen wir einmal in

DJK Jan Willem

der Woche zum Konfirmandenunterricht. Das machte uns Spaß. Der Pfarrer brachte uns Glaube und Gott in interessanter Weise näher. Es war eine gute Abwechslung im Wochenrhythmus. Von meiner Konfirmationsfeier war ich enttäuscht. Hatte ich doch über ein Jahr lang darauf hingearbeitet und wusste, wie wichtig in Fürnheim dieser Tag genommen wurde, mit entsprechend großer Feier, mit vielen Leuten und allem drum und dran.

Bei meiner Feier waren Onkel Schorsch, der nicht einmal mit in der Kirche war, Oma Emma und meine Mutter. In unserer kleinen Wohnung hätten auch nicht mehr Platz gehabt. Ich erkannte an diesem Tag, wir waren arm und hatten keine Familie. Es gab keinen Vater und keine Geschwister. Ich empfand deutlich den Unterschied zu Erich. Er lebte mit seinen Eltern, zwei Brüdern und einer Schwester in einem für damalige Verhältnisse großen Haus. Ich glaube, es gehörte auch ihnen. In das Wohnzimmer passten an die 20 Personen und ich vermutete, dass auch so viele bei seiner Konfirmation da waren. Bezeichnend für mich ist heute, dass ich nicht weiß, was oder ob ich überhaupt etwas geschenkt bekommen habe. Es war auch die Zeit, vielleicht war es sogar der Tag, in dem bei mir eine innere Distanz zur Familie begann. Ich habe ja alleine gelebt und auch alleine entschieden, was es in meinem Leben zu entscheiden gab. Am Montag, 31. März 1947, gab es mit dem Pfarrer und allen Konfirmanden noch einen Ausflug. Es war eine Wanderung nach Altenburg zum Dom und zugleich das Ende der Schulzeit.

Erich begann eine Lehre in Köln, und ich wurde Bäckerlehrling. Er machte eine erste große Reise mit dem Motorrad bis nach Portugal und ich kaufte von meinem ersten Gesellenlohn ein Fahrrad und habe mit Werner Sasse zusammen eine dreiwöchige Radtour – Schwarzwald, Bodensee und über Fürnheim zurück – gemacht.

Ein Jahr später wiederholten wir das noch einmal und fuhren über die Eifel nach Trier und an der Mosel entlang zurück. 1952 planten wir dann die große Tour. Wir wollten mit dem Fahrrad mehrere Monate los und bis nach Sizilien. Wir hatten eisern gespart. Ich besaß tatsächlich 1000 Mark. Wir, das waren Hans Schuster, Helmut Sasse und ich, waren bereit, bei unseren Betrieben zu kündigen, um die ganz große Sache anzugehen. Wenige Wochen, bevor es losgehen sollte, verstarb der Vater von Hans. Er musste in den eigenen Betrieb und die ganze Sache platzte. Ich habe mir dann von dem ersparten Geld eine Lambretta gekauft, die ich lange hatte und die mir viel Freude bereitet hat.

Bäcker mit Leib und Seele

Wochen vor dem Ende meiner Schulzeit bin ich mit meiner Mutter, auf mein Drängen hin, nach Köln gefahren, um mir eine Lehrstelle zu suchen.

Ich wollte Konditor oder Koch werden und alle mit denen ich sprach, bestärkten mich darin. Es gab einen flotten Spruch dazu: "Gegessen wird immer", womit zum Ausdruck gebracht wurde, dass ein solcher Beruf krisenfest sei. Andere Aspekte kamen damals nicht in Betracht.

Am 1. April 1947 begann meine Lehre als Bäcker beim Bäckermeister Jean Kraus in Bergisch-Gladbach auf der Odenthaler Straße.

Zuvor hatte ich in den ersten und bekanntesten Cafes nachgefragt. Das waren z.B. Cafe Füllenbach, Cafe Ries, Cafe Zimmermann, alles damals schon traditionsreiche Häuser.

In einigen großen Restaurants war ich ebenfalls, aber es gab auch dort keine Lehrstelle. In dieser Zeit, und das ging noch bis weit in die 60er Jahre hinein, bekam man als Lehrling kein Geld, es wurde sogar Geld bezahlt, damit man in den Häusern mit bekannten Namen lernen durfte. Es war etwas ganz besonderes, wenn man im späteren Berufsleben nachweisen konnte, bei den besten Adressen gelernt zu haben. So kam es auch, dass in diesen Betrieben meistens Söhne aus anderen Meisterbetrieben lernten. Ich konnte mir ja auch nicht erlauben, noch Geld mitzubringen zur Arbeit.

Das hatte in der Konditorei-Branche allerdings auch einen anderen tieferen Sinn. Um die Rezepturen von Torten und Gebäck wurde ein großes Geheimnis gemacht, sie waren Bestandteil des Betriebes. Häufig mischte der Betriebsinhaber die Zutaten in Abwesenheit der Mitarbeiter oder Angestellten. Meister nahmen ihre Rezepte mit zu anderen Betrieben. Es war ein Privileg von Meistern, dass sie mit ihren Rezepten die Betriebe wechselten und im neuen Betrieb zum Einsatz brachten. In späteren Jahren habe ich bei einem solchen Starkonditor in Köln, im Kolpinghaus, an Kursen teilgenommen. Er war in der Branche nicht beliebt, weil er seine Rezepte weitergab. Es war ein richtiger Kult, der um diese Rezepturen gemacht wurde.

Diese Geheimnistuerei um die Backmischungen löste sich nur langsam auf, als die ersten Meister ihr Geld damit verdienten, dass sie Rezeptbücher schrieben. 1962 habe ich dann selbst für die Firma Talmühle eine Rezeptbroschüre über Fettgebäck geschrieben.

Auf jeden Fall, ich bekam in Köln keine Stelle. So war ich froh, in der Bäckerei Kraus in Bergisch-Gladbach lernen zu dürfen.

Es war ein harter Start ins Berufsleben. Bis zur Währungsreform war der Arbeitsbeginn mit sechs Uhr morgens noch einigermaßen erträglich. Fünfzehn Minuten zu Fuß war mein Weg zur Arbeit, vor der Bäckerei standen schon die Menschenschlangen, die auf das Brot warteten, das wir backten. Was holten wir für ein Zeug aus dem Ofen!? Auf Grund der Mehlknappheit musste Maismehl verarbeitet werden, das sich bei einem Anteil von 50 Prozent nur sehr schwer zu einem vernünftigen Brot formen und vor allen Dingen backen ließ, von dem für mich geradezu widerlichen Geschmack ganz abgesehen. Für einen Fachmann waren es abenteuerliche Umstände, wie wir versuchten, etwas einigermaßen Genießbares herzustellen. Eine zeitlang gab es auch nur stundenweise Strom. Die Teige konnten wir in dieser Zeit machen, aber das Licht im Ofen fehlte. Wir hatten ein Fahrrad am Ofen aufgestellt und mit einem Dynamo eine Lampe betrieben. Meine Aufgabe war es, das Fahrradpedal zu treten. Wenn die Sonne schien, haben wir mit zwei Spiegeln die Sonnenstrahlen aufgefangen und die Ofenfläche beleuchtet.

An meinem zweiten Arbeitstag gab es eine amüsante Begebenheit mit meinem Meister. Ich musste am Nachmittag den Hühnerstall sauber machen. Dort gab es einen alten, halben Autoreifen, in den das Trinkwasser gefüllt wurde. Leider hatte der Reifen an einer Seite ein Loch, so dass das Wasser auslief.

Mein Meister sah das und stellte fest:

„Intelligent bes de nitt, dat sin ich direkt."

Jahre später habe ich ihn noch einmal besucht. Es waren einige Leute eingeladen, da ich meinen Besuch vorher angekündigt hatte. Mein Name war in der Bäckereibranche durch einige Veröffentlichungen von mir in der Fachpresse bekannt, und ich trug mittlerweile den Titel Direktor. Er war ganz stolz auf mich und hielt eine Rede. Er sprach dabei von seinem Lehrjungen und was aus dem geworden ist. Zur allgemeinen Erheiterung habe ich ihm und den anwesenden dann seine Feststellung vom zweiten Lehrtag „intelligent bes de nitt, dat sin ich direkt" vorgehalten.

Mit der Währungsreform fand dann eine Veränderung von unvorstellbarem Ausmaß statt. Samstags oder an einem Sonntag war es dann soweit. Zunächst bekam jeder Bürger 40 „Deutsche Mark". Die Arbeitgeber erhielten pro Beschäftigten einen Kredit von 60 Mark. Die Reichsmark-Guthaben wurden im Verhältnis 100 zu 5 abgewertet. Arbeitseinkommen und Mieten wurden im Verhältnis eins zu eins umgestellt.

Bereits am Donnerstag und am Freitag vorher wurde Weizenmehl, Margarine, Eier und vieles mehr angeliefert. Es waren Artikel dabei, die ich noch gar nicht kannte. Es war schon toll, denn bis zum Beginn der Währungsreform gab es auch in den Bäckereien kein Pfund Weizenmehl, Zucker oder gar Fett, und über Nacht war alles vorhanden. Kluge Leute mit Weitsicht hatten es gehortet. Als das Geld wieder seinen Wert hatte, konnten sie losschlagen und Geschäfte machen.

Den Montag nach der Währungsreform bezeichne ich für mich persönlich als den Beginn der Friedenszeit. An diesem Tag wurde zum erstenmal Kuchen gebacken. Es gab süße Hefeteilchen aus weißem Mehl und drei verschiedene Sorten Brot.

Eine Veränderung über Nacht, die es verdient hätte einmal historisch aufgearbeitet zu werden.

Für mich änderten sich zwei Dinge: ich lernte mit den richtigen Zutaten nun endlich auch richtig backen und die Arbeitszeit stieg ins Unvorstellbare. Die Woche über fingen wir um drei Uhr in der Früh an zu backen bis ca. fünf, sechs Uhr am Abend. Freitags hörten wir gegen zwei Uhr mittags auf, um dann am Abend um neun Uhr wieder anzufangen, durchgehend bis zwei, drei Uhr am Samstag.

Das war auch eine Seite der Aufbruchstimmung und des Aufbaus, die nicht unterschlagen werden sollte.

Es gab aber auch noch andere Dinge: In Deutschland lebten zum Beispiel circa 150.000 uneheliche Kinder von Mitgliedern der Besatzungstruppen. Deren Väter durften, aber mussten keinen Unterhalt zahlen. Der Name von russischen Vätern durfte nicht einmal ins Taufregister eingetragen werden. Auch dieses musste bewältigt werden.

Es begann aber auch die Zeit, in der weniger dramatische Dinge die Menschen bewegte. Einige Beispiele dafür:

Ist Boogie-Woogie gesellschaftsfähig? Ist die Monopolstellung amerikanischer Swing- und Boogie-Woogie-Tänze noch zu brechen? Ist es möglich, diese Tänze so zu tanzen, dass die Bewegungen noch ästhetisch sind? 5.000 Tanzlehrer berieten darüber: Soll man die neuen Tänze ablehnen oder gar anerkennen und lehren?

In einem Bericht der Kölnischen Rundschau aus dem Jahre 1948 heißt es darüber:

Die negative Einstellung gegenüber diesen Tänzen ist keine Prüderie, sondern der Standpunkt aller Menschen, die sich noch ihrer menschlichen Würde bewusst sind. Man erkennt daran, wie schnell sich die Menschen wieder anderen Dingen, als dem Überleben und dem Broterwerb im weitesten Sinne, zugewandt hatten.

Im August 1948 war ich in Köln und habe einer Prozession zugeschaut. Aus Anlass der 700-Jahr-Feier des Kölner Domes wurden die Gebeine der Heiligen Drei Könige in einem Schrein durch die zerstörte Stadt wieder in den Dom gebracht, begleitet von einer grandiosen bunten Schar Kardinäle und Bischöfe.

In meiner Lehrzeit gab es äußerst schwierige und unangenehme Situationen. So musste ich mit einem Handwagen Brot in einige Lebensmittelgeschäfte ausliefern. Den Berg bei uns hoch konnte ich diesen Karren alleine nicht ziehen, so schwer war er, aber das störte meinen Meister nicht, dass ich Leute ansprechen musste, die mir helfen sollten. Vor Feiertagen, zum Beispiel Weihnachten, Silvester oder Ostern, wurde mehrere Nächte durchgearbeitet. Damit die Augen nicht zufielen, habe ich manchmal an der Ammoniumdose gerochen, diese Dämpfe halfen für den Augenblick.

Für die Hunde und den Hühnerstall war ich auch zuständig, und den Katzendreck, der häufig auf den Jutemehlsäcken lag, musste ich ebenfalls entfernen.

Eines Nachts war ich das mit der Katzenscheiße leid. Ich habe die Katze in einen Jutesack gesteckt – das war gar nicht so einfach, die Katze in den Sack zu stecken – und mit Schwung in die Glut des Backofens geworfen. Tagelang wurde von der ganzen Familie die Katze gesucht, eine Suche an der ich mich auch beteiligen musste.

Unser Backofen wurde mit Briketts beheizt. Die Briketts wurden mit einem großen Wagen auf den Bürgersteig vor das Haus gekippt und mussten dann von mir, mit einer Schubkarre, über 30 Meter in den Stall gefahren werden. Damit sie auch alle unterkamen, mussten sie dann auch noch gestapelt werden.

Aber damit nicht genug, mein Meister misstraute dem Kohlenhändler, so dass die angelieferte Menge kontrolliert wurde. Auf einer Dezimalwaage wurde der erste Zentner Briketts gewogen und die Anzahl der „Klütten", wie man in Köln sagt, gezählt. Es waren je nach Sorte 78 bis 84 Stück. Beim Beladen meiner Schubkarre musste ich dann die Briketts zählen und für jeden Zentner einen beiseite legen, so dass der Meister wusste, wie viel angeliefert worden waren.

Zwölf Stunden und mehr arbeiten und dabei noch die Briketts zählen!!

Ich habe das einmal Onkel Schorsch erzählt. Ich hatte Mühe, ihn davon abzuhalten, zu meinem Meister zu gehen, „zu dem Krauter" wie er sagte. Ich glaube, er hätte ihn durch die Backstube geprügelt. „Ausbeuterei" war der Kommentar von Onkel Schorsch.

Es waren für heutige Verhältnisse schon unvorstellbare Dinge, die von mir verlangt wurden. Aber ich habe mich durchgebissen, gelegentlich die Faust in der Tasche gemacht, aber mich nie aufgelehnt.

Ein weiteres Beispiel hierfür war das Essen. Für die Familie und die Angestellten wurde getrennt gekocht. Was das heißt, versteht wohl jeder. Morgens gegen sieben Uhr kamen die belegten Brote, aber es wurde oft genug neun Uhr, bis wir Zeit hatten zum Frühstück. Der Teller, der uns zum Mittagessen in die Backstube gestellt wurde, stand auf einer Kiste, solange bis der Betriebsablauf es ermöglichte zu essen.

In den vielen Wochen, in der meine Mutter in den Kliniken war, habe ich ganz in der Lehrstelle gewohnt. Abends, einschließlich des Sonntags, musste ich den Sauerteig machen und den Ofen heizen.

Einmal hat mich mein Meister zu einem Fußballspiel gefahren. Wir waren mit der A-Jugend-Mannschaft im Endspiel um die Kreismeisterschaft. Der Termin war Karfreitag, elf Uhr, mitten in der Hauptarbeitszeit. Ich hatte von Donnerstag morgens drei Uhr bereits durchgearbeitet bis zum Freitag. Um neun Uhr hat er mich dann zum Spiel gebracht und sofort nach dem Spiel ging es wieder in die Backstube.

In späteren Gesellenjahren habe ich noch einige andere Betriebe erlebt, bei denen der Begriff Ausbeutung durchaus angebracht war. Trotzdem habe ich mein ganzes berufliches Leben dem Berufsstand Bäcker gewidmet und mich für die Belange dieses Handwerks und seiner Familien eingesetzt.

Gelernt habe ich in der Bäckerei Kraus sehr viel. Herr Kraus war ein überdurchschnittlich guter Fachmann, der auch auf die fachliche Qualität seiner Angestellten großen Wert legte. Nur eben wie solche Fachleute sind oder sogar sein müssen, mit vielen Macken im Detail.

Mit dieser Lehre im Hintergrund war ich für jeden Betrieb ein wertvoller Mitarbeiter. Ein Entgegenkommen meines Meisters konnte ich dann einmal ausnutzen. Trotz dreijährigem Lehrvertrag durfte ich nach zweieinhalb Jahren die Gesellenprüfung machen. Herr Kraus war der Vorsitzende des Gesellenprüfungsausschusses und mächtig stolz, dass ich die Prüfung in allen Fächern mit sehr gut bestand. Daraus hat er sich dann ein Besäufnis mit seinen Kollegen gemacht – nur für mich hatte er keine fünf Mark übrig.

Meinen Kindern habe ich später einmal den Gesellenbrief mit allen fünf Fächern „sehr gut" gezeigt, wobei Rolf nur meinte: „Du Ehrgeizling."

Als Folge meiner um sechs Monate vorgezogenen

Gesellenprüfung erhielt ich auch früher meinen ersten Lohn: 40 DM pro Woche plus Frühstück und Mittagessen.

Vom ersten überschüssigen Geld habe ich mir, wie bereits erwähnt, ein Fahrrad gekauft.

Dazu eine Anekdote: Als mich mein Meister das erstemal mit dem neuen Fahrrad sah, flippte er regelrecht aus und rief:

„Alles vun mingem Jeld" (alles von meinem Geld). Das war kein Scherz, sondern er war davon überzeugt, mir sechs Monate zu früh den vielen Lohn bezahlt zu haben. – Gott hab ihn selig.

Die erste Anstellung als Geselle war in der Bäckerei Platz in Zündorf bei Porz, einem für damalige Verhältnisse Großbetrieb mit drei Backöfen. Hier waren die Aufgaben in der Backstube verteilt nach Teigmacher, Tischarbeiter und Ofenarbeiter. Da der Ofenarbeiter 10 DM pro Woche mehr verdiente, habe ich diese Aufgabe übernommen.

Das war dann schon echtes Geld. 60 DM netto pro Woche, die samstags auf die Hand ausgezahlt wurden, und

volle Kost und Wohnung im Betrieb. Was ich zum Anziehen brauchte, bekam ich von meiner Mutter, so dass ich mich finanziell gut bewegen konnte. Diese Art der Entlohnung war insoweit angenehm, dass ich bei voller Kost und Logis das Geld auch mal bis zum Sonntagabend verbrauchen konnte, ohne Sorgen zu haben. Aber ich war sparsam, denn immerhin habe ich es in dieser Zeit geschafft 1.000 DM für, wie schon berichtet, eine Lambretta zu sparen. Bis es soweit war, fuhr ich zum Wochenende mit dem Fahrrad von Zündorf nach Gladbach und zurück, ca. 30 km. Im Winter musste ich einige Male Teile der Strecke zu Fuß gehen, weil zu viel Schnee lag.

Es begann auch die Zeit, in der ich nicht mehr jedes Wochenende nach Hause fuhr und irgendwo in der Weltgeschichte übernachtete. In Porz hatte ich einen kleinen Freundeskreis und ging auch mal alleine auf Entdeckungstour, was mit der Straßenbahn gut zu erreichen war.

Zu dieser Zeit begannen auch meine Abendseminare im Kolpinghaus in Köln. Einmal, gelegentlich auch zweimal pro Woche, belegte ich

Freundeskreis Porz

verschiedene Schulungen: Marzipan-Kurse, Bonbon-Herstellung, Schokoladen-gießen, Zuckerblasarbeiten und Bäckerei-Chemie. In der Praxis konnte ich damit in meinem späteren Berufsleben nicht viel anfangen, aber ich hatte das

Wichtigste, was man in der Jugend tun kann gemacht, ich hatte das Lernen gelernt.

Verbunden mit meinem Talent, das Wenige, was ich weiß, auch an den Mann zu bringen, hat es mir doch viel geholfen.

Es ist auch falsch zu sagen, es hat mir in der Praxis nicht viel geholfen, denn meine Praxis war das Verkaufen, und selbst noch als Direktor der Bäko war es ja meine Aufgabe, Ideen zu verkaufen, Meinungen zu bilden und zu beeinflussen, Mehrheiten und Sympathien zu erwerben. Meine Gesprächspartner waren ja Bäcker- oder Konditormeister, Hersteller und Lieferanten der Lebensmittelzulieferindustrie, und die konnte ich mit detailliertem Fachwissen auf ihrem jeweiligen Gebiet überraschen und beeindrucken.

Eine Folge dessen war auch, dass ich in eine Fülle von Ausschüssen und Gremien berufen wurde.

Die Lehrgänge in Köln gingen dann in den zweijährigen Meisterprüfungskurs über, an dessen Abschluss die Meisterprüfung stand.

Von Zündorf aus war dann die nächste und noch erwähnenswerte Gesellenstelle die Bäckerei Lambertz in Untereschbach. Ein Betrieb, der wegen seines cholerischen und besonders hohen Ansprüchen stellenden Inhabers, Herrn Lambertz, unter den Gesellen gefürchtet war. Aber genau das hatte mich gereizt, dort hinzugehen. Ich wollte bei den besten gearbeitet haben. Es stellte sich dann heraus, dass diese Entscheidung genau die richtige war.

Nach wenigen Wochen hatte ich das Vertrauen von Herrn Lambertz und er machte mich zum Backstubenleiter. Diese Aufgabe war mehr als schwer und ging an die Grenze meiner Leistungsfähigkeit. Die Präzision und das Tempo in diesem Betrieb beherrschte ich, aber das Führen der Mitarbeiter war ein Problem. Zwei elternlose Jungs, die aus einer Erziehungsanstalt kamen, waren da, zudem ein aus einem Gefängnis entlassener älterer Bursche sowie noch einige Haudegen liefen herum. Der Betrieb hatte auf Grund seines Rufes Schwierigkeiten, andere Gesellen zu bekommen. Ich glaube aber auch, dass es Methode von Familie Lambertz war, denn die Waisen und ehemaligen Knastis waren billige Arbeitskräfte. Nebenbei gab es dann noch einen Orden vom Sozialamt oder der Kirche für das Bemühen der Wiedereingliederung von gestrandeten Menschen. Sich in diesem Kreis als junger, neuer und, wie der allgemeine Tenor war, Besserwisser durchzusetzen, war schon ein Kraftakt, den ich erst noch lernen musste. Es gab schon Augenblicke, an denen ich mich nicht traute, alleine auf den dunklen Hof zu gehen oder die gegenüberliegende Kneipe zu besuchen, weil mir Schläge angedroht worden waren.

Neben meiner fachlichen Kompetenz hatte ich noch die Unterstützung des Herrn Lambertz, weil ich für den TuS Untereschbach beim Fußball das Tor hütete. Er war zu damaliger Zeit der Vorsitzende des Vereins.

Nach anderthalb Jahren habe ich dann eines Nachts, im Rahmen einer cholerischen Auseinandersetzung mit ihm, gekündigt. Er wollte das am Tage darauf wieder gutmachen, aber ich blieb bei meiner Entscheidung. Ich hatte bewiesen, dass ich diesen Laden führen konnte und wollte weiter. Zum Abschluss sagte er mir, dass ich jederzeit wieder kommen könnte. Ich vereinbarte mit ihm, dass ich, wenn meine Meisterprüfung einmal anständig abgelegt worden war (schriftlich/mündlich), dann gerne wieder zu ihm käme, um meine praktische Prüfung in seinem Betrieb abzulegen.

Für mich war das der Betrieb, in dem am genauesten und besten gearbeitet wurde.

Nachdem ich dann noch in zwei Krauterbetrieben war, der Bäckerei Hardt in Porz-Eil und Kurt Giese in Sürth, bin ich wieder zu ihm nach Untereschbach, um – wie geplant – dort meine praktische Meisterprüfung zu machen.

Ich spreche von zwei Krauterbetrieben, in denen ich noch gearbeitet habe. Das waren aber auch Buden!

Die Familie Hardt hatte einen Sohn, ein ganz pfiffiges Kerlchen, von der Mutter verwöhnt und verzogen. Er schämte sich für seinen etwas schmierigen Vater. Diesem Jungen habe ich die ersten Dinge in der Bäckerei beigebracht, heute hat er eine große namhafte Bäckerei.

In der Weihnachtszeit habe ich dort in Eil gearbeitet, und das bedeutete immer zwölf bis fünfzehn Stunden pro Tag, circa vier Wochen lang. Da ich für einen Wochenlohn arbeitete, waren nicht nur die Logis, sondern auch die Überstunden inklusive. Heiligabend bekam ich dann zu Weihnachten von der Familie Hardt einen Blechwecker und ein paar Hosenträger geschenkt. – Ich hatte aber schon einen 50-Mark-Schein erwartet. Auf dem Heimweg am Heiligabend nach Bergisch-Gladbach habe ich die Tüte über die Mühlensmauer geworfen, mit begeistertem Begleitton. Die Mühlensmauer begrenzt das Anwesen der seinerzeitigen Inhaber vom Unternehmen 4711, der Familie Mühlens. Hinter der einige Kilometer langen Mauer befand sich neben der Villa auch ein Teil des Pferdegestüts.

Viel anders war es dann auch nicht bei Giese in Sürth. Zum Frühstück gab es immer nur die alten Brötchen vom Vortag, oder wenn einmal im Ofen ein paar zerdrückt waren, dann wurden die gegessen. Als Fan von frischen

Brötchen habe ich dann immer dafür gesorgt, dass ein paar kaputt gingen, damit ich etwas zum Frühstück hatte, bis der Alte das merkte und mich darauf ansprach. Ich habe es ihm dann auch bestätigt, mit der Folge, dass er die Ofenarbeit während des Brötchenbackens selbst machte. Da ich jedoch das Geschäft in den besten Betrieben gelernt hatte, funktionierte das mit ihm am Ofen auch nicht so, das kostete uns jeden Morgen eine halbe Stunde mehr Backzeit, aber Hauptsache, es gab wieder Brötchen vom Vortag.

Eins war bei Gieses allerdings gegeben: sie waren ehrlich und fraßen den Kitt, den sie mir servierten, auch selbst. In diesem Betrieb habe ich Rezepte eingeführt aus meinen Lehrgängen in Köln, davon hatte der Alte nicht einmal geträumt. Zur Weihnachtszeit habe ich einmal in Köln, im Cafe Zimmermann, einen handmodellierten Mecki gekauft, auf meine Rechnung natürlich. Die Meckis waren damals die beliebten Werbefiguren der Rundfunkzeitung „HÖR-ZU". Aus diesem Mecki habe ich dann eine Schwefelform gegossen und die Dinger zu Hunderten im Akkord hergestellt. Die Chefin sagte dazu einmal: „Schön", und er kam jeden zweiten Tag und meinte: „Die sinn widder all, du mußt widder mache." Ja, ja, meine lieben Bäcker!

Die Zeit kam, dass meine Meisterprüfung näher rückte, und ich ging wieder, wie berichtet, zum Lambertz nach Untereschenbach. Von den „netten" Kollegen aus meiner ersten Zeit war nur noch einer da und ich war mit 20 Jahren Betriebsleiter in der Bäckerei, die ich mir wünschte. Ich habe später erfahren, dass ich auf Grund dieser Tätigkeit, unterstützt von meiner Auszeichnung als bester Lehrling des Jahrgangs im Rheinisch Bergischen Kreis, einigen Leuten aufgefallen bin, die mich bei meiner späteren Berufswahl und

Ausübung meiner Verkäufertätigkeit unterstützten.

Untereschbach war dann eine schöne Zeit. Die Arbeit machte ich mit links, die Arbeitszeiten normalisierten sich und im Ort war ich auch so etwas wie der Hans Dampf in allen Gassen. Im Fußballverein war ich als Torwart anerkannt, außerdem gehörte ich zu den Kirmesburschen, die Montags das Schubkarrenrennen veranstalteten und bei sonstigen größeren Ereignissen im Dorf habe ich im Festsaal gekellnert.

Der Jahreshöhepunkt im Dorf war die Kirmes und erwähnenswert, wegen der Fehde mit dem Nachbardorf Immekepel. Der jährlich aufgestellte Kirmesbaum musste nachts bewacht werden, damit die Burschen vom Nachbardorf ihn nicht umhauten. So haben wir zum Beispiel den Baum von unten bis zu zwei Meter Höhe mit Blech beschla-

Kirmes in Untereschbach

gen, um ihn gegen das Absägen etwas sicherer zu machen. Im umgekehrten Falle sind wir natürlich auch aktiv geworden. Einmal mit so großem „Erfolg", dass daraus ein Skandal wurde. Da der Baum in Immekepel wie üblich nachts bewacht wurde, hatte ich eine Idee. Es war Pflicht und selbstverständlich, dass man Kirmessonntag in die Kirche ging. Zu diesem Zeitpunkt war der Ort wie leergefegt und wir haben ihnen den Baum am heiligen Sonntagmorgen umgehauen. Das war ein Skandal, die Pfarrer beider Kirchen haben von Entweihung des Sonntags gesprochen. Bei dem im folgenden Frühjahr anstehenden Fußballspiel zwischen den örtlichen Vereinen habe ich vorsichtshalber nicht teilgenommen, die Angst war berechtigt. Schön war die Zeit!

Viel Freude brachte mir meine Lambretta und auch Prestige beim Umgang mit den Mädchen. Die Sonntagsausflüge zum Nürburgring und in die weitere Umgebung begannen. Natürlich immer mit einer, sagen wir es norddeutsch „Flotten Deern" auf dem Sozius.

Bei Dorffesten und Tanzveranstaltungen habe ich im Saal des benachbarten Gasthauses gekellnert.

Das war eine ganz erhebliche Strapaze, denn nach wie vor fingen wir Freitagmorgen um drei Uhr an zu arbeiten, nachmittags drei bis sechs schnelles Schlafen, um dann wieder bis zum Samstagmittag weiter zu machen. Anschließend Duschen – ein paar Stunden schlafen und dann bis zum Sonntag in der Frühe kellnern. Zum Abschluß unserer Kellnerei wurde dann gepokert oder Skat gespielt, in der Regel bis die zweite Partie Gläubige aus der Kirche kam, das war so gegen zehn Uhr am Sonntag.

Skat

Zum erstenmal taucht in meinen Aufzeichnungen das Wort Skat auf. Damit will ich mich etwas näher befassen und eine ganz persönliche Betrachtungsweise aufzeigen, denn dieses Spiel begleitet mich bis zum heutigen Tag.

Zunächst etwas zur Historie des Skatspiels.

Es war eine, man würde heute sagen gute Geschäftsidee, der im thüringischen Altenburg ansässigen Kartenhersteller, die das Skatspiel entwickelten und aus der Taufe hoben, und zwar zu Beginn des Jahres 1800. Vorbild waren dabei vier europäische Kartenspiele. Das italienische Tarock lieferte dem deutschen Skat den Namen für die beiden zur Seite gelegten Karten „Scantare" (das im italienischen weglegen oder aussondern heißt). Dem spanischen „L`HOMBRE" entnahmen die Altenburger das System des Reizens. Die vier Buben übernahm man aus dem Schafskopfspiel des Erzgebirges, während das 32 Karten zählende Blatt aus dem süddeutschen SOLO stammt. In den 1818 veröffentlichen osterländischen Blättern heißt es: Dieses Spiel ist offenbar der König aller Spiele mit deutscher Karte, weil Geschick und Glück in gleicher Wechselwirkung Gewinn und Verlust bedeuten. Die Anzahl der Skatspieler in Deutschland wird heute auf ca. 100.000 geschätzt, wobei ca. 40.000 im deutschen Skatverband Mitglied sind. Die Weltmeisterschaften werden von der ISPA, dem International Skat Players Association durchgeführt.

Mir hat Onkel Schorsch das Skatspielen beigebracht, zumindest die Regeln und die ersten Schritte. Es war die Zeit, in der ich mit ihm auf Schieber- und Schwarzmarkttouren war. Später, als wir miteinander spielten und ich gelegentlich gewonnen habe, prägte er den Satz in einer für ihn typischen Art: „Me soll kin Lück schlau mache."

Nach meiner Bäckerlehre habe ich dann dort, wo ich gerade war, den alten Skatspielern in der Kneipe zugeschaut. Ich habe stundenlang hinter dem Skattisch gestanden und nur zugeschaut oder zugehört. Ich bin nach Hause gegangen und habe für mich alleine Spiele nachgespielt und Varianten ausgeknobelt. Ich habe mich schon sehr damit befasst, bevor ich mich mit den erfahrenen Leuten an den Tisch setzte. Wenn um Runden gespielt wurde, trank ich Limonade, um Geld machte ich gerne mit, denn Bargeld hatte ich immer dabei, meistens mehr als meine Mitspieler, was an sich schon ein Vorteil ist.

Da ich aber nicht nur ehrgeizig war, sondern auch geizig, lag es auf der Hand, dass ich mich anstrengte, zudem ich schnell rechnen und zählen konnte. Für mich ist Skatspielen bis heute eine anstrengende Angelegenheit geblieben, ein Wettbewerb dem ich mich gerne stelle. Nach mehr als drei Stunden Skat, manchmal waren es ja auch sieben oder acht Stunden, konnte ich vor Anspannung nicht einschlafen. Und auch heute noch spiele ich manche Spiele, die einen besonderen Verlauf hatten, zu Hause nach. In meiner Merheimer Zeit, das war nach der Meisterprüfung, bevor ich dann meine Reisetätigkeit begann, gab es Zeiten, ich formuliere es etwas salopp, in denen ich mehr Stunden Skat gespielt habe, als geschlafen.

Dort in Köln-Merheim war ich dann auch in einem sogenannten Skat-Club e.V., für den ich auf große Turniere
gefahren bin. Mein damaliger Freund Friedhelm Korn (leider ist er schon verstorben) und ich besuchten im gesamten
Ruhrgebiet und im grenznahen Holland die Turniere. Die
von der Teilnehmerzahl her größte Veranstaltung, an der ich
teilgenommen habe, war eine Deutsche Meisterschaft mit
über 6.000 Teilnehmern, die in Essen in der Mensa der
Kruppwerke stattfand. Von Karfreitag, ich war schon soweit,
dass ich mir erlauben konnte, Ostern, Karfreitags und
Samstags nicht zu arbeiten, bis Montag. Um den 80. Platz
herum bin ich gelandet und mit einem Keramikteller als
Andenken nach Hause gefahren.

In der Vorweihnachtszeit wurden die Preisskatturniere in
den Dörfern rund um Köln besucht. Es kamen bis zu zehn
Turniere in dieser Zeit zusammen, und einige Jahre, bis zur
Hochzeit mit meiner Frau Margret, war es selbstverständlich, dass der Weihnachtsbraten, ob Gans oder Ente (manchmal wurde auch noch ein solcher Preis verschenkt), von mir
mit nach Hause gebracht wurde.

In meinen Reisejahren mit den häufigen Übernachtungen in, ich kann das so sagen, allen Städten Deutschlands,
habe ich dann die vielen Varianten und Auslegungen, die es
bei diesem Spiel gibt, kennengelernt. Wenn bei Meisterschaften auch nur eine vom Skatverband bestimmte Regel
gilt, so sind doch in jeder Region einige Details verändert.
Immer wieder treffe ich Skatspieler an, die überzeugt sind,
dass man nur so, wie sie es kennen und ihr Leben lang
gespielt haben, das Spiel richtig ist. Wenn ich mich in einer
fremden Umgebung an den Skattisch setze, ist immer die

erste Frage: Wie spielt ihr hier?, um mich mit den Abweichungen vertraut zu machen.

Skatspielen hat für mich auch noch eine andere interessante Seite. Ich behaupte, obschon ich weiß, dass das sehr gewagt ist, dass ich nirgendwo sonst einen Menschen schneller kennen lerne, bezüglich seines Charakters, seines Temperaments und seiner geistigen Beweglichkeit, als bei einem Skatspiel über drei und mehr Stunden. Unter den Bedingungen der Oberflächlichkeit eines Spiels lassen sich die meisten Menschen gehen, in der Flüchtigkeit und Unverbindlichkeit offenbaren sie sich ungewollt. Skat wird nicht nur mit einem Blatt von 32 Karten gespielt, in dem auch der Zufall über Gewinn und Verlust entscheidet, sondern ebenfalls mit Mitspielern und Gegnern, und so wie es in der Boxersprache heißt, dass man sich seinen Gegner in den ersten Runden erst einmal zurecht stellen muss, so ist es auch beim Skatspiel. Aus diesem Grund habe ich in den Jahren, in denen ich dieses Spiel intensiv betrieben habe, nie gerne nur eine oder zwei Stunden gespielt. Es machte nur Sinn von drei Stunden an aufwärts.

Zum Schluss noch eins zu diesem Thema. Ich spiele zur Zeit regelmäßig zweimal die Woche, deutlich spüre ich, wie meine Konzentration und Spannkraft mit dem Älterwerden nachlässt. Heute verliere ich zu vorgerückter Stunde manches Spiel, das ich vor 20 Jahren nicht verloren hätte. Aber sei es drum, gespielt wird weiter.

Der Bäckermeister

Im August 1955 war es dann soweit. Meine Meisterprüfung im Fach Praxis stand bevor. Theorie bestand ich mit Bravour. Wenn mir die schriftliche Prüfung in „Buchhaltung" auch ein paar Probleme gemacht hatte, so konnte ich diese durch die mündliche Prüfung wettmachen.

In der mündlichen Prüfung ist mir etwas gelungen, was oft in vielen Lehrbüchern über Prüfungen zu finden ist. Nicht nur zu antworten auf das, was man gefragt wird, sondern darüber hinaus zu sagen, was man weiß. Bei dem Thema Brotkrankheiten gibt es das Fadenziehen als eine unangenehme Erscheinung, den Erreger nannte man den Kartoffelpilz, was eine Vereinfachung und Verdeutschung war, für den Lateiner war das der Bazillus „Mesenterikus". Dieses Wort hatte ich gelesen und mir eingetrichtert. Mein Freund Bernd sagte dazu:

„Watt wellste do met?" – „Ich sare dat denne."

Und so kam es auch, dass ich dem Prüfungsausschuss, lauter Bäckermeister, den Bazillus Mesenterikus servierte. Ich glaube, die sind alle erst einmal nach Hause gegangen und haben die Bücher gewälzt. Mein mir in der mündlichen Prüfung gestelltes Thema war die Herstellung von Zucker, aber ich bin meinen Bazillus losgeworden.

Die praktische Prüfung in der Bäckerei Lambertz lief dann so ab, wie ich es mir gewünscht und vorgestellt hatte. Die Prüfer haben an diesem Morgen viel gelernt.

Das Ganze war ihnen wohl auch nicht geheuer, und ich musste ein ganz und gar nicht für einen Bäcker übliches Gebäck zusätzlich herstellen, Pasteten, aber "no problemo".

Im Rahmen der feierlichen Übergabe unserer Zeugnisse sagte der Leiter der Prüfungskommission, dass das beste praktische Ergebnis seit Jahren von mir gewesen wäre. Ich bin daraufhin aufgestanden und habe ihn gefragt, warum ich dann als Note dafür nur gut bekommen hätte, denn ich hatte in allen anderen Fächer sehr gut. Für sehr gut im

Praktischen sei ich noch zu jung, war seine Meinung. Auch eine Begründung!

Dazu muss man wissen, dass die Zulassung zur Meisterprüfung zwei Voraussetzungen hatte. Erstens fünf Gesellenjahre und zweitens mindestens 24 Jahre alt, und die war ich noch nicht. Mir wurde auch nicht der Meisterbrief und damit der sogenannte Befähigungsnachweis überreicht, den bekam ich erst mit 24 Jahren nachträglich zugeschickt.

Ich habe viel gelernt und gearbeitet. Nach der Meisterprüfung habe ich dann mit gleicher Konsequenz nur noch das Nötigste getan. Es folgten zwei Jahre, in denen ich einen Dreh gefunden hatte, mein Leben anders, mit viel Freizeit, zu gestalten. Ich habe mich beim Obermeister der Innung in Bergisch-Gladbach gemeldet und ihm gesagt, dass ich frei wäre für vorübergehende Tätigkeiten in Bäckereien seiner Innung, wenn einmal ein Bäckermeister krank würde oder ein besonderer Umstand eine Hilfe nötig machen würde. Als ich ihm das sagte, hat er mich angeschaut wie ein Wesen aus einer anderen Welt. Man muss wissen, zu dieser Zeit waren Arbeitskräfte in der Bäckerei knapp. Er wollte mich für seinen Betrieb sofort einstellen, aber das machte ich nicht.

Von ihm kam auch in der ersten Zeit nichts, aber ich hatte genug Bekannte, die diese Idee für gut befanden. So habe ich dann zwei Jahre lang in Betrieben gearbeitet, in denen ein Bäckermeister krank war, ein wichtiger Mann im Betrieb ausgefallen oder ein einmaliger, besonders großer Auftrag zu erledigen war. Dass da einer war, den man auf Anhieb für einige Tage bekommen konnte, wurde dann ein Privileg für die Innung, mit der der Obermeister bei Sitzungen prahlte. Im zweiten Jahr war es dann schon so, dass ich für bestimmte Termine vorgebucht war. In der Regel waren das die Kirmeswochenenden, in denen unheimlich viel Arbeit anfiel. Die ersten zwei Betriebsinhaber kamen auf die Idee, mal eine Woche Urlaub zu machen, etwas was bis zu diesem Zeitpunkt sonst undenkbar gewesen wäre.

Ich besaß zunächst noch meine Lambretta, die mich mobil machte, und kaufte mir dann mein erstes Auto, ein Goggomobil mit 250 Kubikzentimeter. Ich hatte viel Freizeit und verdienen konnte ich soviel, wie ich für mein freies Leben brauchte.

So ein Kirmeswochenende in einer Bäckerei war allerdings auch eine stramme Sache. Von Donnerstag bis zum Sonntag gab es nicht viele Stunden Schlaf. In dieser Zeit wurden auch einige Betriebsinhaber auf mich aufmerksam, die keine Söhne hatten und für ihre Töchter einen Mann suchten, der als zukünftiger Betriebsinhaber in Frage kam.

Dass diese zwei Jahre für meine berufliche Entwicklung von entscheidender Bedeutung waren, merkte ich erst später.

Ich hatte in kürzester Zeit in vielen Betrieben gearbeitet, mit den unterschiedlichsten Rezepturen und Ansprüchen und, vor allen Dingen, war ich mit den verschiedensten Geräten, Maschinen und Backöfen vertraut. Ein Wissen und eine Handfertigkeit, die mich, als ich später zur Talmühle ging um als Reisebackmeister zu arbeiten, innerhalb von anderthalb Jahren zum Verkaufsleiter katapultierten.

Nach zwei Jahren habe ich dann Schluss damit gemacht. Ich wusste, dass dieses schöne Leben mit der vielen Freizeit nicht durchzuhalten war, weil es meiner weiteren beruflichen Entwicklung geschadet hätte.

Ich sage es einmal in der Rennfahrer-Sprache:

Abbremsen, auch wenn es schwer fällt, in eine neue Kurve gehen, um dann wieder voll Gas geben zu können.

Dreimal habe ich daher eine Arbeit oder Aufgabe aus diesem Grunde beendet.

Die angesprochene Veränderung – wieder ein festes Angestelltenverhältnis in einer Bäckerei, wenn auch im vollen Bewusstsein, dass das nicht das Ziel meiner beruflichen Vorstellung war – war dann der berufliche Wechsel zur Talmühle, über die ich noch berichte.

Als es mir dort zu gut ging, ich alles erreicht hatte, führte mich der Weg zur EDEKA und von dort ins Ruhrgebiet zur VEGE-Zentrale, aber bis dahin war noch ein weiter Weg.

Zu Hause war es so, dass Onkel Schorsch sich von seiner Gerta getrennt hatte. Er besorgte uns in Köln-Merheim eine größere Wohnung und zog zu uns. In dieser Zeit gab es bei uns zu Hause ein anderes Problem. Neben meiner immer stärker kränkelnden Mutter wurde Oma Emma zum Fast-Pflegefall. Sie verlor in kürzester Zeit ihr Gedächtnis und wusste nicht mehr, wo sie war, oder was sie machte. In der Wohnung war nichts mehr sicher, die alltäglichsten Dinge waren nicht mehr aufzufinden, sie waren verlegt. Sie wusste nicht mehr, wann sie gegessen hatte, ob Abend oder Morgen war, bemerkte sie auch nicht mehr. Wenn meine Mutter nicht aufpasste, verließ sie das Haus und fand nicht mehr zurück. Häufiger haben wir sie gesucht oder sie wurde von anderen Leuten nach Hause gebracht.

Onkel Schorsch und meine Mutter haben dann entschieden, dass sie in ein Krankenhaus kam. Um es klar auszudrücken, es war in Brauweiler die Irrenanstalt. Das erste Wochenende, an dem sie dort war, haben wir sie besucht. Es war furchtbar und so etwas habe ich nie wieder gesehen. Sie lag in einem Eisenbett mit hohen Gittern an der Seite und war zusätzlich mir breiten Gurten festgeschnallt. Innerhalb einer Woche ist sie dort gestorben. Onkel Schorsch und meine Mutter haben sich noch große Vorwürfe gemacht, weil sie meinten, dass man sie in dieser Klinik einfach zum Sterben abgelegt hatte. Aber zu Hause war sie auch nicht mehr sicher und festzuhalten gewesen.

In Köln-Merheim habe ich dann noch bis 1958 gearbeitet. Diese Arbeit füllte mich nicht richtig aus. Ich habe gutes Geld verdient und hatte relativ viel Freizeit.

Mit meinem Freund Erich traf ich mich seltener, er hatte zusätzlich zu seiner Lehre ein Abendstudium an der Höheren Handelsschule in Köln gemacht und besuchte noch die Sprachkurse in der Berlitzschule.

Er besaß ebenfalls einen Motorroller, eine Vespa, und damit besuchten wir die Tanzveranstaltungen im Umfeld. Es war die Zeit, in der Motorradfahren aktuell war. Wir hatten einen Vorteil mit unseren Rollern, wir konnten uns besser kleiden als die Motorradfahrer, wir trugen Oberhemden und Krawatte und waren zum Tanzen besser angezogen, was uns im jugendlichen Wettbewerb um die Gunst der vermeintlich Schönen auch gelegentlich einen Vorteil brachte.

Erich arbeitete als Kaufmann in einer Keramikfirma bei Bonn und kam eines Tages mit der Meinung: „Ich will dort weg, mich interessiert eine Anstellung in der BASF. Ich kenne ein Mädchen, die ist Sekretärin beim Personalchef dieses Unternehmens und hat wohl ein Techtelmechtel mit ihm."

Eine Vorgehensweise, wie wir das nutzen konnten, wurde besprochen und in die Tat umgesetzt. Wir trafen das Mädchen, für uns war sie zu dieser Zeit eine Nummer zu groß, aber sie hatte Verständnis für uns und spielte mit. Sie war mit ihrem Boss Samstag in der Bar vom „Kaiserhof" in Köln verabredet. Wir gingen ebenfalls dort hin, sie sah uns und gaukelte ihrem Liebhaber vor: „Das ist mir aber jetzt peinlich, dass sind Bekannte von mir, hoffentlich sagen die nichts."

Der Chef, ganz weltmännisch, kam zu uns an den Tisch und lud uns zu sich ein, er spendierte eine Flasche Samos, ein gängiges Getränk dieser Zeit, und machte uns gegenüber einen auf „wir Männer müssen zusammenhalten".

Zwei Monate später war Erich mit seiner Bewerbung bei ihm und bekam die angestrebte Stelle.

Von vielen Dingen, die wir zusammen gedreht haben, war seine Brautschau wohl das Verrückteste. Erich war vier Jahre in Portugal gewesen und kam nach Hause mit dem Ziel, eine andere Auslandstätigkeit für die Firma Bosch, bei der er mittlerweile arbeitete, zu übernehmen. „Ich gehe irgendwann wieder ins Ausland, aber vorher heirate ich, ohne Frau gehe ich nicht." Es war wohl so, dass im puritanischen Portugal ihm seine Potenz etwas im Wege stand. Später stellte er fest, dass das ein Irrtum war, denn er ging nach Montevideo, und in Uruguay war in dieser Richtung die Lage ganz anders. Dann kam er eines Tages und sagte: „Ich habe einen Vertrag für Montevideo. In zwei Monaten fange ich dort an. Also vorher heiraten, aber wen?"

Es war nicht so, dass er eine oder mehrere Freundinnen für diesen Fall zur Auswahl gehabt hätte. Wir gingen mal unter diesem Gesichtspunkt los, aber das war alles nichts. Drei Wochen später kam er mit der Nachricht: „Ich habe eine Frau gefunden, aus Bamberg, wir heiraten kurz vor der Abreise, du bist Trauzeuge." Sofort nach der Hochzeit gingen sie aufs Schiff via Uruguay. Die beiden sind heute noch verheiratet.

Meine Bemühungen, mich beruflich weiter zu entwikkeln, hatten Erfolg, auch wenn sich das jetzt leichter liest als es war.

Talmühle

Am 6. Januar 1958 reiste ich mit meinem kleinen Gogomobil nach Schriesheim an der Bergstraße zur Talmühle. Unterbringung im Hotel Schriesheimer Hof. Von da ab habe ich dann jahrelang wesentlich mehr im Hotel als zu Hause im eigenen Bett geschlafen. Die Talmühle war eine kleine Malzmühle, die Produkte zur Verbesserung von Brot und Backwaren herstellte, die im Direktvertrieb an Bäckereien in ganz Deutschland verkauft wurden. Zur Einführung dieser Artikel wurden Backmeister in die Bäckereien geschickt, die dort die Backrezepte veränderten und auf die neuen Zutaten abstellten, um eine Verbesserung der Qualität zu erzielen.

Der Verbraucher kann sich gar nicht vorstellen, wie viel Mühe darauf verwandt wird, ein einwandfreies Brot herzustellen. Dass es Brotkrankheiten gibt, ist fast gänzlich unbekannt, allerdings auch heute nicht mehr so von Bedeutung, da sich die fachlichen Kenntnisse der Bäcker verbessert haben und gleichzeitig Zusatzstoffe zur Verhinderung entwickelt worden sind.

Um es einmal an einem Beispiel zu verdeutlichen:

Durch die Witterungseinflüsse sowohl beim Wachstum als auch im Besonderen in der Erntephase, verändert sich der Zustand und das Mengenverhältnis der wesentlichen Bestandteile des Getreides und somit auch der im Mehl enthaltenen Stärke und des Eiweißes. Eine Veränderung, die sich auf den Backprozess auswirkt. Die gesamte Teigführung und teilweise auch die Rezeptionen müssen darauf abgestellt werden, damit der Verbraucher eine gleichbleibende Qualität erhält. Das geschieht jedes Jahr mit Beginn der Verarbeitung der Mehle aus neuer Ernte. Das war eine der Aufgaben der Reisebackmeister.

Nach kurzer Einarbeitungszeit ging ich dann auf Anforderung der Verkäufer in die Betriebe, um mit Zugabe unserer Produkte eine Qualitätsverbesserung zu demonstrieren, wobei es im wesentlichen darauf ankam, ein besseres Ergebnis zu erzielen als mit den Produkten der Wettbewerber, die der Bäckermeister verwendete. In wenigen Monaten hatte ich enorme Erfolge nachzuweisen. Der Maßstab dafür war, dass die Verkäufer mich bei der Firmenleitung anforderten, wir waren immerhin zu fünft.

Die Firma war abhängig von den Verkäufern, die meistens freie Handelsvertreter waren, und wenn die nach mir verlangten, vielfach mit Nachdruck, so war das die beste Werbung für mich.

Seht her, so wird's gemacht

Unser Vertreter Hansen aus Oldenburg, der den größten Umsatz mit uns machte und somit Einfluss besaß, schrieb an die Geschäftsleitung, ich habe diesen Brief später gelesen: „Das erste Mal, dass sie einen brauchbaren Backmeister schicken. Ein hoffnungsvolles Zeichen, vielleicht wird doch noch etwas aus uns. Ich benötige Herrn Brahs (so schrieb er meinen Namen) vom 1. August bis 10. September."

Außer, dass ich ein guter Bäcker war, fast alle Geräte und Maschinen kannte, war mein großer Vorteil, dass ich mit den Leuten umgehen konnte. Es waren in den Backstuben ja nicht nur die Meister, mit denen man sich auseinander zu setzen hatte, sondern, oft viel wichtiger, die Gesellen. Die Anpassung an Dialekt und Gewohnheiten ohne sich billig anzubiedern, war mir wie angeboren. Immerhin habe ich in den ersten Monaten für die Talmühle in Ostfriesland, in Nordhessen, in der Eifel und im gesamten bayrischen Land gebacken.

Es gab noch einen Unterschied zwischen mir und den meisten meiner Backmeisterkollegen: ich betrachtete diesen Job als eine Durchgangsstation, als ein Sprungbrett für weitere berufliche Ambitionen. Viele meiner Kollegen wollten nichts anderes, als viel reisen und noch mehr Freizeit. Es war ja auch verlockend, als Backmeister gab es freitags nicht viel zu tun und samstags war frei. Ein langes freies Wochenende, das gab es sonst nirgends in diesem Beruf. Ich genoss diese Freizeit auch, aber nutzte sie doch mehr im berufsspezifischen Bereich. Das merkte die Geschäftsleitung, und auch die Kunden, mit denen ich zu tun hatte, besaßen ein feines Gespür dafür, dass ich mehr wollte als nur viel Freizeit, und sie honorierten das.

1959 war dann das Jahr, von dem ich gerne erzähle. Ich

hatte schon so viel Einfluss auf die Vertreter, dass ich die Termine ihrer Anforderungen mit ihnen absprechen konnte. Januar, Februar war ich in Köln und Düsseldorf (Karneval), Mitte Februar bis Ende März in Ruhpolding, Bad Reichenhall und am Chiemsee (Skilaufen). Über den Mai war ich sechs Wochen in Paris, darüber gibt es noch besonders zu berichten. Juli und August beim Hansen in Oldenburg, das bedeutete Nordseeküste von Wilhelmshaven bis nach Norden und das Zwischenahner Meer in Bad Zwischenahn. Den September verbrachte ich an der Ostsee von Lübeck bis Timmendorf. Den Rest des Jahres arbeitete ich dann in der Laborbäckerei unserer Firma in Schriesheim. Das viele Reisen, das Hotelleben mit dem Kennenlernen von Land und Leute, machte mir enormen Spaß und zusätzlich lernte ich den Umgang mit Menschen aller Couleur.

Mai 1959, auch einer der Fixpunkte meiner beruflichen Karriere. Die Talmühle hatte für ihre Produkte einen Lizenznehmer in Paris, die Firma Lorch. Anläßlich einer großen Messe, auf der unter anderem gebacken wurde, forderten die Franzosen einen Backmeister aus Deutschland an. Eine Sache, die auch über das Auswärtige Amt und das Wirtschaftsministerium in Bonn ging, von der unsere Firma Zuschüsse für diese Aktion bekam. Es ging im Wesentlichen um die Herstellung von Schrot- und Roggenbrot. Die Franzosen als typische Weißbrotesser brauchten selbst kein Roggenbrot. Was man in Paris hauptsächlich für den Fremdenverkehr benötigte, wurde im ehemals französischen Saargebiet gekauft. Nun war aber das Saargebiet seit einigen Jahren deutsch und das Brot musste importiert werden. Gleichzeitig besaß man aber durch das kolonialisierte Algerien eigenen Roggen, der schwer verkäuflich war. Was lag also näher als das Roggenbrot selbst zu backen. Aber erstaunlich, sie konnten es nicht, daher die Anforderung nach einem Bäcker aus Deutschland. In der Talmühle gab es gar keine Diskussion oder Alternative, ich musste, oder von mir aus betrachtet, durfte dahin. Nach einigen Startschwierigkeiten, Fachleute werden wissen, dass die Franzosen zu dieser Zeit weder Maschinen noch insbesondere Backöfen hatten, die zur Herstellung von Roggenbrot geeignet waren, habe ich mich dort durchgesetzt.

Man muss sich vorstellen, ein französischer Messestand, sehr groß, repräsentative Schau, und ich zog in den ersten zwei Tagen nur unbrauchbares Zeug aus dem Ofen. Ich merkte, dass man sich schon überlegte, mich heim zu schikken. Dann habe ich etwas geradezu unverschämt Revolutionäres gemacht, zu dem, das mag man mir glauben, auch einiger Mut gehörte. Ich bin mit meinen Zutaten an einen Stand mit deutschen Maschinen und Öfen der Firma Wenz gegangen und habe dort gebacken. Noch nie hatte ich einem Backergebnis so entgegengefiebert, wie damals in Paris, und siehe da, die wunderschönsten Roggenbrote zog ich aus dem Ofen, die ich dann durch die ganze Halle zu unserem Stand trug und dort präsentierte.

Zwei Tage und Nächte haben die französischen Backofenbauer, teilweise mit über 20 Leuten, gewerkelt, bis sie mir die Gerätschaften hingestellt hatten, mit denen ich was Vernünftiges anfangen konnte.

Die Stimmung am Stand war sehr gespalten. Es gab richtige Anfeindungen, aber auch Leute, die sich bei mir bedankten.

Nach dem Ende der Messe musste ich noch einige Tage zu großen Bäckereien in Paris, um vor Ort die Bäcker im

Roggenbrotbacken einzuweisen. Der Direktor der Grand Moulin de Paris bot mir zum Abschluss, bei einem feudalen französischen Essen, einen Betrieb zur Pachtung an, verbunden mit einer Absatzgarantie für Roggenbrot. Ich habe reiflich und lange überlegt, ob ich das annehmen sollte, im Rückblick stelle ich fest, dass es das einzige Mal war, dass ich eine berufliche Chance nicht wahrgenommen habe. Die Gründe lagen im privaten Bereich.

Mit einem französischen Kollegen in Paris

Meine Mutter war sehr krank zu Hause, ich war noch nicht verheiratet und kannte meine spätere Frau Margret erst wenige Monate.

Bei meiner Arbeit in den französischen Bäckereien hatte ich mitbekommen und schnell gelernt, wie die Franzosen ihre Croissants und ihre Baguettes, für sie waren es Flouts, backten.

Wieder zurück in Schriesheim, hat dann unsere Firma, auf meine Empfehlung hin, eine Produktpalette zur Verbesserung und Erleichterung bei der Herstellung von Croissants und französischem Weißbrot entwickelt. Für mich war das ein weiterer Gewinn, da ich meine Backmeisterkollegen in der Anwendung dieser Produkte schulen musste.

Hört her

Bei den Vertreterschulungen, die mehrmals jährlich stattfanden, hielt ich Vorträge quer durch die Thematik des Backens.

Des weiteren delegierte mich die Firma zur Forschungsanstalt für Getreideverarbeitung nach Detmold. Meine Beiträge dort in den verschiedensten Gremien waren für die Forschungsanstalt nicht so von Bedeutung, aber ich lernte viel und insbesondere bekam ich Kontakt zu vielen interessanten Leuten.

Die Jahrestagungen in Detmold waren mit einem Galaabschlussabend verbunden. Das war so eine Art Brautschau im Stile des Wiener Opernballs. Die Prominenz der Brotschaffenden und der Zulieferer führten die Töchter und Söhne aus, darauf hoffend, dass sich branchenspezifisch etwas zusammentat.

Als ich vor ein paar Jahren für die BÄKO Kassel gearbeitet habe, besuchte ich den Inhaber einer großen Brotfabrik in Nordhessen. Durch Zufall kam seine Frau hinzu. Ich glaube nicht, dass sie in mir den erkannt hat, der an einem solchen Galaabend ihr Tischnachbar war, auf Einflussnahme ihres Vaters, der keinen Sohn für seine Brotfabrik hatte.

178

Eine andere aufregende Geschichte war, als ich das erste Mal unsere Kunden in Berlin besuchen musste, weil ich fliegen durfte.

Die heute berufsbedingten Vielflieger sind keine Besonderheit mehr, 1960/61 war für einen jungen Bäckermeister ein solcher Flug aber schon ein Ereignis. In Berlin konnte ich mit dem Taxi zu den Betrieben fahren, wo ich backte, und fuhr so eine Woche lang durch die Stadt.

1961 wurde ich dann Verkaufsleiter der Talmühle für das Gebiet Nordrhein-Westfalen und Oldenburg/Ostfriesland.

Der erste Flug

Gleichzeitig war ich für den Verkauf bei der Brotindustrie zuständig. Dazu habe ich noch ein paar Lehrgänge gemacht und durfte mich dann auch Industriebackmeister nennen.

In den letzten Monaten meiner Backmeistertätigkeit bin ich nur noch von Schriesheim aus zu einzelnen besonderen Fällen angereist. Es gab einige gute Kunden, die wollten ab und zu mal ein Gespräch mit mir über ihre backtechnischen Probleme führen oder wünschten, dass ich mal einen Tag in ihrem Betrieb mitarbeiten würde, um zu beurteilen, ob auch alles richtig lief.

Die übrige Zeit verbrachte ich in der Versuchsbäckerei der Talmühle. Wir hatten dort ein Labor, dessen Chef war Diplom-Chemiker. Diese Arbeit hat mir ungeheuer viel Freude bereitet, die hätte ich am liebsten mein Leben lang gemacht, aber leider, dass erkannte ich schnell, wurde so eine Stabsstelle nicht genügend bezahlt.

Was der Chef sich in seinem Labor ausgedacht hatte und zusammen mischte, musste ich unter strengen Laborbedingungen dann mit Backversuchen auf Verwendbarkeit und Wirkung überprüfen. Ich hatte die Freiheit, selbst spielen zu können mit den vielen Möglichkeiten von Stoffen und Materialien, die ein solches Labor bot. Stärke habe ich durch trockene Hitze aufgeschlossen, aus diesem Produkt wurde später der Kaltpudding entwickelt. Mit Bier, anstelle von Wasser, habe ich Brot gebacken, Kuchen mit Seife anstelle von herkömmlichem Fett, der Laie wird sich fragen, was das sollte. Jeder weiß, dass Seife aus Fett besteht, aber keiner

Laborteam

macht sich Gedanken darüber, dass Fett im Wasser durch sogenannte Fettaugen zu sehen ist, aber fettige Seife keine Fettaugen zur Folge hat. Es wäre es sicherlich wert, darüber einmal an anderer Stelle ausführlich zu schreiben, was ich alles versuchte und welche Erfahrungen ich gemacht habe.

Es gab auch andere Laborversuche. Alkohol, der für Industriezwecke verwendet wird, unterliegt nicht der Alkoholsteuer, damit er aber nicht doch getrunken wird, ist er mit einem Zusatz versehen, um ihn ungenießbar zu machen. Unser Chef hatte aber seinen ganzen fachlichen Ehrgeiz in die Aufgabe gesteckt, ihn wieder zu renaturisieren. Dazu musste eine kleine Anlage gebaut werden, in der wir dann wieder genießbaren Alkohol herstellten, aus dem wir mit den reichlich verfügbaren Mitteln, die wir hatten, Likör machten. So ein Labor mit einem solchen Chef ist eine feine Sache.

Eine schöne Geschichte muss ich aber noch los werden, insbesondere weil sie für mich so erfolgreich war. Die Internationale Bäckereifachausstellung, Kurzform IBA, 1961 in Frankfurt. Die Talmühle hatte einen Verkaufsstand mit den drei Verkaufsleitern der Firma als Standbesetzung und Verkäufer. Ich hatte in einem persönlichen Schreiben ohne Wissen der Geschäftsleistung, wobei mir die Sekretärin des obersten Chefs nach Feierabend geholfen hat (man konnte ja auch mal ein paar Briefe schreiben), alle Kunden, denen ich in den letzten Jahren geholfen hatte, und meinen Stammtisch aus Köln, zu unserem Stand eingeladen. Bei denen habe ich dann mit Hochdruck und dem Hinweis auf meine Arbeit für sie, mehr als gut verkauft. 82% des gesamten Umsatzes unserer Firma auf dieser Messe habe ich getätigt.

Von da ab wurde ich behandelt wie der liebe Gott und mir wurde weitestgehend Narrenfreiheit zugestanden.

Mein Verkaufsgebiet entwickelte sich gut. Mir war es gelungen, der Firmenleitung klar zu machen, dass das Lohnniveau im Westen höher sei als im übrigen Deutschland, und so war man bereit, für die Reisenden mehr zu bezahlen mit der Folge, dass ich ein besseres Gesamtniveau bei meiner Truppe hatte. Es entwickelte sich so etwas wie Teamgeist in der Westgruppe. Meine Aufgabe war aufzupassen, dass sich keiner zu wohl fühlte und die Spesenabrechnungen korrekt waren. Morgens um sieben Uhr stand ich schon mal unangemeldet vor der Haustüre eines Reisenden, begrüßte ihn freundlich, lobte ihn, dass er so zeitig unterwegs war, besuchte mit ihm ein paar Kunden, die er für besonders schwierig hielt oder wo es Reklamationen gab. Manchmal blieb ich auch einen zweiten Tag, um mich dann dem nächsten zuzuwenden. Ich verbreitete Unruhe und war mit meiner Zeiteinteilung nicht kontrollierbar.

Die ersten Tage eines neuen Monats verbrachte ich in der Firma, um die Umsätze zu kontrollieren und festzustellen, dass die Westgruppe wieder überdurchschnittlich zugelegt hatte, holte mir meine Belobigung bei der Firmenleitung ab und los ging es von Neuem. Die Brotfabriken betreute ich persönlich, ohne einen Vertreter einzuschalten.

Zur Kontaktpflege wurde ich Mitglied in der Vereinigung der Industriebackmeister. Diese Treffen endeten regelmäßig mit ausgelassenen Feten. Dass ich bei diesen Gelegenheiten für wichtige Entscheidungsträger in den Brotfabriken auch mal den Puff bezahlte, brachte mir Umsatzsteigerungen, die in Prozenten kaum noch auszurechnen waren. Vorteilhaft war auch, dass ich bei meinen Freunden die Besuchszeiten beeinflussen konnte und ich mich im Vorzimmer des Einkäufers nicht in die Schlange der Vertreter einreihen musste.

Eines meiner Lieblingsgebiete war Bielefeld, sechs große Kunden, dafür benötigte ich eine Woche. Allein ein großer Pumpernickel-Hersteller in Brakwede kaufte von mir mehr Schimmelschutzmittel, als in ganz Süddeutschland verwendet wurde.

In einer heute noch existierenden Fabrik bei Oldenburg habe ich drei Tage Wiener Böden und Sandkuchen gebacke mit dem Ergebnis, dass ich (solange ich in der Talmühle war), 100 kg Backpulver pro Woche dorthin liefern konnte.

Mein Ziel war erfolgreich zu arbeiten, aber ich pflegte und beherrschte auch die Kunst des Müßiggangs und des süßen Nichtstuns.

In meinem ganzen Berufsleben gab es Zeiten, in denen ich zwölf bis vierzehn Stunden am Tag hart gearbeitet habe, auch weil ich mir häufig eine Aufgabe zumutete, die mir aufgrund meiner Ausbildung nicht zugestanden hätte. Aber sinnbildlich: Wenn ich mir eine Jacke anzog, die mir zu groß war, so bin ich immer in sie hineingewachsen. Wenn sie mir dann passte, habe ich mir mit gleicher Konsequenz meine Freiheiten genommen und die Zeit genossen.

Am Anfang dieser Zeit lernte ich (1958) meine spätere Frau Margret kennen. Am 1. Mai dieses Jahres besuchte ich ein Konzert auf dem Tanzbrunnen in Köln und dort saß sie neben mir. Die Stühle waren nass und ich opferte mein weißes Taschentuch, damit sie einen trockenen Sitz hatte; so fing alles an. Ich war mit der Straßenbahn zum Tanzbrunnen angereist, weil ich einige Tage vorher in Kaiserslautern einen Autounfall hatte, der einen Totalschadens meines Gogomobils zur Folge hatte. Es war bis heute der einzige Crash, in den ich verwickelt gewesen bin, den ich aber mit viel Glück und ohne Verletzung überstand.

Sie hat mir das mit dem Unfall am Anfang auch nicht so recht geglaubt, denn es wollte zu dieser Zeit jeder ein Auto haben und prahlte damit, aber es war längst noch nicht so selbstverständlich wie heute, dass auch jeder eins besaß. Das klärte sich aber dann sehr schnell und ich kaufte mir einen gebrauchten Ford 12 M.

Mit dem kutschierte ich in meiner Freizeit zwischen Köln-Merheim und dem Wohnort meiner zukünftigen Frau, Duisburg-Wedau, hin und her.

Die baldigen Schwiegereltern, Familie Böllert, mit ihren beiden Kindern, Willi und Margret, in dem gesamten Umfeld der Kupferhütten-Siedlung, waren für mich eine neue Erfahrung. War auch ich in einer Arbeitersiedlung geboren worden, die der Zeit entsprechend wesentlich ärmer war, so hatte ich diese nicht bewusst erleben können, weil ich noch viel zu klein war. Als ich aber an die Wedau kam, hatte ich schon sehr konkrete Vorstellungen von der Wirtschaft und von der Politik und was nach meiner Auffassung für die Bevölkerung der beste gangbare Weg sei zur sozialen Absicherung, Erhalt oder gar Ausbau des Wohlstandes.

Diese meine Meinung kollidierte auf das Heftigste mit dem, was ich dort vorfand. Man war politisch gesehen links orientiert, wählte traditionell SPD.

Nach deren Ansicht waren die guten und ehrlichen Menschen diejenigen, die mit ölverschmierten Händen und dem Blaumann ihr Geld mit harter Arbeit verdienten und des öfteren keins hatten. Wer mit einem weißen Kragen ins Büro ging, war schon suspekt, und wer Geld hatte, konnte das nicht mit ehrlicher Arbeit verdient haben und sollte gefälligst davon das meiste den anderen abgeben. Besitztum verteilen war das erstrebenswerte Ziel.

Lohn ist ungerecht, weil viel zu niedrig, Gehalt anrüchig, weil zuviel für zuwenig Arbeit, Gewinn ist zu verteufeln, weil das Ausbeutung bedeutet, Zinsen müssen verboten werden, weil dafür nicht gearbeitet wird.

Es ist sicher überpointiert wie ich das schreibe, aber im Kern war das die Meinung, die ich vorfand. Man war selbst sehr fleißig, das steht ganz außer Frage, ließ aber außer der Kupferhütten-Welt nichts gelten.

Das mag auch daran gelegen haben, dass die Menschen in der Siedlung zu dieser Zeit nichts anderes kannten als Bergwerke, Stahlkocher und Eisengießer, was sich ja heute völlig verändert hat.

Es war eine Welt, die auch äußerlich ein paar Besonderheiten hatte, die für mich neu waren. Und weil es sie nicht mehr gibt, sind sie es wert, das ich darüber berichte.

So spielten auf der Strasse vor dem Werkseingang der Kupferhütte die Kinder im roten Kupferstaub. Sie malten mit den Fingern Figuren auf den Gehsteig. Entsetzt war ich, als ich zum ersten Mal das Leitungswasser sah, das in Duisburg-Wedau aus den Wasserhähnen kam. Es war pur nicht genießbar, es roch und schmeckte zu stark nach Chlor. Aus diesem Grunde wurde am Sonntag oder wenn Besuch kam, der Kaffee mit Sprudelwasser gekocht.

So etwas kannte ich bis dahin nicht und heute ist das, "Gott sei Dank", gar nicht mehr denkbar. An solchen Dingen – man ist geneigt zu sagen Kleinigkeiten – erkennt man aber auch, dass sich unsere Umwelt gelegentlich in positiver Richtung verändert hat.

Auch wurde ich dort das erstemal mit einer doppelbödigen Moral konfrontiert, weil sie leider zu einem Allgemeingut geworden ist.

Man war im Wesen und im Grunde ehrlich im positivsten Sinne, aber die Balkongeländer, die Gartentüren, die Halterungen der Fernsehantennen bis zu den Kaninchenställen waren aus massivem Eisen der Kupferhütten-Gießerei. Viele Häuser wären zusammengebrochen bei dem Kommando: „Alles was der Kupferhütte gehört, raustreten".

Das alles natürlich ohne den geringsten Anflug eines schlechten Gewissens. Es waren deswegen keine „schlechteren Menschen", sie nutzten nur einfach die ihnen gegebenen Möglichkeiten.

Ein anderes Thema: ihre handwerkliche Geschicklichkeit, die bei meinem Schwiegervater und seinem Sohn Willi vorhanden war. Da galt ich nur als Außenseiter, der nicht einmal ein rechts von einem links drehenden Gewinde unterscheiden konnte.

Für mich war es schwer, ein Gesprächsthema zu finden, bei dem ein Einklang der Meinungen vorhanden war.

Im Laufe der Jahre verstärkte sich das noch, was aber an mir lag.

Einmal hatte ich ein Gespräch mit meinem Schwiegervater, das interessanterweise er gesucht hatte, weil es ihm so wichtig war. Er hatte meinen Aufstieg bei der Talmühle miterlebt und konnte nun nicht verstehen, dass ich diese gute Stellung verlassen wollte, das passte nicht in seine konservative Gedankenwelt.

Meine Schwiegermutter, Oma Elli oder auch Tante Elli genannt, will ich noch erwähnen. Sie fand alles richtig, was ihr Ehemann Paul sagte. Wollte der mal etwas anderes oder fand etwas nicht so gut, im Gegensatz zu ihr, so machte sie es heimlich.

Das mit dem heimlich wurde dann in ihren letzten Jahren immer schlimmer und nahm unangenehme Züge an.

Fürsorglich war sie und wollte alles nur zum Besten ihrer Lieben, was dann auch schon einmal bis zur Bevormundung ging oder auch nur lästig war. Manchmal waren es nur Kleinigkeiten, die mit einem Schmunzeln erledigt werden konnten, wie zum Beispiel ihre besondere Mühe beim Kochen. Wenn sie auch nur andeutungsweise wusste, was man gerne aß, so wurde das bis zum geht nicht mehr gekocht.

1960 haben wir ge-heiratet, eine Feier im ganz kleinen Familienkreis. Nach der Trauung am Sonntagmorgen in der Kirche in Honrath haben wir dort zu Mittag gegessen und nachmittags in unserer kleinen und bescheidenen Wohnung in Köln-Merheim die Geschenke ausgepackt, dann ging es nach Bad Breisig für eine Woche in Urlaub.

Mitte des Jahres 1963 war ich dann wieder einmal so weit, dass ich befürchtete oder auch erkannte, dass dieses berufliche Leben mit so viel Erfolg und gleichzeitig so viel Freizeit nicht durchzuhalten wäre, weil der Erfolg einmal abbricht, wenn man nicht dauerhaft etwas dafür tut. Hinzu kam, dass ich zu erkennen glaubte, dass sich die Talmühle im sich verschärfenden Wettbewerb nicht durchsetzen könnte, weil sie zu klein war. Sie existierte auch nur noch bis Anfang der siebziger Jahre und wurde dann von einem Mühlenkonzern aufgekauft.

Auf eine Zeitungsanzeige hin bewarb ich mich beim EDEKA-Verband in Hamburg. Dort wurde eine Betriebsberatung Einzelhandel aufgebaut und für die, der EDEKA angeschlossenen Bäckereibetriebe, ein branchenkundiger Fachmann, möglichst mit betriebswirtschaftlicher Ausbildung, benötigt. Mit der Betriebswirtschaft konnte ich nicht dienen, aber mit sonst erstklassigen Zeugnissen und einer überdurchschnittlichen beruflichen Entwicklung.

Herr Dr. Scheerer, mein Gesprächspartner und der entscheidende Mann bei meiner Einstellung, hat mir später einmal gesagt, dass ihm mein saloppes Auftreten, mein freies selbstbewusstes Reden und meine freche Kölner Art bewogen hätten, mich einzustellen, mit dem Nachsatz, er hätte sich ja auch nicht geirrt.

Meine Kündigung bei der Talmühle schlug wie eine Bombe ein. Sie wurde aber noch von einem anderen, von außen kommenden, dramatischen Ereignis begleitet.

Die Inhaberfamilie der Talmühle, Familie Grünig, hatte mich zum Abendessen in ihre Villa in Schriesheim eingeladen. Mit dem Ziel, mir meine Kündigung auszureden, hatte man schweres Geschütz aufgefahren. Die weitere Geschäftsleitung, in Person des Prokuristen Herrn Klemme und Herrn Dr. Vonberg, waren ebenfalls anwesend.

Es kam nicht zu einem intensiven Gespräch, denn es war der 22. November 1963, an dem in Dallas J.F. Kennedy

Opfer eines Mordanschlags wurde. Über den Bildschirm kamen die Nachrichten über den Anschlag, dann die Bestätigung von seinem Tod und anderthalb Stunden später bereits die Vereidigung des neuen Präsidenten Lynden B. Johnson, die in einem Flugzeug vorgenommen wurde.

Das Ereignis überschattete den Abend und der Zweck der Einladung wurde verfehlt.

Bis dahin hatte mich das politische Geschehen nicht besonders interessiert. Das änderte sich erst, als ich in der EDEKA Leiter der Ausbildungsstätte wurde.

EDEKA und Schulze-Delitzsch

Als ich am ersten Arbeitstag das EDEKA-Haus in Hamburg am Alsterufer betrat, mit dem Paternoster die Etagen hoch in meine Abteilung kam und den Kollegen vorgestellt wurde, ging mir ganz schön die Muffe. Was würde mich hier erwarten und konnte ich das überhaupt, auf das ich mich da eingelassen hatte?

Die Chefsekretärin, Fräulein Daniel, wurde mir als die Zuständige für alle administrativen Angelegenheiten vorgestellt. Den ganzen Formularkram wie Spesenabrechnungen usw. erhielt ich von ihr. Ein neues transportables Diktiergerät, eine ebensolche Rechenmaschine und ein runder Rechenschieber (so ein Ding hatte ich noch nicht gesehen, ich habe ihn noch zu Hause) wurden mir ausgehändigt. Das war schon ein anderer Laden als die Talmühle.

Herr Stubbe, mein direkter Vorgesetzter, zeigte mir die Bücherei: „Hier können sie sich heraus suchen, was Sie brauchen. Lesen Sie die Beratungsberichte Ihrer Kollegen, dann werden Sie schon merken was Ihnen noch fehlt. Und übrigens, ich habe Sie für einen zweijährigen Fernkursus zur

Ausbildung als Buchhalter beim Gabler-Verlag angemeldet.

Ich denke, drei Monate Zeit werden genügen, bis Sie zu Beratungen raus können. Wenn noch etwas ist, wenden Sie sich bitte an Fräulein Daniel. Auf Wiedersehen".

Da saß ich nun an meinem Schreibtisch. Vor mir die Bedienungsanleitungen der technischen Geräte, die mein Handwerkszeug werden sollten. Ein Telefonregister mit 160 Hausanschlüssen und mit dem freundlichen Hinweis, dass ich mich nun drei Monate auf meine neue Tätigkeit vorbereiten könnte. Die Kollegen die da herumliefen, antworteten nur kurz und knapp auf Fragen. Ihre Meinung spürte ich deutlich. Der soll erst mal zeigen was er drauf hat.

Die Betriebsberater waren in dieser Zeit entweder Diplom-Volkswirte oder Diplom-Kaufleute, alle frisch von der Universität und genau so unsicher wie ich, weil es ihr erster Job war und sie sich wohl auch dachten, was will der Bäckermeister hier. Mein innerer Zustand hatte sich in den ersten Stunden weiß Gott nicht gebessert. Nach dem Mittagessen in der Mensa der EDEKA-Zentrale bin ich aus dem Haus, habe mir ein Zimmer in einer Pension gesucht, damit ich eine Bleibe hatte, und bin an der Alster spazieren gegangen.

Kurz vor fünf ging ich wieder zurück ins Büro, habe meine Sachen weggeschlossen und Feierabend gemacht. Das war eine für mich typische Reaktion, erst mal sammeln, Ruhe gewinnen, scheißegal ob man mich im Büro vermisste.

Nachdem ich in den nächsten Tagen einige Beratungsberichte gelesen hatte, wusste ich, was ich nicht wusste, aber wo und wie ich das lernen sollte, davon hatte ich keine Ahnung, dazu fehlte mir die Erfahrung des Studierens. Ich wusste nicht, welche Bücher ich mir holen sollte und wo ich anfangen sollte zu lesen.

Die netten Fragen der Kollegen: „Na, wie geht's Herr Braß?" empfand ich so, wie sie gemeint waren. Es war schon eine zumindest eigenartige Truppe. Keiner fragte, wo wohnen sie, haben sie ein Zimmer gefunden oder gar, was machen sie heute Abend.

Das änderte sich nach einigen Monaten, als diese im Berufsleben und im Reisen unerfahrenen Jungs, die keinen blassen Schimmer Ahnung davon hatten, wie man mit Menschen umgeht, denen man etwas verkaufen will, denn letztlich war es nichts anderes als verkaufen. Nur, wir hatten keine Ware, sondern Ideen und Ratschläge zu verkaufen.

Diese Erfahrungen mußten sie erst noch machen, diese Arschlöcher, so habe ich oft vor mir hergedacht, sie konnten

Die Eierköpfe der EDEKA

zwar englisch, wussten was Consulting hieß, warfen mit Vokabeln wie Business und Merchandising herum, aber den Kopf oder gar das Herz des kleinen EDEKA-Einzelhändlers, den sie beraten sollten, erreichten sie nicht.

Bei meiner Lektüre war ich auf verschiedene Bücher gestoßen, die sich mit Genossenschaft und hier insbesondere mit Schulze-Delitzsch befassten. Das Gedankengut dieses Mannes hat mich fasziniert, ich habe es übernommen und mir zu eigen gemacht. Geradezu missionarisch bin ich später durch die Lande gezogen und habe in Vorträgen und Gesprächen versucht, das Genossenschaftswesen Schultze-Delitzscher Prägung auf meine Zuhörer zu übertragen. Dass ich mich ausgerechnet mit dieser Lektüre befasste, war schon merkwürdig und vielleicht auch etwas typisch für mich. Von den betriebswirtschaftlichen Theorien hatte ich keine Ahnung und wusste, wie gesagt, gar nicht, wo ich damit anfangen sollte, mein Wissen oder besser gesagt mein Nichtwissen zu verändern.

Später hat mir das einige Vorteile verschafft, denn ich konnte mich im nebulösen Raum der Gefühle, Emotionen und der Gesellschaftstheorien rhetorisch auf einem Gebiet, von dem meine Kollegen keine Ahnung hatte, auslassen.

Schulze-Delitzsch hat sich damit befasst, wie ein gemeinschaftliches Wirtschaften und Zusammenleben zu organisieren ist. Dazu gibt es viele Modelle und Versuche bis in den heutigen Tag hinein. Teils scheiterten sie an den sich verändernden Zeiten, die sie ja eigentlich gestalten sollten, teils an den Verantwortlichen, die sie durchzusetzen versuchten.

Das jüngste Beispiel ist das Scheitern des Kommunismus. Aber es gab auch die Epochen des Patriarchats, des Feudalismus oder des Manchester Kapitalismus.

Schulze-Delitzsch, der Name entstand, als er im deutschen Reichstag war und dort mehrere Abgeordnete Schultze hießen. Man gab ihm seinen Ort Delitzsch zur Unterscheidung als Beinamen. Er war ein Mann mit einer sich selbst gestellten umfassenden gesellschaftspolitischen, sozialpolitischen und wirtschaftspolitischen Aufgabe, der versuchte das Machbare (ohne revolutionäre Zielsetzungen, die ihm fremd waren) zu verwirklichen. Er strebte die Umsetzung seiner Ideen auf dem evolutionären Weg an.

Er ist folgender Idee nachgegangen: wenn Menschen grundlegende Gedanken haben, die sie für sich alleine aber nicht auszuführen vermögen, sollten sie sich mit anderen verbinden. So seine Grundgedanken. Die daraus entstandenen Genossenschaften werden daher auch oft als Kinder der Not bezeichnet. In der weiteren Entwicklung war es dann nicht mehr die Not im allgemein verständlichen Sinne, sondern eine Notwendigkeit zur Wettbewerbsverbesserung und darüber hinaus zur Wettbewerbsförderung der Mitglieder gegen die sich anbahnende Industrialisierung und den widrigen Umständen durch die Staatsbeeinflussung.

Ich kann mich vorbehaltlos dieser Auffassung anschließen. Voraussetzung für das Freimachen und den Einsatz der positiven Kräfte ist die individuelle Freiheit, die Ausdruck findet in der „Selbstbestimmung" und als Folge sowie Regulator die „Selbstverantwortung" und die „Selbstverwaltung".

Da ist zunächst einmal die Freiheit, ein allen Menschen innewohnendes Bedürfnis. Aber Freiheit schließt Gleichheit aus. Je mehr ich dem Menschen die Freiheit lasse sich zu entwickeln, zu wirtschaften, desto größer werden die Unterschiede zwischen dem Leistungsfähigen und dem Leistungswilligen zu seinem weniger aktiven Umfeld sichtbar.

Die Probleme infolge der deutschen Wiedervereinigung, die die Bürger der neuen Bundesländer hatten, beruhten zum Teil darauf, dass mit der gewünschten Freiheit individuelle Entwicklungen sehr unterschiedlich verliefen, verbunden mit schmerzhaften Erfahrungen und der sich daraus ergebenden Unzufriedenheit vieler neuer Mitbürger.

In der Genossenschaftsidee ist die Freiheit die entscheidende Größe. Die persönliche Entscheidung zum Beitritt und wieder Austritt, der Umfang der Beteiligung, ist freigestellt, der Wettbewerb der Gruppenmitglieder untereinander ist nicht nur erlaubt, sondern sogar ausdrücklich gewünscht.

Das unternehmerische, individuelle Gewinnstreben wird als Stärkung der Gruppe betrachtet. Die Genossenschaft soll kein Hort für Bequeme und Satte sein, ein dynamischer Ausleseprozess soll die Gruppe stärken.

Dem überzogenen Individualismus sind dort Schranken gesetzt, wo er der Gemeinschaft schadet. Die soziale Verpflichtung gegenüber den Schwachen stützt sich auf die Leistungsfähigkeit der Starken.

Meine sehr dezidierte Meinung dazu: Man kann auf Dauer Arme nicht besser stellen, indem man Reiche arm macht!

Im Rahmen eines Vortrages am 1.6.1981 in der Stadthalle Limburg habe ich dazu folgendes zusammengefasst: Die Eingliederung des Mitglieds in die Gemeinschaft geschieht freiwillig. Der Einzelne soll für die Gemeinschaft wirken, aber nicht in ihr aufgehen. Die individuelle Leistungsfähigkeit, die Tatkraft, soll sich frei entfalten, die Freiheit im Handeln nicht eingeschränkt werden. Der persönliche Vorteil darf durchaus gewahrt werden, er ist sogar erwünscht, sofern er im Einklang steht mit dem Gesamtinteresse.

Und weiter sagte ich: Die eigennützigen und gemeinnützigen Beweggründe werden miteinander verbunden und ein Zusammenklang von Interessen herbeigeführt. Die Genossenschaft stellt eine verbindende Einheit dar zwischen dem Individualgedanken und dem Sozialgedanken. Eine lebendig praktizierte Übereinstimmung von Freiheit und Gebundenheit.

Ich habe im Laufe meines genossenschaftlichen Berufslebens oft genug folgendes erfahren: Wenn Mitglieder zunächst nur wegen eines wirtschaftlichen Nutzens der Genossenschaft beitreten, erkennen sie im Laufe der Zusammenarbeit, dass mehr dahinter steckt als nur Ware und Preis. Sie können sich einem mehr oder weniger irrationalem Gemeinschaftsgedanken nicht verschließen, denn die menschliche Natur hat nicht nur eine egoistische, sondern auch eine soziale Seite.

In meiner Tätigkeit als Geschäftsführer der BÄKO habe ich keine Gelegenheit ausgelassen, um den Mitgliedern das genossenschaftliche Gedankengut näher zu bringen. Mit geradezu missionarischem Eifer habe ich auch versucht, das meinen Mitarbeitern zu vermitteln.

Ich weiß, dass viele Geschäftsführerkollegen darüber lächelten, wenn ich mal wieder meine genossenschaftlichen Argumentationen vortrug. Sie erkannten nicht, dass außer dem sozialen Engagement ein ganz enormer Wettbewerbsvorteil gegeben war. Ware, Preis, Dienstleistungen hatten alle Konkurrenten oder konnten sie kopieren, aber genossenschaftliches, soziales Denken und Handeln, das die Gruppe stärkte, hatten sie nicht zu bieten.

Wie man Sozialverhalten auch praktisch umsetzt und wirksam werden lässt, werde ich noch schildern, wenn ich zu den Ausführungen meiner Tätigkeit als Geschäftsführer der BÄKO komme.

Die Politik, die die Aufgabe hat, das Zusammenleben und Wirtschaften der Menschen zu organisieren, sollte sich diese Grundsätze zu Eigen machen. Ein dominierender Individualismus führt genauso ins Chaos, wie die totale Gleichschaltung aller.

Beim ersten wird der Bruder den Bruder von der rettenden Planke stoßen, und im anderen Falle, der Gleichschaltung aller, kann nur das niedrigstdenkbare Niveau das Ergebnis sein.

Der Kommunismus ist meiner Meinung nach daran gescheitert, dass Arbeit und Besitz über den Staat verteilt wurden und zwar nicht als einmalige Startchance für jeden, sondern mit dem permanenten Verteilungskonzept. Keiner konnte die Früchte seiner Mehrarbeit und -leistung ernten. Somit unterließ er dieses und es wurden keine Werte mehr geschaffen, sondern nur noch verteilt. Als unabdingbare Folge eines solchen Regulierungs-Mechanismus gibt es eine Flut von Gesetzen, Anordnungen und Vorschriften.

Wenn Freiheit an sich schon weniger Regulierung bedeutet, so braucht sie auch in ihrer praktischen Umsetzung weniger Gesetze.

Natürlich brauchen wir zum Organisieren unseres Zusammenlebens Gesetze, aber ich bin mit Entschiedenheit für mehr Zurückhaltung des Staates in all jenen Angelegenheiten, in denen der Einzelne sich selber helfen kann.

Wir haben heute bereits ein so fortgeschrittenes Staatsdenken bei den Bürgern – mit Anforderungen an den Staat – in all zu vielen Bereichen, in denen er sich auch selbst helfen könnte. Eine Folge des überzogenen Sozialstaates.

Um es mit einem Schlagwort zu sagen: Subventionen schwächen die eigenen Anstrengungen.

Selbst unter denjenigen, die sagen, wir brauchen weniger Staat, rufen die meisten nach Gesetz und Ordnung oder Hilfen, wenn ihnen Unbill zustößt. Wir haben uns schon mehr an die Staatsmacht mit seinen Regulierungen gewöhnt und verstehen sie zu nutzen, als es für die Zukunft und vor allem für die Zukunft unserer Kinder vertretbar ist. Sozialleistungen bedeuten Werte verteilen und nicht Werte schaffen.

Das soll kein Plädoyer sein für unsoziales Verhalten gegenüber Bedürftigen. Nur Reiche können Armen helfen und wenn wir keine Reichen mehr haben, wenn alles verteilt ist, ist niemand mehr da, der den Armen hilft. Selbsthilfe ist die beste Hilfe.

Ein Satz von Abraham Lincoln dazu (1809-1865):

Ihr könnt den Menschen nicht auf Dauer helfen, wenn ihr das für sie tut, was sie selber tun sollten und könnten.

Die staatliche Fürsorge ist bei uns schon soweit fortgeschritten, dass gegenwärtig grundsätzliche Änderungen an der Wurzel des Übels nicht mehr möglich sind. Wir nennen es Gesundheitsreform, Rentenreform, sozialer Leistungsausgleich. Aber mit einem Wohlstand auf hohem Niveau steigt immer noch die Zahl derer, die Ansprüche an den Staat stellen. Welch ein Widerspruch!

Es hilft nur mehr Eigenverantwortung, mit spürbaren Auswirkungen auf das Ergebnis der eigenen Leistung oder Nichtleistung.

Die Leistung des Staates besteht nicht in der Höhe der Ausgaben beim Sozialetat. Erst wenn dieser Etat sinkt, weil die Menschen sich selber helfen können und sollen, ist der Staat auf dem richtigen Wege.

Die Ansicht der Sozialisten, dass die arbeitende Klasse nicht imstande ist, durch eigene Tüchtigkeit empor zu kommen und deshalb die Hilfe und Mittel des Staates in Anspruch nehmen muß, ist einfach falsch und gefährlich dazu, weil damit die Verantwortlichkeit für die Folgen des eigenen Tun und Lassens aufgehoben werden.

Probleme haben darum heute die Gewerkschaften, da sie Verteilung als soziale Leistung sahen und Leistungsanreize für sie unsozial bis hin zu dem Schlagwort „unmenschlich" waren. Sie stehen nun vor der Tatsache, dass wir in Deutschland mehr Aktionäre als Gewerkschaftsmitglieder haben.

Ich wünsche und erhoffe mir mehr Gedankengut eines Schulze-Delitzsch in unserem Staatswesen. Er entwickelte nicht Gedanken für das Leben, sondern aus dem Leben.

Schlichter Ausgangspunkt seines auf der Natur der Sache fußendem Denkens und Handelns war der Mensch. Hinzu kam sein eigener unerschütterlicher Glaube an die Fähigkeit und grundsätzliche Bereitschaft jedes einzelnen Menschen, frei und selbstverantwortlich für sein eigenes Leben Sorge zu tragen.

Nun zurück zur EDEKA. Es dauerte natürlich keine drei Monate, sondern (und ich sage Gott sei Dank) nur drei Wochen, bis Herr Stubbe zu mir kam und sagte: „Ich habe zwei interessante Fälle. Sie fahren mit zur Beratung. Holen sie sich ein paar Sachen, es kann sein, dass wir übernachten müssen."

Er sagte mir das morgens und dann wartete ich bis um fünf Uhr am Nachmittag, bis er kam und es losging. Da machte ich das erste Mal Bekanntschaft mit seiner chaotischen Termingestaltung. Er, der anderen Leuten Ordnung, im umfassenden Sinne, in ihrem Unternehmen beibringen sollte, was er auch ausgezeichnet machte, konnte sich selbst nicht organisieren. Er war in meinen Augen ein hoch intelligenter Chaot und dazu noch ein erfolgsorientierter, rücksichtsloser Schaffer.

Einer der in mir haften gebliebenen Höhepunkte seiner Frechheit war, als er vor EDEKA-Geschäftsführern, die alle wesentlich älter waren als er, von Moral und Ethik als Voraussetzung für eine erfolgreiche Personalpolitik sprach:

„Die äußere Ordnung vom aufgeräumten Schreibtisch bis hin zur moralischen Gestaltung des Lebens, die auch das Bett einschließt, ist das Wichtigste, wenn man Menschen führen will."

Dabei ging er selbst fremd, das wusste ich zu diesem Zeitpunkt, so oft sich die Gelegenheit bot und wählerisch war er auch nicht dabei.

Aber ich habe viel von ihm gelernt, wir mochten uns auf Anhieb, ich respektierte ihn, hatte aber keine Scheu oder gar Angst vor ihm, wie viele meiner Kollegen. Es war auch schwer in seiner Nähe zu arbeiten, er verbreitete Hektik, war redegewandt und kritisierte mit scharfer Zunge. Er erkannte aber auch sofort das Wesentliche einer Sache.

Meine erste Beratung mit ihm – es war auch die einzige – brachte mir so viel Erkenntnisse, dass ich von da ab alleine marschierte.

Der Ablauf der Beratung: Das Gespräch mit dem Inhaber, die Besichtigung des Verkaufsraumes und des Ladens mit möglichst allen Nebenräumen. Wenn es ging, schauten wir uns auch die Wohnung an, dann die Geschäftsunterlagen der letzten drei Jahre. Auf Formulare wurden die Entwicklung des Eigenkapitals, der Verbindlichkeiten mit ihren Fälligkeiten, die Kapitalentnahme und Verschiedenes mehr übertragen.

Das Gleiche geschah mit der GuV im Dreijahresrhythmus. Anhand von externen Betriebsvergleichen wurden die Istwerte mit den Sollwerten verglichen. Zum Schluss das Abschlussgespräch mit dem oder den Betriebsinhabern. Wenn man das ein dutzendmal gemacht hat, bekommt man Erfahrung und einen Blick für den Betrieb, und jeder Inhaber, der mit der eigenen Betriebsblindheit behaftet ist, wird beeindruckt. Noch ein paar Allgemeinsätze hinzu und die Beratung ist gelaufen.

Zur Schlussbesprechung in Laurenburg. Es war so, dass die Handelsspanne nicht stimmte und wir der Meinung waren, dass jemand in die Kasse greift. Wir mussten dem Inhaberehepaar klarmachen, dass, wenn sie so weiterwirtschafteten, wir ihnen den Zeitpunkt, an dem sie zahlungsunfähig wären, nennen könnten. Der hübschen Inhaberin liefen die Tränen ins Dekolleté (Herr Stubbe hat sie bestimmt geistig verfolgt). Wir hatten die zweite Flasche Wein vor uns stehen und inzwischen einiges über die Familie erfahren. Wir glaubten die Ursache des Übels zu kennen. Herr Stubbe brachte es auf den Punkt und sagte wörtlich: „Am besten, sie packen die Oma in einen Sack und werfen sie in die Elbe."

Das war Stubbe pur. Die Oma hatte nämlich eine soziale Ader. Sie sah das große neue Geschäft ihrer Kinder und unterstützte finanziell das Krankenhaus, die evangelische Gemeinde, den Kindergarten und einige Bedürftige mehr.

Zwei Jahre später habe ich die Familie noch einmal besucht. Die Beratung hatte Erfolg gehabt, wenn auch die Maßnahmen nicht so drastisch, wie von Herrn Stubbe angesprochen, ausgefallen waren.

Im mittelständischen Lebensmitteleinzelhandel (nur von dem kann ich aus Erfahrung sprechen) waren es, wenn der Rohgewinn nicht stimmte, in 50% aller Fälle die Inhaber, die Familienangehörigen oder die schon fast zur Familie gehörenden jahrzehntelangen Mitarbeiter, die in die Kasse griffen.

Typisch für die schon angesprochene chaotische Planung von Stubbe war, – deswegen muss ich die Situation einmal schildern – dass wir am ersten Abend das zu beratende Geschäft um halb elf Uhr verließen, auf der Straße standen und er sagte: „Wo gehen wir jetzt hin?" Ich, unter dem Sternzeichen Jungfrau geboren, der man besondere Pedanterie nachsagt, hatte mir schon den ganzen Abend über Gedanken gemacht, wo und wie wir wohl die Nacht verbringen würden, aber wohlweislich geschwiegen.

Laurenburg, eine der Städte wie Paderborn, denen man nachsagt, entweder es läuten die Glocken oder es regnet, war um diese Uhrzeit tot. Also fuhren wir ein Stück zurück, bis wir ein Hotel fanden – das war dann wieder Hamburg.

Am zweiten Tag nachmittags war mir das denn doch zu dumm. Ich fragte Stubbe, ob ich nicht mal in den Ort gehen sollte, um ein Hotel für die kommende Nacht zu suchen. „Ja", sagte Stubbe, „tun sie das."

Der nächste Schritt war dann, in den einzelnen Genossenschaften Vorträge zu halten, nicht um Mitgliedern etwas beizubringen, sondern um ihnen klarzumachen, was sie alles nicht wussten und es doch vernünftiger wäre, eine individuelle Beratung, also uns, anzufordern. Mit der gleichen Methode haben wir auch später für unsere stationäre Schulung in der Bildungsstätte in Schlangenbad im Taunus Werbung gemacht.

Ein weiteres, für mich positives Erlebnis, sei hier ebenfalls noch geschildert. Mein Kollege, Diplomkaufmann Becker, musste einmal in der EDEKA-Genossenschaft Bad

Godesberg vor circa 30 Kursusteilnehmern über Leistungs-
messziffern im Einzelhandel sprechen, eine Stunde war
dafür vorgesehen. Er bereitete sich gewissenhaft vor. Ich
glaube, er hat vor Aufregung die Nacht vorher nicht
geschlafen, es war sein erster Vortrag. Ich sollte mir das
anhören um zu lernen. Kollege Becker war nach fünfzehn
Minuten mit dem Thema durch und stand kurz vor einem
Herzinfarkt. Was stand da für ein schlaues, aber armes
Würstchen.

Ich bin nach vorne und habe ein paar ergänzende Worte
gesprochen und dann eine Diskussion geführt, die noch
mal eine Stunde dauerte.

Was ich nicht wusste (Gott sei Dank, sonst wäre ich
vielleicht nicht so frech gewesen) war, dass Herr Stubbe auf
der Bühne hinter dem Vorhang stand und alles mitbekommen hatte. Von da an war ich für ihn der Typ, den man
brauchen konnte. Für ihn war mein Selbstbewusstsein, dass
ich da rausging und mit doch bescheidenem Wissen vor die
Leute trat, aber nur eine Seite der Medaille. Viel wichtiger
war, so zumindest sagte er es glaubhaft, dass ich den Kollegen herausgehauen hatte. Er sagte auf der nächsten Bera-
terkonferenz: „Für uns alle ist der Job, den wir hier machen,
nur eine durchgehende Stelle, wir wollen weiterkommen.
Das geht nur, wenn wir zusammen stark sind. Herr Braß
hat das in Godesberg vorgemacht. Wer versucht, sich auf
Kosten eines Kollegen zu profilieren, den bitte ich, seine
Koffer zu packen."

Das geschah, als ich gerade sechs Wochen in diesem
Laden war. Nun muss ich aber dazu noch bemerken, dass
meine Kollegen einmal ein Jahr unterwegs waren und sich
an das Reden gewöhnt hatten, ihr Wissen aus dem Studium

zum Tragen kam und sie mir einiges voraus hatten. Aber wie man von Hotel zu Hotel reist, von einem recht üppigen Spesenkonto lebt und die Freizeit gestaltet, mussten sie erst noch lernen.

Ich habe mir darüber meine Gedanken gemacht. Es waren alles Leute, die einen hervorragenden Studienabschluss gemacht hatten. Ehrgeizlinge, die die meiste Zeit auf ihren Buden gehockt und richtig gebüffelt hatten, mit einem schlechten Gewissen als Folge, wenn sie einmal besoffen waren. Ganz und gar nicht so, wie man sich landläufig studentisches Leben vorstellt.

In dieser Zeit war ich in der Talmühle bereits als Verkaufsleiter unterwegs und diejenigen, die ich zu beaufsichtigen hatte, waren reisende Verkäufer, mit all dem behaftet und vertraut, was einem im Hotelleben so begegnet. Es war eine bestimmte Art von Erfahrung, die ich schon hatte.

Ein sehr einfaches Beispiel dazu:

Wir bekamen 46 DM Tagesspesen. Das war 1964 ein stolzer Betrag, aber in den ersten Wochen gingen sie nicht draußen essen, sondern verpflegten sich tagsüber mit Wurstbrötchen und Cola und machten sich abends noch die Brote auf dem Zimmer. Sie waren aber lernfähig und stellten sich schnell auf ein anderes Leben ein.

Sofern ich in Hamburg im Büro war, machte ich pünktlich, wie jeder Büroarbeiter, Feierabend – etwas, das mir nur selten in meinem Leben möglich gewesen ist – und begab mich auf die Reeperbahn oder in den warmen Sommermonaten nach Timmendorf an den Ostseestrand. In Timmendorf trieb ich mich im Waldschlösschen herum oder im Cafe Käse. Auf der Reeperbahn lernte ich einige Leute aus der Szene kennen, wobei mir meine Kenntnisse aus dem

Kölner Milieu halfen, mich entsprechend zu bewegen.

Ernsthaft habe ich darüber nachgedacht, ob es nicht besser wäre, meinen Lebensunterhalt damit zu verdienen, dass ich mir ein paar Pferdchen hielt, um sie auf der Straße für mich laufen zu lassen. Ich bin dann aber doch lieber – so denke ich – ein halbwegs anständiger Kaufmann geworden.

Die Betriebsberatung wurde dann dezentralisiert und fünf Büros in Deutschland installiert. Das Büro Köln wurde mit Herrn Grünewald als Büroleiter und mir besetzt.

Das war die Zeit, in der ich häufiger zu Hause war. Wir, meine Frau und ich, hatten uns in Bensberg ein kleines Reihenhaus gekauft und bemühten uns, die Familie zu vergrößern.

Zunächst zu unserem Haus. Wir besaßen eine neue, und ich meine heute noch, sehr schöne Etagenwohnung in Köln-Merheim. Unser ganzes gespartes Geld, es waren DM 10.000, die meine Frau als Erbe ausgezahlt bekommen hatte, damit ihr Bruder einmal ohne erbliche Belastung das elterliche Haus in Duisburg übernehmen konnte und weitere gemeinsam gesparte DM 15.000 hatten wir in die Wohnung investiert. Meine Frau hatte einen guten Geschmack und wir waren für unsere damaligen Verhältnisse gut eingerichtet. Als wir eines abends nach Hause kamen, lag ein Zettel von einem Mitbewohner, mit dem Vermerk: „Kommt noch mal zu mir, egal wie spät es ist", vor unserer Tür.

Unser Nachbar war in einer Wohnungsbaugesellschaft an maßgeblicher Stelle tätig, und in einer im Entstehen begriffenen Siedlung war ein Käufer kurzfristig abgesprungen. Die Häuser waren schon zwei Jahre vorher zu einem Festpreis verkauft, beziehungsweise angeboten worden, sozial gefördert und äußerst preisgünstig. DM 48.000 (mit Nebenkosten DM 50.000) für 86 qm Wohnfläche in einem Reihen-haus. Aber was nützt das beste Angebot, wenn man keine Mark auf dem Konto hat. Also rechnen.

Wir besaßen ein Auto, Ford 17 M, im Volksmund als Badewanne bezeichnet, ziemlich neuwertig. Der wurde für DM 8.000 verkauft und ein VW-Käfer auf Wechsel ange-schafft. Das war unser Eigenkapital. DM 4.000 zinsloser Kredit aus dem Fond "Junge Familie", DM 4.000 mit 3% Zinsen und zwei Jahre tilgungsfrei aus dem Topf "Schöner Wohnen" und der Rest von der Bank. Wir hatten innerhalb einer Woche ein Haus gekauft. Unser Häuschen hatte in weiser Voraussicht zwei Kinderzimmer, davon wurde eins vermietet. Meine Frau ging auch arbeiten und den Rest brachte ich nach Hause.

Mit unserer Untermieterin hatten wir einen guten Kon-takt und viel Freude. Frl. Melkojan, eine Türkin, Tochter reicher Eltern, die zu Hause ausgerissen war, um den Ein-schränkungen des Islam zu entgehen. Sie ist viel mit uns aus-gegangen und war auch im Freundeskreis meiner Frau, den Duisburgern, sehr beliebt. Eine ihrer Verhaltensweisen war Gegenstand vieler interner Gespräche. Sie badete nur einmal im Monat und sonst kam Wasser nur an ihre Hände. Mor-gens ein feuchtes Tuch aufs Gesicht und sonst wurde der ganze Körper gepudert, und das, wo doch meine Frau Mar-gret ein besonderes Reinlichkeitsbedürfnis hatte.

In diese Zeit hinein fiel dann auch die Geburt unserer beiden Kinder. Während der gesamten ersten Schwanger-schaft war meine Frau in Behandlung und musste sich sehr schonen.

Ich hielt gerade ein Wochen-Seminar in Offenburg über „Obst und Gemüse in Selbstbedienung", als mitten im Vor-

Beate mit ihren Knopfaugen

Beate und Rolf

trag die Nachricht kam, dass meine Frau kurz vor der Entbindung stand. Gerade noch rechtzeitig war ich in der Klinik, um die neugeborene Beate zu bewundern. Mit großen offenen Augen und einer braunen Haut war sie von der ersten Stunde an ein schönes Baby.

20 Monate später verlief die Geburt von Rolf ganz anders. Bei ihm wurde sie eingeleitet und die Geburtsstunde stand genau fest. Ich bin noch mit meiner Frau im Park der Klinik spazieren gegangen, habe sie auf das Zimmer gebracht und zwei Stunden später war Rolf da. Aber was war das für ein Kind im Verhältnis zur Beate. Er hatte eine fast blaue Hautfarbe, richtig unnatürlich und er war total verschrumpelt. Oma Elli war mit dabei, als wir das Kind zum erstenmal

gezeigt bekamen. Hinter einer Glaswand lagen eine Reihe von Neugeborenen und als die Schwester auf Rolf zeigte, meinte die Oma: „Schwester, das stimmt nicht", sie zeigte auf ein anderes Baby und sagte: „Das mit den dunklen Haaren und der großen Nase, die ist nämlich vom Opa, das ist unser Kind." Oma wollte ein so hässliches Baby nicht. Die schrumpelige Haut wurde sehr schnell straff und schlug ins Gegenteil um, denn Rolf war als Kleinkind ein richtig dicker Pummel.

TuS Merheim

Meine Fußballschuhe hatte ich auch noch einmal ausgepackt und spielte zwei Jahre für den TuS Köln-Merheim. Das war eine ganz andere und schöne Freizeitgestaltung.

1967 habe ich die Festrede zum 60. Gründungstag des TuS Merheim gehalten. Es waren immerhin über 800 Gäste im Festzelt und unter den Offiziellen war ich mit meinen 35 Jahren der weitaus jüngste. Um meine Gedanken und Vorstellungen in dieser Zeit zu dokumentieren, zitiere ich ein paar Auszüge aus meiner Festrede:

"Gestatten sie mir ein paar Gedanken zur Zukunft: Die Massenmedien der Vergnügungs- und Unterhaltungsindustrie werden nicht mehr wesentlich stärker als bisher, unsere Jugendlichen, auf die es ja letztlich ankommt, beeinflussen können. Hier nähern wir uns mit dem augenblicklichen Stand einem Sättigungsgrad" (Das war ein Irrtum von mir). Weiter sagte ich: "Wir werden eine Zeit bekommen, in der Sport treiben wieder modern wird. Sport als eine Freizeitgestaltung für jedermann, vielleicht in heute noch unbekannten Sportarten oder im Rahmen einer Gesundheitswelle. Nach dem Kriege kannten wir die Vergnügungswelle, die Esswelle, die Reisewelle, die Autowelle, heute leben wir in einer Zeit der Edelfresswelle. Dann wurde gebaut, wir wurden behaust, jetzt setzt ein großer Geburtenzugang ein. Die Konjunktur hat sich beruhigt, das bedingungslose Schaffen normalisiert sich, wir werden wieder sinnvoller die Freizeit gestalten und das ist der Moment, in dem die Sportwelle einsetzen wird. Jedoch nicht Sport im Sinne des Leistungssports, der Punkte- oder Rekordjagd, sondern Sport im Sinne einer vernünftigen Freizeitgestaltung für jedermann.

Diejenigen, die bereit sind Opfer zu bringen für den Leistungssport, werden sicherlich weniger. Rekorde und Punkte werden in immer stärkerem Maße abhängig von der materiellen Entschädigung, weil auch der persönliche Aufwand dafür größer wird. Der Trend zum Großverein und dessen Anziehungskraft werden noch stärker werden. Man wird dort Sport betreiben, wo man große Vorbilder hat, wo gute Leistungen geboten werden. Die Entfernungen zu den Großvereinen werden Dank der Technik kleiner. Es ist heute schon kein Problem mehr für einen Jugendlichen, in einem zehn oder fünfzehn Kilometer entfernten Verein Sport zu treiben. Das bedeutet, dass wir in zehn Jahren weniger Sport-vereine haben werden, aber in den wenigen Vereinen werden mehr Jugendliche Sport treiben als heute in den vielen.

Für den TuS Merheim bedeutet das, wenn wir die Zeit der Fusionen und Zusammenschlüsse überleben wollen:

1. Eine breite Basis vielseitiger sportlicher Betätigungsmöglichkeiten für alle zu schaffen.

2. Wir müssen eine Leistungsspitze bekommen um interessant für die Jugend zu sein.

Nun lässt sich mit dem Amateurgedanken traditioneller Prägung keine echte Leistungsspitze mehr dauerhaft erhalten. In unserer und der zukünftigen materialistischen Zeit müssen die persönlichen Opfer, die gute Leistungen im Sport erfordern, honoriert werden, wenn sie Bestand haben sollen. Wir müssen auch im kleinen Verein kommerziell zu denken beginnen, wenn wir größer werden wollen. Ich weiß, dass diese Gedanken mit der bisherigen Auffassung eines Amateurvereins kollidieren, aber wir müssen, so glaube ich, den Amateurgedanken vom kleinen Verein bis hinauf zum großen Geschehen des Sports, den Olympischen Spielen, einmal überprüfen. Und wer es rechtzeitig tut, der wird auch rechtzeitig weiterkommen".

Wer das jetzt liest, sollte bedenken, dass es das Jahr 1967 war, als ich das sagte. Ich bin ein bisschen stolz darauf, denn in der Tendenz lag ich richtig. Der Vortrag löste damals bei den anwesenden Vereinsvertretern viel Diskussion und auch Widerspruch aus.

Es ist bis heute eine Lieblingsbeschäftigung von mir geblieben, Visionen zu entwickeln und vorzutragen.

Später, als Direktor der BÄKO, wo ich in einigen Gremien der Organisation mitwirkte, sah ich auch meine Aufgabe anders, als viele meiner Kollegen, die Technokraten des Tagesgeschäfts waren. Meine Welt war die Welt der Visionen, der Zukunftsgestaltung.

Herr Stubbe sagte dazu einmal: „Wir kennen an den Hochschulen die vielen Professoren, die uns erläutern, warum eine besondere Situation eingetroffen ist, aber keiner sagt uns, wie es kommen wird, damit wir uns darauf vorbereiten können."

Einen Schatten warf diese Festveranstaltung auf mein persönliches Leben. Es war ein Fixpunkt, der mich sehr betroffen gemacht hat. Ich stand nach dem Vortrag natürlich im Mittelpunkt, wurde gelobt und in Diskussionen verwickelt und war mächtig stolz, denn so oft hatte ich noch nicht vor einem so großen Kreis gesprochen.

Ich wollte, dass meine Frau das auch miterlebte, rief sie an, dass ich sie zum anschließenden Festbankett abholen würde. Ich fuhr schnell nach Bensberg, um sie zu holen, aber sie ging nicht mit. Ich war maßlos enttäuscht, dass ich ihr nicht zeigen konnte, welche Anerkennung ich genoss.

Es zeigte sich ein erstes Desinteresse ihrerseits an meiner Arbeit. Mit einigem Abstand zu meinen damaligen Empfindungen erscheint mir das allerdings auch in einem etwas anderem Licht. Sie hatte zwei kleine Kinder zu Hause, die noch in den Windeln lagen, und ich reiste durch Deutschland und hatte wahrhaftig keinen Sinn für die Häuslichkeiten.

Zwei Jahre dauerte diese für mich sehr schöne Zeit in Köln. Ich besaß ein gut eingerichtetes Büro im Zentrum, hatte erstmals eine Sekretärin und konnte meine Termine weitgehendst selbstständig planen, was ich auch reichlich nutzte. Am späten Vormittag ging ich in die Stadt in ein

Cafe, um die Zeitung zu lesen und ein paar lockere Gespräche zu führen.

Wenn es ging, hielt ich mir den Montagvormittag frei, um in Merheim von halb elf bis zwei Uhr Skat zu spielen. Der Wirt, Herr Behring, ein Brauereivertreter und ein Unternehmer, dem in Merheim eine Kiesgrube gehörte, spielten einen hervorragenden Skat.

Betriebsberatungen machte ich relativ wenige, die meiste Zeit war ich unterwegs um Vorträge zu halten, was sich mit der Zeit zu Drei-Tages-Seminaren entwickelte. Die Hälfte meiner Arbeitszeit verbrachte ich mit Fortbildung. Herr Stubbe legte großen Wert darauf. Er genehmigte mir alle Anträge, die ich in dieser Richtung stellte.

Das war auch so eine Geschichte. Meine Kollegen waren da viel zu zaghaft. Nicht, dass ich dabei nur viel lernte, sondern mein Ansehen stieg bei Stubbe und, wie ich später feststellte, auch in den höheren Etagen bei der EDEKA. Ich fuhr nach Bad Harzburg zu den Seminaren und durfte mich von da ab Harzburger Schüler nennen. In der Harzburger Schule gab es nur ein Thema:

Menschenführung, Führungsstil und Motivation.

Das wurde unter anderem auch an historischen Persönlichkeiten aufgezeigt. Ich besitze heute noch die Unterlagen aus dieser Zeit und habe vieles in meinen Vorträgen verwendet, denn bei dem Thema konnte ich mich rhetorisch austoben, ohne konkret festgenagelt zu werden. Der dort gelehrte Führungsstil war beim Handel und in der Industrie als Harzburger Modell bekannt. Nebenbei bestand ich in der Zeit meine Prüfung als Bilanzbuchhalter.

Ein weiteres Anliegen von mir war der regelmäßige Besuch des Hauses Dallmayr in München, denn ich sah in der Entwicklung der Feinkostabteilungen eine Zukunftschance für unsere EDEKA-Geschäfte, und München war immer eine Reise wert.

Dann wurde ich zum ständigen Vertreter der EDEKA beim Institut für Selbstbedienung in Köln delegiert. Das war ein sehr interessanter Kreis, der sich dort traf. Fantasie und Kreativität waren gefragt. Wir beschäftigten uns unter anderem damit, die durchschnittlichen Ausgaben beim Einkauf pro Kunde zu erhöhen.

Die Warenplatzierung im Supermarkt und die Erhöhung des Preises pro Artikel, zum Beispiel durch Verbundpackungen, war ein Thema. Ein Beispiel: der kleine Dauerlutscher „Lolli" für zehn Pfennige wurde in Ketten zu zehn Stück verschweißt und damit ein Artikel für eine DM geschaffen.

Das in Testläden auszuprobieren, Kundenreaktionen zu beobachten, wurde geradezu eine Lieblingsbeschäftigung von mir, und da die EDEKA mir die Zeit zur Verfügung stellte, waren meine Ergebnisse, die ich bei den Tagungen vortrug, recht gefragt und mein Name wurde bekannt.

In den Bereichen Warenplatzierung und Verkaufsabwicklung waren die Geschäfte der MIGRO – einer Supermarktkette in der Schweiz – weltweit führend und so war es nur logisch, dass ich alle paar Wochen zur Schulungsstätte der MIGRO, dem Dudtweiler-Institut, fuhr.

Das Dudtweiler-Institut war eine Stiftung des Gründers der MIGRO. Sie teilte sich mit den Konsum-Genossenschaften mehr oder weniger den Schweizer Markt.

Es war eine politische Einstellung für den Schweizer, wo er einkaufte: die Nationalen bei der MIGRO und die Sozialisten beim Konsum.

Die MIGRO verdiente enormes Geld und konnte es sich

leisten, alles nur denkbar Mögliche auszuprobieren.

Nach einem Jahr habe ich dann auch in diesem Institut, – in Rüchlikon bei Luzern – einen Vortrag über die Frische von Brot und Backwaren im Lebensmittelsupermarkt gehalten und dabei die These vertreten, dass man durchaus auch Backwaren direkt im Markt backen könnte.

Meine damals geäußerte Auffassung: Die Produktion, die Verkaufs- und Verzehrzeiten müssen so nah wie möglich beieinander liegen.

Dieser Satz von mir ging damals durch die gesamte Fachpresse. In Deutschland hat es noch fast zwanzig Jahre gedauert, bis man den Gedanken, der in dieser Aussage steckte, aufnahm und in den Märkten anfing zu backen.

Ein neuralgischer Punkt in den SB-Läden war der Kassenausgang. Um den Kundenstau zu vermeiden, wurden viele Kassen aufgestellt, mit der Folge, dass die Personalkosten dieses Arbeitsplatzes besonders kritisch betrachtet wurden. Erschwerend kam hinzu, dass man versuchte, über die Kassen ein Warenwirtschaftssystem zu entwickeln (es gab noch keine Scanner und die EDV war auch noch nicht so weit).

So kam es, dass ich als Vertreter der EDEKA zu den Ankerwerken und insbesondere zu NCR nach Augsburg reiste, um die Forderungen des Handels mit den Möglichkeiten der Technik abzustimmen. Ich glaube, es wäre wert, einmal gesondert darüber zu schreiben, was für Gedanken entwickelt wurden, um diesen Arbeitsplatz rationeller zu gestalten. Was es für Auseinandersetzungen gab, was es geradezu für ein Kampf war, bei den unterschiedlichen Auffassungen zwischen den Kassenherstellern, der Lebensmittelindustrie, dem Handel und nicht zuletzt den Verbrauchern, bis das erreicht war, was wir heute an den Kassen erleben.

Ich stehe manchmal noch an den Kassen und beobachte die Abwicklung. Meiner Frau sagte ich neulich: „Mir treibt es die Tränen in die Augen vor Begeisterung, wenn ich das sehe."

Tageskassenleistungen von DM 6.000 waren Spitzenwerte, und heute sind bei Aldi DM 30.000 ein Sollwert, der oft überschritten wird.

In der Schweiz hatte ich auch den Umgang mit Obst und Gemüse gelernt, mit der Folge, dass ich bei den EDEKA-Lehrgängen in den sogenannten „grünen Kursen" über den Verkauf von Obst und Gemüse referierte. Obst und Gemüse in Selbstbedienung war ein Schlagwort jener Zeit. Mit einer von mir gern gemachten Aufgabe wurde ich noch zusätzlich betraut: Standortanalysen, später nannten wir es moderne Kaufkraftgutachten. Die Zeit der Expansionen begann, auch wurden die ersten Märkte auf der grünen Wiese gegründet und es wurde notwendig, was heute selbstverständlich ist, Umsatzprognosen und Rentabilitätsplanungen zu erstellen. Ich habe es später durch Zahlen untermauerte Schätzungen,

Grüner Kursus

ein weites und interessantes Feld genannt.

Wieder einmal kommt mir durch das Schreiben, das Aufreihen dessen, was ich alles in einer doch relativ kurzen Zeit gemacht und gelernt habe, zum Bewusstsein; wie vielseitig, aber dadurch auch wie interessant meine Tätigkeit war:

Betriebsberatung des EDEKA-Einzelhandels,
Obst und Gemüse in Selbstbedienung,
Zerlegekalkulation beim Großvieh,
Hygiene und Hackfleisch-Verordnung
für unseren Metzgereibetrieb,
Warenplatzierung bei der Selbstbedienung,
Standortanalysen,

um nur einige Themenbereiche neben den Grundsatzthemen, wie schon erwähnt, und den Rhetorikschulungen zu nennen.

Es war aber auch die Zeit, die das ermöglichte, der Aufbruch einer ganzen Branche in andere Dimensionen mit vielen unbekannten Dingen, die heute ganz selbstverständlich sind.

In Amerika, dort wo man die großen Märkte schon länger kannte, haben wir versucht zu lernen. Mit der Firma NCR reiste ich zum erstenmal in die Staaten und besuchte New York, eine Stadt, die für mich bis heute die interessanteste Metropole der Welt geblieben ist. Ein Traum entstand, der für mich unerfüllbar bleiben wird, eine Penthousewohnung am Central Park.

Nach zwei Jahren in Köln kam ich dann zur EDEKA-Bildungsstätte, um nach wenigen Monaten Leiter dieser Bildungsstätte zu werden.

Ich, der Bäckermeister ohne schulische Ausbildung, hatte

mich (oder bin ich?) in eine Aufgabe katapultiert, die bei mir im Nachhinein noch Kopfschütteln, aber auch Schmunzeln auslöst.

Die Schule war zuständig für alle EDEKA-ner, das bedeutete: Verkäuferinnen, Inhaber der Geschäfte bis zu den Angestellten der Genossenschaften, Reisende, Buchhalter, Lagerleiter und die Geschäftsführer.

Als Gastreferent stand mir alles zur Verfügung, was der deutsche Markt hergab. Der Themenkreis war unerschöpflich, neben der betriebswirtschaftlichen Fortbildung unserer Kaufleute das Thema Ein-richtung und Ladenbau mit dem Problemkreis Kühlung und Tiefkühlung, die in der Entwicklung war, Feinkostkurse, Frischfleisch-, Obst- und Gemüselehrgänge, von Herrn Grünewald und mir ins Leben gerufene Rhetorikschulungen für Verkäufer und Geschäftsführer der Genossenschaften.

Viel Zeit habe ich damit verbracht, möglichst vielen Gastreferenten zuzuhören. Die zwei Jahre in Schlangenbad waren für mich Studienjahre.

Ich selbst hatte die Grundsatzthemen: „Der EDEKA-Kaufmann von morgen", „Der Markt der Zukunft" und ähnliches mehr. Dazu „Menschenführung im Betrieb" und die „Rhetorikschulung".

Ernsthaft betrachtet war es Dilettantismus hoch drei, manchmal auch Frechheit, aber ich sagte schon einmal, Angst vor der Blamage kannte ich nicht.

Hauptsache wir hatten Erfolg, die Kursusteilnehmer waren begeistert, was auch der Geschäftsleitung in Hamburg nicht verborgen blieb. Wir, das waren die beiden Festangestellten Herr Riemer und Herr Schreiber, sowie unsere Sekretärin.

So schön wie meine in Köln, war sie nicht, aber ebenfalls gut.

Ein wichtiger Punkt war die Disziplin, die ich an der Schule eingeführt hatte. Es waren ja alles Erwachsene, die eine Woche von Heim und Herd weg waren und auch was erleben wollten. Das haben wir ihnen auch geboten. Mich interessierte nicht, wer morgens aus welchem Zimmer kam, aber zum Kursus war Pünktlichkeit und Aufmerksamkeit angesagt und wurde von mir auch, wenn nötig, mit Nachdruck durchgesetzt. Einige Male musste ich Teilnehmer nach Hause schicken.

Frühstück in Schlangenbad

Ich hatte auch Lehrgänge eingeführt, die vor dem Frühstück mit einem Waldlauf begannen. Das nannte sich dann: „Nur in einem gesunden Körper ist auch ein gesunder Geist."

Meine drei Mitarbeiter respektierten mich. Sie verstanden oft nicht, dass ich um vier Uhr noch an der Hotelbar stand und pünktlich um sieben Uhr beim Frühstück war.

Wenn dann noch zehn Minuten vor Kursbeginn die Sekretärin kam und uns mitteilte, dass der angekündigte Referent nicht da war und ich sagte: „Das übernehme ich", stand die Truppe richtig stramm vor mir, denn meine beiden Mitarbeiter mussten sich auf jeden Vortrag neu vorbereiten.

Zu jener Zeit war ich aber auch besonders gut drauf, wie man so sagt. Es war nicht selten, dass ich die FAZ, die ich regelmäßig beim Frühstück las, in die Hand nahm, in den Lehrgang ging, die Überschrift und diagonal etwas vorlas, um dann darüber zu diskutieren, egal ob das gerade in den Lehrgang passte oder nicht. Auf jeden Fall war es für den EDEKA-Kaufmann von morgen wichtig, sich auch mit der Politik oder der Kultur zu befassen.

In dieser Zeit bin ich allerdings auch an meine körperliche Grenze gekommen. In der Regel hatten wir drei Kurse gleichzeitig mit unterschiedlichen Themen laufen und zwar so zusammengestellt, dass wir ein möglichst ausgeglichenes Verhältnis von Männern und Frauen hatten, dies konnten wir über die Themen steuern.

Montags abends war Begrüßungsabend mit Büffet, Lifekapelle und Tanz und natürlich einer Begrüßungsrede von mir. Es hatte sich schnell herum gesprochen, dass man sich zu diesem Abend schön machte und zeigte, was man hatte.

An den drei anderen Abenden ging es gruppenweise nach Anmeldung zu den Attraktionen im Umfeld. So besuchte jede Gruppe einmal in Wiesbaden den „Beschissenen Eimer", ein Weinlokal in Rüdesheim und Sachsenhausen. Immer unter der Führung eines Referenten. Ich war jeden Abend unterwegs, auch wenn ich am Tage schnell mal in Hamburg oder, was damals des öfteren vorkam in Saarbrücken war.

Dass es in dieser Zeit in meiner Ehe zu kriseln anfing, ist sicher verständlich und im wesentlichen meine Schuld gewesen. Die Kinder waren klein, noch im Babyalter, und ich konnte nie mit kleinen Kindern umgehen, so sehr ich sie auch liebte. Das änderte sich erst, als sie größer waren und ich mit ihnen etwas anfangen konnte. Dann habe ich mich aber auch sehr viel um sie bemüht, wie ich meine, mehr als meine Frau.

Neulich las ich einen Leserbrief, der im Zusammenhang mit dem Scheitern einer prominenten Ehe geschrieben wurde, wörtlich dort: „Es ist doch üblich, wenn die Kinder aus dem knuddeligen Alter heraus sind und die Männer nichts mehr mit ihnen anfangen können, gehen sie aus dem Haus und suchen sich Frischfleisch."

Bei mir war es genau umgekehrt. Ich blieb zu Hause, als sie größer wurden und habe dann viel mit ihnen angefangen.

Eines Tages spürte ich, dass sich bei der EDEKA etwas änderte. Es kamen Referenten aus den eigenen Reihen, promovierte Leute, Volkswirte, mit einer anderen Einstellung und einem anderen Stil zur Schulungsarbeit. Sie begannen mit englischem Vokabular herum zu dozieren. Mir behagte das nicht, auch weil ich das nicht konnte.

Noch war meine Stellung in der EDEKA so stark, dass mir nichts passieren konnte, aber ich erkannte, dass ich dem studierten Nachwuchs auf Dauer nicht gewachsen war, auch war Schulungsleiter nicht mein berufliches Lebensziel. Ich erkannte, dass man sich bei dieser Tätigkeit irgendwann von der Praxis zu weit entfernte und die Dynamik, von der ich ja im Wesentlichen lebte, nachlassen würde.

In der EDEKA Mainz war man mit dem Geschäftsführer unzufrieden. Der Aufsichtsratsvorsitzende, ein Kaufmann, der einige Lehrgänge bei mir besucht hatte, kam zu mir mit seinem Problem und fragte um Rat. Ich ließ mir die Geschäftsunterlagen der Genossenschaft kommen, arbeitete die Fehler in der Geschäftsführung heraus und schrieb ihm die Rede für die Generalversammlung, die mit der Forderung auf

Entlassung des Geschäftsführers endete. Gleichzeitig bewarb ich mich um diesen Posten. Ordnungsgemäß hatte ich Herrn Stubbe von dieser Bewerbung informiert. Der hatte das Schreiben aber nicht an den Verbandsdirektor weitergeleitet.

Es begann die Zeit, in der Herr Stubbe am Stuhl des obersten EDEKA-Mannes sägte. Ein paar Jahre später hat er ihn ja dann auch beerbt.

Stubbe wollte die Konfrontation und sehen, was geschah. Tatsächlich war es dann so, dass der Verbandsdirektor zur Versammlung kam und schon zur Vorsicht, je nachdem, wie die Versammlung lief, einen Geschäftsführer bei sich hatte.

Der von mir verfaßte Vortrag des Aufsichtsratsvorsitzenden war gut und in einer turbulenten Abstimmung wurde der bisherige geschäftsführende Vorstand entlassen.

Die Versammlung machte eine Pause zur Vorbereitung auf die Neuwahlen und Herr Diedrich, das war der Verbandsdirektor, präsentierte sich als vorausdenkender Mann und stellte dem Aufsichtsrat seinen Geschäftsführer vor, und der Aufsichtsrat sagte ihm: „Nein, wir haben schon einen."

Herr Diedrich musste seine ganze Person, und was letztlich den Ausschlag gab, seine Autorität als Chef des Prüfungsverbandes einsetzen.

Er spürte, dass er sich damit keine Freunde geschaffen hatte und ich wusste, dass meine Karriere bei der EDEKA zu Ende gehen würde, denn die unruhige Nacht, die ich ihm, ohne es zu wollen, da bereitet hatte, würde er nicht vergessen.

Da ich sowieso wieder etwas anderes machen wollte, begann ich schon am folgenden Tag mit einer großen Bewerbungsaktion.

Eine schon länger geplante Schwedenreise war dann der Abschluss meiner EDEKA-Tätigkeit.

Gallionsfiguren in Malmö

Schweden war damals aber noch einmal ein Höhepunkt mit viel Freude und Erkenntnissen.

Jahrelang ist Schweden als das Musterland des Sozialismus bezeichnet worden. Es war auch vieles nachdenkenswert positiv. Das Gesundheitswesen, die Altersvorsorge, die gleichen Bildungschancen für alle, hatten bestechende Vorbildfunktion, aber Vermögen und vor allem Grundbesitz konnte keiner erwerben. Das Höchsteinkommen lag gerade mal 50% über dem Sozialsatz, mit der Folge, dass keiner mehr bereit war, Werte zu schaffen, und nach circa zwanzig Jahren gab es nichts mehr zu verteilen und man war pleite.

Die Mitglieder der Studiengruppe waren nach Sachgebieten aufgeteilt: Bildungswesen, Sozialwesen und Marktwirtschaft.

Die EDEKA-Mitarbeiter bemühten sich dabei insbesondere um die Warenhäuser und die Gemeinschaftskaufhäuser.

Interessant war für mich Schweden allerdings auf eine andere Art und Weise: Stockholm, eine Stadt, die hart am Meer und der Flussmündung auf felsigem Grund gebaut war. Mitten im Stadtzentrum gab es Stellen, wo noch Felsen aus dem Boden ragten, auf dem Meer draußen die Schären, das sind über 2.000 meist felsige, unbewohnte Inseln, und dann die alten, aber prachtvollen Hotels am Binnenhafen gegenüber dem Königspalast, alles sehr beeindruckend.

Die Gastfreundschaft und der Aufwand, den man betrieb, um uns zu beeindrucken, war enorm. Bei jedem Mittag- oder Abendessen spielte eine meist folkloristische Kapelle. Alkohol, der in diesem Land ungeheuer teuer ist, gab es reichlich.

Wir besuchten die Provinzstädte Västeros und Örebro. In Örebro war es dann auch, dass wir endlich mal einen Tag frei hatten und unbeaufsichtigt losziehen konnten. Das Erste, was wir lernten, war, dass der Alkohol nicht nur ungeheuer teuer, sondern fast unerschwinglich war. Für ein einfaches Bier bezahlten wir schlanke acht DM. Dazu: die Kneipen waren um zehn Uhr geschlossen. Wir waren ja bereit, Geld auszugeben, neun Tage waren wir schon unterwegs, bekamen 60 DM Tagesspesen und hatten bis dahin keine Gelegenheit gehabt, etwas auszugeben.

Dann folgende Episode:

Auf der doch relativ dunklen Straße dieser Kleinstadt sah ich mehrmals elegant gekleidete Damen und Herren, die alle in eine Richtung gingen. Ich informierte meinen Kumpel, Herrn Feist, und ohne den anderen einen Wink zu geben, marschierten wir hinter so einem Paar her. Es ging um ein paar Ecken, ein großer Hauseingang, eine Treppe hoch. An einer Garderobe legten wir wie die anderen unsere Mäntel ab, ohne zu wissen, wie es weiter ging. Da unsere Berufskleidung der kleine Blaue mit Weste war, gab es damit kein Problem.

Dann öffnete sich die Türe eines Saales, wir mit schnellen Schritten hinein. Was wir da sahen! (Ich glaube, wenn wir es vorher gewusst hätten, wären wir nicht so mutig gewesen.) Ich habe im Nachhinein dazu gesagt: „Ein Saal voller Gold, ca. 300 Menschen, elegant gekleidet." Damals waren Brokatanzüge für Damen modern, goldlamee Blusen, bestrasste Haare und was alles so dazu gehört. Zwei Bühnen bepackt mit Musikern und zum Essen entsprechend eingedeckte Tische. Wir guckten uns an: „Was machen wir jetzt?"

Wir entdeckten das dem Rahmen entsprechende Büffet mit ein paar Dutzend Stehtischen davor und gesellten uns dorthin. Ruckzuck kam jemand und fragte uns nach unserem Getränkewunsch. Wir bestellten Champagner, ohne zu wissen, dass der, wie alles andere, umsonst war und eröffneten das Büffet.

Der Abend verlief dann so, wie es sich bei einem gesellschaftlichen Großereignis gehört. Es wurden in den Nebenräumen noch einige Bars eröffnet und wir schwoften durch den Saal und schlossen Kontakte. Wir sind nicht aufgefallen, es war halt internationales Publikum, und wir waren bei dem babylonischen Sprachgewirr gut aufgehoben.

Morgens um drei Uhr habe ich dann mit so einem Filmsternchen (ich habe ihren Job erst später durch die Presse erfahren) einen Solotanz mit südamerikanischen Rhythmen hingelegt. Die Tanzfläche wurde für unsere Show geräumt.

Monate später, als ich in Essen gearbeitet habe, bekam ich über die EDEKA eine schwedische Illustrierte zugeschickt, die diesen Solotanz in mehreren Bildern zeigte.

Fast hätte ich morgens um neun Uhr unsere Abreise nach Malmö verpasst. Von der ganzen Schwedenreise, auf der ich viel gesehen hatte, war diese Episode der Höhepunkt.

Gegen Ende der Reise gab es dann ein weltpolitisches Ereignis, das uns sehr beschäftigte und auch Sorgen machte:

Die Niederschlagung des Volksaufstands in Tschechien durch die Sowjets. Der Versuch, in der Tschechoslowakei den Sozialismus unter demokratischen Bedingungen zu verwirklichen, wurde von den Panzern der Roten Armee und der Warschauer Pakt Staaten niedergewalzt, das Ende des sogenannten „Prager Frühlings".

Schweden war zwar ein neutrales Land, doch wenn die Amerikaner in den Konflikt eingriffen, dann wusste keiner, was geschehen würde. So haben wir dann aus diesem Anlass, zwei Tage früher als geplant, unsere Heimreise angetreten.

Aber in Deutschland ging es ja auch turbulent zu, es war die Geburtsstunde der „68er Generation", wie sie später bezeichnet wurde. Benno Ohnesorg war am 2. Juni 1967 erschossen worden. Es war die studentische Bewegung, deren Anhänger mit Herz, aber wenig Verstand die Grundordnung unseres Staates stürzen wollten. Ulrike Meinhof, die Herausgeberin der Zeitschrift „Konkret", zitierte unter dem Titel „Warenhausbrandstiftung", bezogen auf ein in Frankfurt abgebranntes Warenhaus, Fritz Teufel, einen der studentischen Führer:

„Immerhin die Vernichtung gesellschaftlich produzierten Reichtums durch Warenhausbrand unterscheidet sich qualitativ nicht von der systematischen Vernichtung gesellschaftlichen Reichtums durch Mode, Verpackung, Werbung, eingebautem Verschleiß. So gesehen ist Warenhausbrandstiftung systemerhaltend."

Sie zitierte Fritz Teufel wörtlich:

„Es ist immer noch besser ein Warenhaus anzuzünden, als eins zu betreiben."

Ich habe damals diesen Artikel aus der Zeitung ausgeschnitten, er ist noch immer in meinem Archiv, und ich meine, er ist ein Zeitdokument, das mit jedem Jahrzehnt, das vergeht, wertvoller wird.

Einige erkannten dann, dass man diesen Staat nicht mit Gewalt verändern kann und schlugen einen anderen Weg ein. Sie nannten es den „Marsch durch die Institutionen". Die prominentesten, die von der revolutionären „Putztruppe", so nannte man die studentischen Straßenkämpfer in Frankfurt, sind heute Joschka Fischer, unser derzeitiger Außenminister, und Daniel Cohn-Bendit, der Abgeordnete im Europaparlament.

Unser heutiger Innenminister Herr Schilly verteidigte später die Angeklagten Bader und Meinhof. Ich hoffe, dass sie nicht nur ihre Strategie verändert haben, so wie ihr Aussehen von den Turnschuhen zu Nadelstreifen, sondern auch ihre Auffassung vom Rechtsstaat und der Demokratie.

Ganz sind die beiden, die ja nur stellvertretend für viele andere genannt sind, noch nicht ihren Ballast aus dieser Zeit los, denn in den nächsten Monaten werden sie darüber vor Gericht befragt, wie die Waffen, mit denen einige bekannte Persönlichkeiten erschossen wurden, in ihre Autos kamen und ob das vor, oder nach den Morden war, wenngleich ich darin keinen großen Unterschied sehe.

Mittlerweile hatte ich mir auch ein Hobby zugelegt: Skilaufen. Der Anfang war, dass ich im Februar 1959 mit meiner damaligen Braut Margret in die Berge fuhr. Ohne festes Ziel entdeckten wir hinter München, im sonst wolkenverhangenen Firmament, ein Stück blauen Himmel. Dort wollten wir hin und landeten in Kirchberg in Tirol.

Ich wurde dann dort Stammgast, einige Jahrzehnte bin ich nach Kirchberg gefahren mit der Familie, den Kindern, dem ganzen Anhang aus Duisburg, Opa und Oma Böllert,

Auf dem Kitzbühler Horn mit Böllerts

sowie meinem Schwager in spe Willi mit seiner Braut Christa, gelegentlich auch schon mal ohne Familie und nicht alleine. Durch den regelmäßigen Besuch einer Skischule lernte ich ganz passabel Skilaufen. Ich bewältigte schon nach zwei Jahren die Streif im Hahnenkamm, für jeden Skiläufer ein Begriff, und auch die Abfahrt vom Kitzbühler Horn. Die Bewältigung der Wildspitze mit den Fellen als Aufstiegshilfe in einer Drei-Tages-Tour von Sölden aus, die Abfahrten von der Hohemut in Obergurgel, die Abfahrt der Parsenn von Klosters aus und einige Gletschertouren waren Höhepunkte meines Skilaufens.

Gletschertour

Zum letzten Mal bin ich vor ein paar Jahren anlässlich eines Quasi-Familientreffens, das Rolf organisiert hatte, vom Robinson-Club Schweizer Hof aus, im Hochgebirge gewesen.

Heute habe ich Sorge, dass meine nicht mehr so beweglichen und untrainierten Knochen einen eventuellen Sturz nicht mehr aushalten und auch Probleme mit dem Kreislauf hätte in Höhen über 3.000 m, so dass das Skilaufen für mich der Vergangenheit angehört! Leider, ich erinnere mich noch gerne und fahre manche Piste in Gedanken noch einmal ab.

Im Schweizer Hof war auch mein Freund Erich aus Montevideo dabei und es wurde der Kontakt zu meinem Neffen Frank hergestellt, der Fernweh hatte, und in Rolf, der in der Welt schon etwas mehr herum gekommen war, ein Vorbild sah. Die Folge, Frank ist nun schon im fünften Jahr in Südamerika.

Familientreff im Schweizer Hof

Episode VEGE-Zentrale Rhein-Ruhr

Meine nächste berufliche Station war dann die VEGE-Zentrale Rhein-Ruhr, die Firma Heinrich Paas in Essen. Ein Lebensmittelgroßhandel, der einen eigenen Filialbetrieb unterhielt, Großmärkte betrieb und den VEGE-Einzelhandel betreute. Für diesen letzteren Bereich war ich als Verkaufsleiter mit Einzelvollmacht, das heißt Prokura, zuständig.

Nach wenigen Wochen wusste ich, dass meine Entscheidung, für dieses Unternehmen zu arbeiten, falsch war. Die Einzelhändler, für die ich bei der EDEKA im genossenschaftlichen Sinne gearbeitet hatte, wurden hier nur ausgenommen, im wahrsten Sinne des Wortes gemolken. Der Betriebsinhaber, Herr Behrends, wusste, dass die Betriebe mit ihren Inhabern keine Zukunftschance im Markt hatten und handelte entsprechend. Ich war dadurch für einen Bereich zuständig, der für das Unternehmen ein Auslaufmodell war. Auch war ich mit der mir gestellten Aufgabe an die Grenzen meiner Fähigkeiten gestoßen. Das einzige Mal, dass die „Jacke, die ich mir angezogen hatte, dann doch zu groß war und ich nicht hineinwuchs".

Miet- und Pachtverträge, Leasingverträge mit Einzelhändlern, die Gerichtsverhandlungen über dubiose Fälle, die mein Vorgänger hinterlassen hatte, waren nicht mein Ding. Ich wollte Existenzen gründen, Markt machen mit den Anschlusskunden, aber dazu kam es nicht.

Von einer, weil erfolgreichen Maßnahme will ich aber dennoch berichten.

An einem Wochenende habe ich alle Zigarettenständer, die an den Kassenausgängen aufgestellt waren, umrüsten lassen und mit Matchboxautos bestückt. In fast 50 Märkten waren montags die Matchboxautos im Angebot. Wir hatten in wenigen Tagen so viel verkauft, dass der Hersteller Lieferschwierigkeiten bekam, von überallher wurden die Autos zu uns nach Essen gekarrt. Wir hatten in vierzehn Tagen 50% des Jahresumsatzes des Herstellers verkauft. Nicht nur die Verkaufsleitung des Herstellers, sondern die ganze Branche wurde aufmerksam und stellte fest, dass man auch in einem Lebensmittelmarkt im Non-Food-Bereich Umsätze machen und Erträge erzielen kann.

An diesem Beispiel ist der „Wandel im Handel" augenscheinlich, denn es begann die Zeit, in der zu den Spirituosen die Gläser, zur Obstabteilung die Fruchtpresse, bei den Waschmitteln die Wäscheklammern und in der Kaffeeabteilung Kaffeetassen angeboten wurden. Heute ist das wieder überholt, wenn man davon absieht, dass Tschibo mit dem Zusatzsortiment mehr Ertrag erwirtschaftet als mit Kaffee.

An diesem Beispiel sieht man, dass drei Dinge erforderlich sind, um Neuerungen im Markt durchzusetzen:

1. die Idee
2. konsequente Umsetzung
3. der richtige Zeitpunkt – Markt und Verbraucher müssen aufnahmefähig sein.

Dass ich erhebliche Probleme mit der Zigarettenindustrie bekam, da ich in ihren Verkaufsständern artfremde Artikel verkaufte, hatte ich vorausgesehen. Nach vierzehn Tagen Verhandlung und Entschuldigungsbriefen wurde dann der alte Zustand wieder hergestellt.

Nachdenkenswert und in der Folge nachahmenswert an dieser Sache war die Folgeerscheinung. Ich hatte ein positives Image bei der Zigarettenindustrie bekommen, da ich mich in den zum Teil erregten Diskussionen mit den Leuten einsichtig zeigte. Sie konnten in ihren Häusern von erfolgreichen Verhandlungen berichten und waren mir dankbar für etwas, was ich von Anfang an gar nicht anders wollte.

Mit Vertragsabschluss in Essen war vereinbart, dass ich dort mit der Familie hinziehen musste. Das war nicht mehr zu korrigieren und so verließen wir dann unser schönes Häuschen in Bensberg, vermieteten es und zogen nach Gladbeck in eine Mietwohnung. Es war schon eine erhebliche Umstellung, insbesondere für meine Frau und die Kinder, vom Bergischen Land aus dem Waldgebiet Königsforst weg unter die rauchenden Schlote von Gladbeck.

Wie das damals dort aussah, wird an folgendem Beispiel deutlich. Die frisch gewaschene Wäsche konnte nicht im Freien getrocknet werden, denn sie war in kürzester Zeit mit schwarzen Rußpartikeln übersät.

Der unter uns wohnende Hauseigentümer hatte ein Hobby, er besaß ein Aquarium. Von diesem Zeitpunkt an habe ich dann auch immer ein solches besessen.

Mit jeder Wohnungserneuerung oder jedem Umzug, und es gab derer noch einige, wurde das Aquarium größer, bis ich in Limburg-Offheim ein 1.000-Liter-Becken hatte, in dem auch einmal zwei Jahre lang Piranhas waren. Die Becken (auch den Unterbau) habe ich mir speziell anfertigen lassen, je nach dem Platz, für den sie vorgesehen waren. In unserer ersten Wohnung in Limburg war die Couchecke damit ausgefüllt, 110 cm im Quadrat und 70 cm hoch war es. Beim Neubau in Offheim diente das Aquarium als Raumteiler zwischen Essecke und Wohnraum. Um das enorme Gewicht aufzufangen, hatten wir extra Stahlmonierungen im Fußboden.

Heute, in unserer Wohnung, ist es so platziert, dass ich bei den Mahlzeiten neben dem Becken sitze und meine Pflanzenwelt und die Züchtungen beobachte. Ein beruhigendes, lebendiges Wandgemälde.

Von zwei Jahren VEGE-Zentrale Ruhr ist nicht viel mehr geblieben als dass ich gelernt hatte, wie man bei Leuten, die schon eigentlich nichts mehr besaßen, noch Forderungen eintreiben kann. Allerdings auch etwas, was nicht falsch ist zu wissen und zu können, ich habe auch diese Erkenntnis gelegentlich verwenden müssen.

BÄKO Limburg

In der FAZ hatte ich eine Stellenanzeige gelesen, in der von der Bäckereikaufgenossenschaft Limburg ein Geschäftsführer gesucht wurde. Dieses Ding interessierte mich. Konnte doch den Limburgern nichts Besseres passieren, als einen Genossenschaftler, der die Bäckereibranche bestens kannte und kaufmännisch auf diese Aufgabe vorbereitet war, zu bekommen. Mit dieser Einstellung fuhr ich zu einem Vorstellungsgespräch nach Limburg. Um das Ergebnis dieses Gespräches, wie es sich für mich darstellte, vorweg zu nehmen, so dumm konnten selbst die Limburger nicht sein, mich nicht zu nehmen. Ich war wirklich überzeugt davon, dass, wenn die mich nicht wollten, ich auch nichts da zu suchen hatte.

Meine Gesprächspartner waren die Vorstände Herr Simon, Herr Heun und Herr Friedrich, der Aufsichtsratvorsitzende Herr Fuhr, sowie der Vorsitzende der BÄKO-Bundeszentrale, Herr Direktor Lemke.

Mein Wunsch, dass ich erst die Geschäftsunterlagen der Genossenschaft einsehen möchte, bevor ich meine Bewer-

Die grauen Eminenzen der BÄKO Limburg – weitsichtige Genossenschaftler.

Aufsichtsratvorsitzender: Bäckermeister Paul Fuhr

Vorstandsvorsitzender: Altbürgermeister Josef Friedrich

Vorstand: Bäckermeister Heun

(von links)

bung aufrecht hielt, hatte sie beeindruckt. Der Knackpunkt war das Gehalt. Es waren halt Bäckermeister, die einen guten Mann haben wollten, aber nicht bereit waren, dafür auch entsprechend zu bezahlen.

Nach wenigen Tagen erhielt ich dann die Nachricht, dass ich zur Einsicht der Bilanzen usw. kommen sollte. Zwei Tage lang habe ich dann eine Bilanzanalyse gemacht, mir das Gebäude und die Mitarbeiter sowie das Nest, in dem ich dann wohnen sollte, angesehen. Im Hotel Huss habe ich übernachtet.

Was war das für ein Laden! Bau und Einrichtung: hinterwäldlerischer ging es kaum noch. Großes Grundvermögen war vorhanden, aber keine übermäßige Liquidität, allerdings viel, viel Tradition.

Als es dann beim vorläufigen Schlussgespräch um das Gehalt ging, habe ich einen Vorschlag gemacht, der sie beeindruckte und von dem ich merkte, dass ich ihren Nerv positiv getroffen hatte.

Jahresgehalt, das waren damals 40.000 DM. Die weitere Gehaltsentwicklung umsatzbezogen, ausgehend von derzeit 9,6 Mio. Jahresumsatz.

Die Herren hatten vom vorangegangenen Geschäftsführer immer glaubhaft demonstriert bekommen, dass fast alle Bäcker bei der Genossenschaft kauften und der Umsatz nicht mehr zu steigern wäre.

Später entwickelte sich diese Vereinbarung für die Herren zu einem Problem, denn nach vier Jahren war der Umsatz verdoppelt und man drängte auf Vertragsänderung. 1980 waren es 40 Mio., was daraus wurde und welche Fehler dann entstanden, darüber später.

Dominant in diesem Gremium war Bäckermeister Josef Friedrich, ehemaliger Bürgermeister von Elz. Herr Friedrich rief mich Tage später aus dem Krankenhaus an und bat um einen sofortigen Besuch. Er stand vor einer schwierigen Operation mit ungewissem Ausgang und wollte meine Anstellung vorher noch perfekt machen, obwohl die endgültige Entscheidung beim Aufsichtsrat lag.

Im Limburger Krankenhaus, am Vorabend der Operation, haben wir dann eine schriftliche Vereinbarung unterzeichnet. Damit hatte er die Entscheidung auf seine Art getroffen, alle anderen konnten dann nur noch zustimmen.

Interessant war dann noch die Aufsichtsratssitzung mit erheblichen Konsequenzen für die Mitglieder des Aufsichtsrats. Fast 30 ehrbare Herren saßen im Sitzungszimmer, als ich vorgestellt wurde und Fragen beantworten musste. Die meisten der Anwesenden von 65 bis scheintot. In den Gesprächen vorher hatte ich herausgefunden, dass die Überalterung und Besetzung des Aufsichtsrats ein Problem war, denn bei der turnusmäßigen Wahl in der Generalversammlung alle drei Jahre wäre es ein Eklat gewesen, einen Verdienstvollen nicht wieder zu wählen.

Auf die Frage von Herrn Direktor Lemke, was ich denn zunächst in Angriff nehmen würde, sagte ich unter anderem: „Die Einführung der neuen BÄKO-Mustersatzung." Ich glaube, in diesem Augenblick war er der einzige, der wusste, was das bedeutete, denn in der Satzung war die Altersbegrenzung auf 65 Jahre festgelegt und die Bedingung der Selbstständigkeit als Bäcker oder Konditor für die Ausübung eines Ehrenamtes.

Auf der ersten Generalversammlung, die noch im gleichen Jahr stattfand, wurde diese Satzung beschlossen und acht Aufsichtsräte konnten wegen Überschreitung der Altersgrenze, und zwei, weil sie kein Geschäft mehr hatten, nicht mehr gewählt werden. Es gab von einigen noch ein paar Versuche ihre Posten zu retten, aber es wurde nichts mehr geändert.

Ein weiteres Kuriosum war, dass einer der Aufsichtsräte einen Hefehandel betrieb, und zwar der Obermeister der Innung Weilburg. Damit stand er im direkten Wettbewerb zur BÄKO.

Satzungsrechtlich war die Angelegenheit auch nicht so ganz klar, denn die Aufsichtsräte waren unter der alten Satzung für drei Jahre gewählt worden und hätten erst dann nicht wiedergewählt werden dürfen, aber wir zogen einen radikalen Schlussstrich. Wir, das waren der ehrenamtliche Vorstand und ich, ließen auch keine Diskussion mehr zu.

Damals war ich schon davon überzeugt und habe es auch noch einige Male praktiziert:

234

Wenn man in einem Unternehmen etwas bewegen will beim Neueinstieg, darf man den Start nicht verpassen. Was man in den ersten Wochen und Monaten nicht verändert, dauert oft Jahre oder gelingt gar nicht mehr.

Ich bemängele das heute bei meinem Freund und ehemaligen Kollegen Günter Altheim. Er hat nach der Fusion Wiesbaden-Limburg nach meiner Auffassung den Start verpasst.

Nun war es dann soweit: Umzug nach Limburg. Der Möbelwagen stand in Gladbeck und ab in ein neues berufliches Abenteuer. Wir hatten eine sehr schöne Wohnung auf dem Rosenhang in Limburg gefunden, und ich merkte, was für ein hohes Ansehen der Direktor der BÄKO in der Kleinstadt Limburg hatte. So war es auch selbstverständlich, dass ich nach Ablauf der Probezeit diesen Titel verliehen bekam. Allerdings ein Titel ohne Mittel, denn mehr Geld gab es dafür nicht.

Das Ansehen der BÄKO Limburg und dessen Direktor war in der Person des Gründers der Genossenschaft, Herrn Direktor Ludwig Rompel, begründet.

Herr Rompel war eine Persönlichkeit von imposanter Statur, rhetorisch begabt, vorausblickend, das eigene Wohl nicht aus den Augen verlierend, also nicht der Idealist, und mit der dämonenhaften Ausstrahlung eines erfolgreichen Diktators. Er war in Personalunion Direktor der Bundeszentrale, der Landeszentrale Hessen und der Genossenschaft Limburg, die unter ihm ihre Blütezeit erlebte.

Den Mitgliedern gegenüber trat er auf wie der Bischof persönlich: gönnerhaft, aber bestimmend. Zu jedem Familienanlass erschien er mit Geschenken.

Er hatte es verstanden, die Menschen in seinem Umfeld

von sich abhängig zu machen. Im Limburger Dom durfte er die Orgel spielen und hatte einen reservierten Platz im Dom-Forum.

Die Kreppel zur Weiberfastnacht für die Kaffeetafel der Frauen wurden regelmäßig von der BÄKO gestiftet, mit der Folge, dass dann auch später meine Frau als Ehrengast neben der Frau Bürgermeisterin begrüßt und mit einem Orden bedacht wurde.

Bei der Frohnleichnamsprozession ging er in der ersten Reihe hinter dem Baldachin. Dass er sonntags nach der Messe seine Sekretärin nicht nur zum Diktieren ins Büro bestellte, gehörte wohl zu den Eigenschaften eines aktiven Mannes.

Das Klavier des Männergesangvereins Limburg war von ihm gestiftet, die Feuerwehr erhielt regelmäßig einen Obolus von ihm und die Polizei konnte bei ihren verschiedenen Veranstaltungen mit einer Spende rechnen, und noch so einiges im Stadtgeschehen von Limburg wurde bedacht.

Vieles davon habe ich beibehalten oder wieder aufleben lassen. In einer Kleinstadt wie Limburg sind die persönlichen Kontakte, Sympathien und eventuell sogar Abhängigkeiten im wahrsten Sinne des Wortes Geld wert.

Die Bäcker verehrten ihn soweit, dass einige von ihnen sein Bild im Wohnzimmer über der Couch hängen hatten. Als ich das zum erstenmal sah, wurde mir bewusst, wo ich hingekommen war.

Den Mitarbeitern gegenüber war er ein Despot. Die Sekretärin, die ihm sonntags bei seiner „Arbeit" geholfen hatte, bekam montags von ihm auch schon mal vor versammelter Mannschaft eine Ohrfeige. Nicht selten ließ er Mitarbeiter kommen, um sie wegen eines geringen Fehlers zu tadeln, und zerriss bei dieser Gelegenheit schriftliche Vereinbarungen über Lohnerhöhung, Urlaub und sonstige Dinge.

Die Mitarbeiter, die aus dieser Rompel-Ära noch da waren, als ich begann, hatten alle kein Rückgrat mehr, das hatte er ihnen gebrochen. Ob es eine Verbindung gab zwischen den überdurchschnittlich vielen Ledigen im Betrieb, die auch später nie geheiratet hatten, und seinem Stil, Menschen zu behandeln, vermag ich nicht zu beurteilen, aber merkwürdig ist dieser Zusammenhang schon.

Wie sehr er es verstand, die Interessen der BÄKO-Gruppe mit seinen privatwirtschaftlichen zu verbinden, wird an dem Beispiel „Bäckerblume" deutlich.

Von ihm stammte die Idee, eine Handelsmarke für Mehl zu schaffen, sowohl im Großgebinde für die Bäckereien als auch für den Endverbraucher in Kleinpackungen. Im Amtsgericht Limburg ließ er den Namen „Bäckerblume" patentieren und als Gebrauchsmusterschutz eintragen. Im gesamten Bundesgebiet wurde dann auch ausschließlich von den BÄKO's dieses Produkt vertrieben. Es war die erste und erfolgreichste BÄKO-Eigenmarke.

Viel später stellte sich dann heraus, dass die Eintragung im Amtsgericht Limburg auf seinen Namen erfolgt war und er das alleinige Vermarktungsrecht besaß. Irgendwann hat der dann dieses Vermarktungsrecht an die BÄKO-Bundeszentrale verkauft, deren Geschäftsführender Vorstand er war. Der Kaufpreis ist mir nicht bekannt und wird auch in der Bundeszentrale geheimnisvoll gehütet, denn das ist ja nicht gerade ein Ruhmesblatt der Kontrollorgane. Aber als Gönner und sozialdenkender Mäzen hat er mit einem Teil des Erlöses in der BÄKO-Limburg zwei Stiftungen gegründet. Die Personalunterstützungskasse für bedürftige Mitarbeiter und für in Not geratene Mitglieder der BÄKO, und – die seinen Namen tragende Ludwig-Rompel-Stiftung. Das Stiftungskapital betrug je 40.000 DM, diese Summe lässt zwar keine Rückschlüsse über den Verkaufserlös zu, aber doch Spekulationen. Laut Satzungen war der jeweilige Geschäftsführer der BÄKO auch Vorstandsvorsitzender der Stiftungen, wobei der Vorsitzende der Ludwig-Rompel-Stiftung sich Präsident nannte, der er ja auch wiederum war.

Anerkennung durch Titel waren ihm ein besonderes Anliegen, so unterschrieb er zum Beispiel die Anmeldeformulare im Hotel mit den Kürzeln Ge. Dir., das hieß Genossenschaftsdirektor, aber angesprochen wurde er dann (ohne Widerrede) mit Generaldirektor.

Nach seinem Tode wurde dann der (man sagte es so) erste Lehrling von ihm, Herr Jung, der sich im Betrieb hochgedient hatte, sein Nachfolger.

Zehn Jahre stagnierte dann die Entwicklung der BÄKO. Es wurde im Sinne Rompels weitergearbeitet, jedoch ohne seine Ausstrahlung und seinen Weitblick. Man kann Herrn Direktor Jung keinen Vorwurf daraus machen, denn zu stark wirkte die Persönlichkeit seines Vorgängers nach.

Nachdem ich in Limburg einen geradezu fulminanten Start hingelegt hatte, wurde ich als der Nachfolger von Herrn Rompel betrachtet, so auch angesprochen und vorgestellt. Zehn Jahre Herr Direktor Jung waren einfach nur eine Übergangslösung. Man tat damit Herrn Jung Unrecht, denn er war ein fleißiger Schaffer im Interesse der BÄKO, aber ohne Fortune und Ausstrahlung. Die Kinder von Herrn Rompel, alles Bekannte, wobei ich es unterlasse zu sagen, erfolgreiche Geschäftsleute, betrachteten mich als den Nachfolger ihres Vaters.

Dass man in der Verwaltung der BÄKO aus der unglücklichen Entscheidung bei der Nachfolgeregelung für Herrn Rompel seinerzeit nichts gelernt hatte, bewies dann die Berufung des neuen Geschäftsführers Herrn Herr zu meinem Nachfolger, als ich ausschied. Herr Herr hatte ebenfalls als Lehrling in der BÄKO begonnen und nie einen anderen Betrieb von innen gesehen.

Es ist eine Schwäche der Genossenschaften, dass die Entscheidungsträger mit ihrem ehrenamtlichen Mandat zu oft Handwerksmeister aus kleinen Betrieben sind, ohne Erfahrung in Personalführung auf dieser Ebene und ohne den unternehmerischen Weitblick. Für die Existenz der Genossenschaften wird es von elementarer Bedeutung sein, dass man die erfolgreichen Unternehmer, – natürlich in der breiten Masse der Kleinbetriebsinhaber, weil Wettbewerber, nicht sehr beliebt und daher bei Wahlen schwer durchsetzbar – in die Gremien von Vorstand und Aufsichtsrat beruft.

Der ganze Betrieb in Limburg lebte von der glorreichen Vergangenheit. Da bei Herrn Jung der Umsatz zehn Jahre stagniert hatte, war kein neues Personal dazu gekommen. Fluktuation gab es kaum, so dass ich die alten Rompelchen Gesellen übernahm. Bei der Einrichtung, wo ich hinschaute, nur Vergangenheit. Wertvoll war eine aus dem Nachlass eines Bäckermeisters vererbte chinesische Sitzgarnitur, bestehend aus einer Sitzbank, zwei Sesseln und einem Tisch.

Ebenso eine Bäckerfahne mit Goldfäden bestickt, ich weiß nicht woher sie kam. Ich habe sie einrahmen und hinter Glas legen lassen.

Ich werde meinem Freund Günter Altheim empfehlen, diese Erbstücke einmal schätzen zu lassen, die nach dem Neubau dekorativ in meinem neuen Büro integriert waren.

Die Einrichtung des Chefbüros damals, alles schwere Eichenmöbel, Marmorfensterbank, geschnitzte Stühle im Sitzungszimmer und ein Tisch, der aufgrund seiner Größe nicht mehr zu entfernen war.

Für Leser, die sich mit Bilanzzahlen auskennen sage ich: Unsere AfA war fast Null, was genügend aussagt über die Investitionen der letzten Jahre, einschließlich Fuhrpark und Lager. Einige LKW's hatten, so habe ich es ausgedrückt, noch den Russlandfeldzug erlebt. Sparsamkeit war Herrn Jungs oberstes Gebot, dafür ist er auch reichlich gelobt worden. Dass in einem solchen Umfeld, des traditionellen Miefs, keine modernen Unternehmensstrategien entwickelt wurden, versteht sich von selbst. Für mich war das jedoch kein Problem, ich erkannte die Vorteile die darin lagen.

Ich schildere einmal meine Gedanken, die ich hatte, als ich am ersten Samstag nach Übernahme der Geschäftsführung alleine ohne Mitarbeiter im Büro saß. Der Bäckerlehrling aus Bergisch-Gladbach, mit der Grundschulbildung aus Fürnheim, war Chef eines Unternehmens, in dem er mit etwas Geschicklichkeit schalten und walten konnte, wie er wollte. Eine Bilanzsumme von ca. vier Mio., dazu ein zuverlässiger der BÄKO gegenüber treuer Kundenstamm von 400 Mitgliedsbetrieben, und eine Ausbildung, als wenn ich mein ganzes berufliches Leben über nichts anderes gemacht hätte, als mich auf diese Aufgabe vorzubereiten.

An diesem Samstag war ich stolz, emotional geladen, so dass ich sogar feuchte Augen bekam, dabei an meine Eltern dachte, die das leider nicht mehr mit erleben konnten. So bin ich denn auch an diese Aufgabe herangegangen, und wenn es dem Leser noch so überheblich erscheint, wenn ich es sage, so muss es raus: Ich habe alles und alle in meiner

Umgebung überrollt.

Das betraf in der Hauptsache den BÄKO-Bereich, aber auch in der Stadt Limburg betätigte ich mich.

Mein erstes öffentliches Auftreten in Limburg war eine Versammlung der Gewerbetreibenden im Georgshof, dem Vorgänger der Stadthalle, als es in einer heißen Diskussion um die Ansiedlung von MASSA am Stadtrand ging. Ich habe aus dem Stehgreif 30 Minuten über die Ansiedlung von Märkten auf der grünen Wiese referiert. Nutzen, Chancen und Gefahren aufgezeigt – das war doch mein EDEKA-Thema. Nebenbei mein öffentlicher Durchbruch in Limburg.

Ich engagierte mich in der Politik und wurde Mitglied in der CDU. Mein genossenschaftliches Verständnis und der daraus resultierende Einsatz für den Mittelstand erforderten das. Bei der Volksbank wurde ich Delegierter, ein paar Jahre später dann Vorsitzender des bekanntesten Limburger Sportvereins, dem Limburger Hockey-Club.

Nach sechs Monaten war ich im Aufsichtsrat der BÄKO-Landeszentrale und in der Folge in allen wesentlichen Ausschüssen des BÄKO-Prüfungsverbandes.

1974, also dreieinhalb Jahre nach meinem Start in Limburg, habe ich zur Befriedigung meines eigenen Egos einmal eine Visitenkarte entworfen, die natürlich nie in Druck kam, mit folgendem Titel:

Dir. Friedhelm Braß
Geschäftsführender Vorstand der BÄKO Hessen-Nassau
Dir. Friedhelm Braß
Aufsichtsrat der BÄKO Landeszentrale Süd-West
Präsident der Ludwig-Rompel-Stiftung
Vorsitzender der Personalunterstützungskasse
Präsident des Limburger Hockey-Clubs.

Auftritte in der Öffentlichkeit

Dass ich noch Geschäftsführer und später Liquidator der BÄKO Frankfurt und in fünf Ausschüssen der Berufsorgani-sationen war, passte und gehörte nicht mehr auf diese Karte.

Heute empfinde ich, dass ich mich in dieser Zeit zu wenig um meine Ehe und die Familie kümmerte. Ich war begeistert von der Aufgabe und den Möglichkeiten, die sich mir boten und ging darin völlig auf.

Eine wichtige Entscheidung der ersten Wochen in Limburg war der Ankauf eines Grundstückes für den Neubau der Genossenschaft. In der Zeit der Geschäftsführungsvakanz, nach dem Tode von Herrn Jung bis zu mir, hatten die Herren des Vorstandes schon abschlussreife Verhandlungen über 20.000 qm Grund auf dem Fleckenberg geführt.

Nun entsprach das Grundstück in der Hanglage gar nicht meinen Vorstellungen von einem Zweckbau für den Handel, denn ich war der Meinung, dass man ein Lager und Bürohaus nicht für die Ewigkeit baut. Wer weiß, ob in zehn Jahren, bei den großen Veränderungen, der Standort noch erforderlich und richtig ist.

Ich hätte im Gewerbegebiet in Diez einen Bau mit guter Verkehrsanbindung, Bahnanschluss, ausschließlich funktional für eine Million DM weniger hingesetzt. Als ich den Herren des Vorstandes meine Meinung vortrug mit dem Argument, dass man im Handel in zehn Jahren so einen Bau bezahlt haben muss, um dann nötigenfalls mit dem Bagger drüber zu gehen, merkte ich, dass sie zweifelten, ob sie nun doch den richtigen Geschäftsführer hatten, denn das war mit den konservativen, auf Wertbeständigkeit bedachten Bäckern nicht zu machen.

Durch meine Verbindung zur EDEKA habe ich mir Berater für Großhandelsbauten geholt und mit dem Limburger Architekten, Herrn Götting, einen, für damalige Zeiten, Musterbau hingestellt.

Am 20. August 1970 hatte ich in Limburg angefangen. Mir wurde von den Herren der Verwaltung mitgeteilt, dass die BÄKO im November ihr 50jähriges Jubiläum feiert, und das müsste etwas Besonderes werden. Mir war zwischenzeitlich die Rompelche Darstellung bekannt. Er hatte bereits Generalversammlungen auf einem Rheinschiff oder im Kurhaus von Bad Neuenahr abgehalten und ähnliches mehr, so fühlte ich mich gefordert.

Bei aller Planung war natürlich die Frage: Wieviel Geld darf ich dafür ausgeben? Aus vielen Sitzungen in vorangegangen Firmen war ich gewohnt, erst einmal zu fordern, um dann mit den Abstrichen leben zu können. Nebenbei, ich musste das Geld ja auch erwirtschaften.

So ging ich in die gemeinsame Sitzung von Vorstand und Aufsichtsrat mit der Forderung von 20.000 DM. Der ohne nähere Begründung gestellte Antrag wurde innerhalb von drei Minuten einstimmig angenommen.

Ich musste noch einige Erfahrungen im Umgang mit den Ehrenamtsträgern machen und das waren nicht immer nur schlechte. Ich habe dann eine Veranstaltung organisiert, wie sie – wenn überhaupt – Limburg noch nicht gesehen hatte.

Von der Kranzniederlegung am Morgen über eine Matinee, bei der ein Sänger der Frankfurter Oper und ein Chor den Rahmen bildeten, mit Gästen wie dem Limburger Bischof und allen Honoratioren der Stadt und des bundesweiten Bäckerhandwerks.

Am Abend war dann die große Showveranstaltung. Da in Limburg kein genügend großer Saal zur Verfügung stand, habe ich die Markthalle in einen Festsaal dekorieren lassen, der den höchsten Ansprüchen meiner Bäcker entsprach.

Als Conferencier fungierte der vom Mainzer Karneval bekannte Rolf Braun. 200 Sänger des Elzer Frohsinn und der Musikzug der Blauen Funken eröffneten die Veranstaltung.

Ich verteilte 2.000 Rosen, die meine Mitarbeiterinnen in Brotkörben hinter mir her trugen, und ging von Tisch zu Tisch zur Begrüßung.

Rosenkavalier

Die Künstler auf der Bühne waren, um nur ein paar Namen zu nennen: Roberto Blanco, Mona Baptist, Wim und Andrea Hoob und und und. Ich hatte mir einen Traum verwirklicht, einmal eine solche Veranstaltung durchführen zu können, und es war ein Riesenerfolg.

Ich wusste ja auch schon, wie man mit dem Geld anderer am eigenen Porträt schnitzen kann. Vierzehn DM Eintritt hatte ich verlangt, was bei einigen Herren der Verwaltung zunächst nicht gut ankam, aber wir waren mit 1.400 Plätzen ausverkauft.

Roberto Blanco

Meine Sekretärin, Frl. Dillmann, hatte sogar noch eine Namensliste von Interessenten.

So bin ich am Abend vor der Veranstaltung mit den Mitarbeitern und einem LKW voller Stühle zur Markthalle zum Stühlerücken gefahren.

Mit der Strichliste wurde jeder Stuhl, der noch hineinpasste, erfasst. Wenn man weiß, dass pro Stuhl 14 DM Einnahme bedeutete, passten noch viele in den Saal.

Eine Festzeitschrift hatte ich ebenfalls herausgegeben und kräftig an der Sponsorenschraube gedreht. Die Lieferanten waren mehr als großzügig, wollten sie doch bei dem neuen Chef Eindruck machen.

Dem 50jährigen Jubiläum hatte ich das Motto gegeben, das überall zu lesen war:

„BÄKO LIMBURG,
AUFBAU – BEWÄHRUNG – LEISTUNG"
Versehen mit einem Bild von Herrn Direktor Rompel.

In der nächstfolgenden Aufsichtsratssitzung habe ich mir
dann einen Spaß erlaubt und zunächst die Kosten der Veranstaltung mit 39.000 DM genannt (einigen fiel der Bleistift
aus den Händen), um dann mitzuteilen, dass durch Ein-
trittsgeld und Sponsoring 37.000 DM eingenommen wurden und ich somit von den genehmigten 20.000 DM nur
2.000 DM gebraucht hätte.

Von da ab haben einige der Ehrenamtsträger Angst vor
mir bekommen, die sie nie wieder ganz abgelegt haben. Ich
hatte mir einen Traum erfüllt und, um es zu wiederholen,
kräftig am Porträt geschnitzt.

Die Planung des Neubaues dauerte ein Jahr und ebenso
lange die Bauzeit. Richtfest war an meinem Geburtstag, am
1. September 1972. Dass damit mein Geburtstag richtig
gefeiert wurde und gleichzeitig gut bezahlt war, sei nur am
Rande bemerkt.

Grundsteinlegung

Meine Meinung dazu auf kölsch: „Wä nit für sich selfs sorje kann, kann et och nit für andere."

Am 18. Februar1973 war es dann soweit, dass wir unseren Neubau eröffnen konnten. Aus dem alten Haus wurde nichts übernommen, kein Schreibtisch, kein Stuhl, keine Schreibmaschine oder Rechenmaschine oder irgend ein Schrank, ebenso die Lagereinrichtung – alles neu, außer der zuvor erwähnten chinesischen Sitzgarnitur, die in mein Büro integriert wurde.

Selbst für die alten Schinken von Gemälden hatten wir keine Wand frei. Dass einigen der alten Mitarbeiter das Herz blutete, wie man so sagt, verstand ich, aber es war der notwendige und äußerliche Aufbruch zu einer neuen Zeit. Insgesamt waren die Mitarbeiter aber in einem Begeisterungstaumel. Wir legten wirklich ungeahnte Kräfte frei. Dazu muss ich später noch einmal etwas sagen.

Zur Eröffnungsfeier der neuen BÄKO waren alle, die in der Zulieferer-Industrie, im Handwerk und in der Öffentlichkeit Rang und Namen hatten, anwesend. Den Vortrag, den ich damals hielt, veröffentliche ich hier in Auszügen, weil er die Leitlinien meines Denkens und Handelns von damals zum Ausdruck bringt:

Zur Eröffnung Neubau – am Fleckenberg – 18.02.1973.

Werte Ehrengäste, verehrte Mitglieder und Kunden!

Ein besonderer Tag in der Geschichte der BÄKO Limburg, eine besondere Stunde für die Verantwortlichen der BÄKO Limburg.

Ein Tag, eine Stunde, auf die wir seit Monaten und Jahren hin gearbeitet haben, ein Tag, auf den wir ein bisschen stolz sind, aber auch ein Tag voll herzklopfender Erwartung, denn unser neues Lager- und Verwaltungsgebäude wird heute den

Mitgliedern übergeben, den eigentlichen Besitzern, und einem großen Kreis von Fachleuten und der Öffentlichkeit vorgestellt; und so ist unser neues Haus einer ersten kritischen Betrachtung ausgesetzt.

Sie sind aus diesem Anlass in einer so erfreulich großen Zahl gekommen; wir erkennen das mit Dankbarkeit und so begrüße ich: ...

Ihnen allen ein herzlicher Dank für Ihren Besuch, ein Dank für die Glückwünsche und Ratschläge, die uns bereits schriftlich erreichten, für die lobenden, anerkennenden und im Zusammenhang mit der Zukunft unseres Handwerks für die mahnenden und kritischen Worte.

An uns, damit meine ich Genossenschaft und Mitglied als Einheit, liegt es nun, die Erwartungen, die aus Ihren Glückwünschen zu hören waren, zu rechtfertigen.

An uns liegt es nun, dieses Haus mit dem genossenschaftlichen Leben und Geist zu erfüllen, der kontinuierlichen Fortsetzung der in die Tat umgesetzten Ideen der Gründer dieser Genossenschaft, der Gründer der Genossenschaften ganz allgemein.

Kontinuierliche Fortsetzung bedeutet aber auch laufende Anpassung an die Entwicklungen der Zeit und größtmögliche Vorbereitung auf die Entwicklung des zu erwartenden Marktes und der Menschen in diesem Markt.

Die Anpassung an die Zeit darf jedoch nicht so weit gehen, dass sie die Aufgabe der Grundsätze des genossenschaftlichen Lebens bedeutet, die viele Krisen überdauernden Maximen der Selbstbestimmung, der Selbstverantwortung, der Selbstverwaltung. Selten hat die Verwaltung einer Genossenschaft Gelegenheit, ihre Gedanken und Zielvorstellungen, schlechthin eine Begründung ihrer Arbeit, einer so breiten und qualifizierten

Schicht aller, die irgendwie einen Berührungspunkt mit unserem Bäcker- und Konditorenhandwerk haben, darzulegen. Ich will diese Gelegenheit heute wahrnehmen.

Ausgehend von unserem neuen Haus, das gebaut worden ist, damit unser Warengeschäft rationeller abgewickelt werden kann, damit wir die Dienstleistungen für unsere Mitglieder und Kunden erweitern können und um unseren Mitarbeitern einen modernen Arbeitsplatz zu geben, und dann für die Industrie ein interessanter Partner zu sein.

Verehrte Gäste!

Ein neues Gebäude zur besseren Bewältigung der Arbeit ist in unserer noch expansiv wirtschaftlichen Zeit keine Besonderheit, wenngleich ein solches neues Gebäude in einer Branche, die nicht gerade auf der positiven Seite des Wirtschaftswachstums liegt, die Frage nach der Richtigkeit der Investition begründet erscheinen lässt, und die Fragestellung noch erhärtet wird bei der Betrachtung mancher Auswüchse in Schrift, Wort und Tat, wie sie unsere gegenwärtige Zeit und Gesellschaft hervorbringt. Mit diesem neuen Gebäude bejahen wir das Unternehmertum, das Leistungsstreben in einer freien Marktwirtschaft.

Lange Zeit sah es so aus, dass man die Forderungen und das Auftreten einiger Wirrköpfe und Außenseiter ignorieren könnte, in der Erwartung, dass mit der Zeit und dem Alter auch der Verstand eintreten würde. Jetzt darf man dessen nicht mehr so sicher sein.

Die da so gewünschte soziale Gerechtigkeit ist nicht herbeizuführen, indem man die Reichen arm macht, die Leistungsfähigen nicht richtig belohnt und die Leistungswilligen hemmt.

Wir alle mögen bedenken, und wir alle wissen doch, dass der Mensch, wie er heute und seit hunderten von Jahren lebt,

250

im Durchschnitt nur arbeitet, wenn ein Antrieb zur Bewegung das in ihm herrschende Gesetz der Trägheit überwindet. Und zwar arbeitet er schlecht, wenn der Antrieb Zwang ist, – und gut, wenn der Antrieb freie Motivation ist, die durchaus auch Eigennutz sein kann.

Und wenn wir den Leistungsfähigen und den Leistungs- willigen verdammen, oder so zu beschneiden trachten, dass ihm die Motivation für seine Leistung genommen wird, so wird ihm auch als Folge davon die Möglichkeit genommen, den Bedürf- tigen zu helfen.

Hören wir uns das mit dem Herzen an, so müssen wir es bedauern, aber der Wille zum Helfen oder zur sozialen Gerech- tigkeit mag vom Herzen kommen, die Möglichkeit zur Gerech- tigkeit, zur Hilfe und zum Wohlstand schafft uns allein nur Arbeit und Verstand.

In den letzten Monaten ist der Begriff von der Qualität unseres Lebens geprägt worden und damit verbunden ein gan- zer Katalog von Forderungen an den Staat: Bildung, bessere Krankenhäuser, Umweltschutz, um nur einige von vielen zu nennen.

Und von der gleichen Richtung wird dann auch unter „Qualität des Lebens“ eine 30-Stunden-Woche verstanden, mit zweimal vier Wochen Urlaub. Unter Einbeziehung der Feier- tage und durchschnittlichen Krankheitsquoten ergibt das dann, dass auf jeden Arbeitstag ein arbeitsfreier Tag fällt.

Ohne Leistung von der Arbeit befreit – herrliche Zeit!

Freunde, so möchte man sagen, wir leben 50 Jahre zu früh!

Oder leben wir gerade richtig, um die Utopie abwehren zu können, um zu beeinflussen, dass der Begriff „Qualität unseres Lebens“ einen anderen Inhalt bekommt?

Ich sage das hier an dieser Stelle, weil kaum eine Gruppe im

Wirtschaftswachstum von ihrer Grundidee her so viele Werte aus ihrer Satzung und ihren bisherigen Leistungen und Taten nachweisen kann, wie die von der genossenschaftlichen Idee getragene.

Es wird oft davon gesprochen, dass man die Genossenschaften entideologisieren sollte, dass man mehr praktikable Marktwirtschaft betreiben soll: – ich glaube hier irren gelegentlich einige Marktmacher.

Alle, die uns kennen, wissen, dass wir das Instrument des Marktes ganz gut beherrschen, aber eine Genossenschaft ist mehr und hat mehr Aufgaben.

Es gibt allgemein-ethische Werte, die das gesellschaftliche Leben der Menschen erhöhen; wie Sittlichkeit, Gerechtigkeit, Redlichkeit, Pflichterfüllung, Zuverlässigkeit, Toleranz und nicht zuletzt Solidaritätsbereitschaft und vieles mehr.

Diese Werte sind natürlich keine Privilegien der Genossenschaften; sie sollten auch in der übrigen Wirtschaft Richtschnur des Handelns sein!

Aber sehr oft werden dort diese Tugenden nur geübt aus Rücksicht auf die anderen, weil einem sonst Schaden widerführe. Es kommt aber auf die Motive an, die den ethischen Werten ihren Rang im wirtschaftlichen Verhalten der Menschen verleihen. Nur wenn diese nicht egoistischen, rechnerischen oder ökonomischen Ursprungs sind, sondern wirklichem sittlichen Empfinden und Bemühungen entspringen, mit anderen Worten, wenn die ethischen Kategorien um ihrer selbst willen erkannt und befolgt werden, dann sind sie der Ausdruck einer besonderen, höheren Wirtschaftgesinnung.

Eine solche Gesinnung in den Genossenschaftsmitgliedern wirksam werden zu lassen und der Genossenschaft damit einen eigenen Wirtschaftsstil zu verleihen, dazu sind alle, die in den

Genossenschaften Tätigen und Verantwortlichen seit eh und je aufgerufen gewesen.

An die Berufenen und Verantwortlichen der genossenschaftlichen Gemeinschaft bleibt auch in der Gegenwart der hohe und zugleich schwere Auftrag gerichtet, das wirtschaftliche Handeln und menschliche Tun der Mitglieder im Verhältnis zueinander im Sinne einer reinen Wirtschafts- und Sozial-Ethik moralisch zu beeinflussen.

Dabei ist es selbstverständlich, dass man sich mit allen ethischen Postulaten stets an das Erreichbare zu halten hat.

Und auch ist dann die Genossenschaft eine Arbeitsstätte mit einer Quelle innerer Befriedigung, persönlichen und sittlichen Reiferwerdens, eine Aufwärtsentwicklung der Persönlichkeit für jeden Mitarbeiter.

Die genossenschaftliche Gesinnung ist jedoch nicht teilbar, denn wenn man sie überhaupt bejaht, dann lässt sich diese weder teilen noch beschränken. Eine doppelte Ethik, die Moral und Sittlichkeit nur gegenüber Gruppengenossen fordert und gegenüber Außenstehenden völlige Willkür zulässt, entspricht nicht genossenschaftlichem Geist.

Das mag manchem handelnden Pragmatiker, der sich im harten Wettbewerb des Tages behaupten muss, ungewöhnlich erscheinen, ihn gar zum Widerspruch herausfordern, aber es ist eine Wahrheit, die angehört sein will und auch hier einmal gesagt sein soll.

Und in diesem Sinne hat sich das Genossenschaftswesen bisher bewährt und die Pragmatiker des Marktes sollten sich davor hüten, diesen Inhalt des genossenschaftlichen Gedankenguts und genossenschaftlichen Tun als überholt, als unmodern, als von gestern abzutun.

Denn es ist ganz unbestritten, dass es zu einem Genossenschaftswesen in der heutigen Zeit nur kommen konnte, weil in den Genossenschaften neben den ihnen ursprünglich gesetzten Zielen und Zwecken, ihrem speziellen wirtschaftlichen Auftrag, auch überrationale Kräfte, insbesondere ein Gemeinschaftsbewusstsein der Mitglieder wirksam waren.

Und wenn es heute Zweifler gibt, mit der Fragestellung:

„Ist das noch genossenschaftlich, was praktiziert wird, beispielsweise die Förderung und Unterstützung der Mitglieder, beim Boni-System und dergleichen?" so darf ich denen sagen, was Schulze-Delitzsch im Jahre 1873 schrieb:

„Wesentlich bei der Genossenschaft ist, dass die Genossenschaften zwar den fessellosen Individualismus ablehnen, andererseits aber auch den Gemeinschaftsgedanken nicht bis zur letzten Konsequenz durchführen.

Die Eingliederung des Mitglieds in die ihn tragende Gesamtheit geschieht freiwillig. Der einzelne soll für die Gemeinschaft wirken, aber nicht in ihr aufgehen. Das Selbstgefühl, die Tat- und Schöpferkraft, überhaupt alle Persönlichkeitswerte des Menschen sollten sich frei entfalten, die Freiheit im Denken und Handeln nicht beschnitten werden."

Und jetzt: „Der persönliche Vorteil darf durchaus gewahrt werden, doch soll er im Einklang stehen mit dem Gesamtinteresse, das über allem steht." Soweit Schulze-Delitzsch.

Eigennützige und gemeinnützige Beweggründe werden miteinander verbunden und ein Zusammenklang der Interessen herbeigeführt. So gesehen stellt die Genossenschaft eine verbindende Einheit dar zwischen dem Individualgedanken und dem Sozialgedanken, eine lebendige Übereinstimmung von Freiheit und Gebundenheit.

Und zur Durchsetzung kommt es hierbei nicht nur auf die Mitglieder an, sondern auf diejenigen, denen die Geschicke der

Genossenschaften und ihrer Organisationen anvertraut wurden, denn ich meine, dass ein guter Wille bei der Mehrzahl der Mitglieder fast immer vorhanden ist.

Wie eh und je sind diese auch heute noch ansprechbar für die genossenschaftliche Idee, für die genossenschaftlichen Ideale. Selbst wenn die Mitglieder in der Regel zunächst nur eines Nutzens wegen der Genossenschaft beigetreten sind, finden sie sich doch bereit, sich nicht nur den Prinzipien der Genossenschaft unterzuordnen, sondern sich auch einem mehr irrationalen Gemeinschaftsdenken anzuschließen, denn die menschliche Natur hat nicht nur eine egoistische, sondern auch eine soziale Seite.

Und lasst uns das mit der Verantwortung der Berufenen und Engagierten nicht zu leicht nehmen und gestatten Sie mir an dieser Stelle eine Kritik zur Tagesarbeit.

Wir betreiben noch zu viel Meinungsforschung und nehmen zu wenig Einfluss auf die Meinungsbildung.

Zu wenig konkrete Zielsetzung und Unternehmens-Daten als Leitsätze zur Führung von Genossenschaften, zur Führung von Mitgliedern.

Zu viel Reagieren, zu wenig Agieren !

Wir haben in vielen Bereichen ein zu großes Gefälle zwischen unserem Wissen und unserem Marktverhalten.

In der Tagesarbeit erkennen wir laufend neue Wege, neue Techniken, bessere Methoden und wir brauchen zu lange, um dieses Erkennen auch zu praktizieren.

Das Suchen nach dem Einklang zwischen dem Notwendigen und dem Möglichen ist erforderlich, aber bitte vorausschauend und nicht zurückblickend. Und hierbei ist ein zu langes Zögern in der Vorgabe von konkreten Leitlinien schädlich, denn es leistet Vorschub sowohl für Konservative und Uneinsichtige wie für Gerissene und Leichtfertige.

Sicher, ich sprach soeben von der Leistung durch Freiwilligkeit und sinngemäß, dass unsere Welt nicht funktioniert „durch Dienst nach Vorschrift". Aber in einem ausgewogenen Maß müssen wir auch die Grenzen unserer liberalen Haltung erkennen, wenn wir eine einheitliche Gruppen-Aussage machen wollen.

Die Kenner der spezifischen örtlichen Verhältnisse und Entwicklungen hier in unserem Raum mögen sich wundern, dass ich diese Auffassung vertrete, aber wenn unser Marktverhalten anders ist, so liegt es an der Zielsetzung, am Fehlen der kompetenten, konkreten Vorgaben von denen, die in unserer Gruppe dazu berufen und gewählt worden sind. Keiner darf sich über Individualismus beschweren, wenn sinnvolle Leitlinien fehlen.

Ein Wort zu den vielen anwesenden Partnern von Handel und Industrie!

Werte Geschäftsfreunde!

In einem besonderen Maße, auch für Sie, habe ich dieses heutige Thema gewählt.

Mir kommt es darauf an, dass sie Ihren Partner Genossenschaft nicht nur von Ware, Kilo oder D-Mark her kennen. Wir haben gemeinsame Probleme zu lösen und wir müssen uns mehr als nur oberflächlich kennen.

Sie haben alle erkannt, dass die Genossenschaften die besten Marktpartner im Bäckerhandwerk sind, einige von Ihnen etwas spät, aber immerhin: Sie haben – und auch einige mit punktuellen Unterschieden.

Aber die Entwicklung der Genossenschaften ist überzeugend: Unsere Umsätze 1972 sprechen für sich.

Viele von Ihnen bringen eine Dienstleistung im Bäcker-

handwerk durch Werbung, Beratung und Forschung. Ihnen sei gedankt und ihnen gehört unsere Unterstützung.

Dass wir auch in ihrem Bereich und sich bei uns auswirkend, die Trittbrettfahrer kennen, ohne Sonderleistung und dadurch mit dem billigen Verkaufspreis, gehört zum heutigen differenzierten Marktgeschehen und wird uns nicht trennen.

Bei aller Dienstleistung und Vorleistung, die wir gerne annehmen und teilweise sogar beanspruchen oder gar fordern, entfernen Sie sich bitte nicht so sehr von Ihren eigentlichen Funktionen des Importierens oder Produzierens in Richtung der Handelsfunktionen auf unserer Ebene.

Und meine Kollegen bitte ich aufmerksam die angebotenen Dienstleistungen und Unterstützungen zu prüfen, und wenn Einschränkungen der Handelsfunktion der Genossenschaft als Folge zu erwarten sind, Leistungen nicht anzunehmen, damit daraus nicht eines Tages eine für das Bäckerhandwerk existenzbedrohende Einflussnahme entsteht.

Wehret den Anfängen!

Eine Partnerschaft auf der Grundlage gegenseitiger Leistungen, gegenseitiger Achtung der Prinzipien und auch mit dem den Genossenschaften eigenen persönlichen Stil ist unser Wunsch und wird auch in unserem Hause praktiziert.

Für ihre Bereitschaft, an unserer Fachschau teilzunehmen, bedanke ich mich herzlichst; Sie haben es ermöglicht, dass eine große Schau stattfindet.

Nun verehrte Mitglieder!

In meinen vorangegangen Darstellungen tritt ein positives Markt-Erwartungs-Bild hervor und ich will nicht verschweigen, dass gelegentlich die Frage nach dem „Warum mehr" bei Ihnen auftritt.

Die politische Situation strahlt nicht so viel unternehmerische Zuversicht aus, der Kreditmarkt reizt nicht zu Investitionen, der Personalmarkt erst recht nicht zur Expansion.

Der Markt, um dem wir uns bemühen, stagniert.

Und so taucht bei vielen von Ihnen die Frage auf, ob sie ihre Bäckerei und Konditorei, die eine gesicherte Position hat, noch weiter ausbauen sollen oder ob Sie nun dazu übergehen können, die Dinge etwas gemütlicher zu nehmen. Bei vielen von Ihnen ist das ursprünglich erstrebte Ziel erreicht. Warum soll man es nicht jetzt bei dem erzielten Gewinn bewenden lassen?

Lohnt es sich, weiterhin an dem Wettrennen um Umsatz und Gewinn teilzunehmen? Wäre es nicht klüger maßzuhalten und sein Interesse anderen Gegenständen zuzuwenden, statt sich im hektischen Trubel aufzureiben?

In der Tat, die Genügsamkeit wäre vermutlich für die Gesundheit und den Seelenfrieden ebenso wie für das Familienglück zuträglicher als die weitere Expansion; denn diese führt nur dazu, dass man bald mit neuen und zusätzlichen Problemen konfrontiert wird.

Und dennoch: In der Praxis wird überwiegend der Weg der Expansion statt den der Stagnation eingeschlagen.

Aus welchen Gründen?

Zunächst einmal lebt jeder Unternehmer – jeder Bäcker- und Konditormeister – in einer Umwelt, in der das Wachstum großgeschrieben wird.

Wer dieser Maxime zuwiderhandelt, wer also bewusst einen Rückgang seines Marktanteils in Kauf nimmt, gilt sehr bald im Kreis seiner Kollegen, im Kreis seiner Nachbarschaft, im Kreis seiner Mitmenschen, im Kreis seiner Familie als Außenseiter und Sonderling.

Der Drang nach sozialem Ansehen, einer der am tiefsten

verwurzelten menschlichen Bestrebungen, der nach Anerkennung ist eine der Peitschen unserer Leistung.

Außerdem gehört es zu den elementaren, volkswirtschaftlichen Pflichten eines Unternehmers, Gewinne zu erzielen. Es müssen Mittel verdient werden, mit denen sich Erweiterungen oder Rationalisierung finanzieren lassen, oder die zur Sicherung gegen unvorhersehbare Rückschläge in der Zukunft dienen.

Und wer sich auf dieser Waage des Wettbewerbs mit seinem Gewicht zu leicht einstuft, wird auf die Dauer in einer Marktwirtschaft dem Untergang geweiht sein. Und das ist auch durchaus in Ordnung, denn die Konkurrenzwirtschaft kennzeichnet sich dadurch aus, dass sie zwar den Unternehmern große Chancen eröffnet, gleichzeitig aber auch außerordentlich rücksichtslos mit ihnen verfährt.

Sie lockt mit dem Zuckerbrot der Gewinne, treibt aber auch mit der Peitsche der Vermögenseinbuße. Und wer sich in dieser Umwelt zur Ruhe setzen möchte und sich mit dem Erreichten zufrieden gibt, der sieht seine Marktposition sehr bald gefährdet.

Die Entscheidung liegt bei Ihnen! Aber wenn Sie sich für das Unternehmertum in Bäckerei oder Konditorei entscheiden, dann ist es erforderlich, es mit ganzer Kraft, mit vollem Ehrgeiz, mit vollem Streben am Markt zu tun.

Halbheiten bedeuten Unzufriedenheit und unternehmerisches Siechtum !

Soweit die Auszüge aus meiner Rede vom 18.2.1973. Wenn ich das heute lese, so empfinde ich mehr denn je, dass es mir gelungen war, die Maxime meines beruflichen Handelns zum Ausdruck zu bringen.

In der Folge wurde ich zu einigen Firmen eingeladen, um über die Ethik im Wirtschaftsleben zu referieren.

Nun hatten wir einen Neubau stehen, der für 20 Mio. Lagerumsatz und 40 Mio. Gesamtumsatz geplant war, aber der geplante Verkauf der alten Liegenschaften gelang nicht, und so mussten wir das gesamte neue Objekt fremdfinanzieren.

Eine gewaltige Schuldenlast von über fünf Millionen drückte uns. Einige im Umfeld der BÄKO-Organisation, Geschäftsführerkollegen und insbesondere die Herren des BÄKO-Prüfungsverbandes sahen die BÄKO Limburg als Problemfall an. Sie konnten nicht erkennen wie diese Belastungen zu bewältigen wären. Es war die gegenläufige Meinung der Leute hier vor Ort, die diese internen Zahlen nicht kannten und nur die äußere Entwicklung sahen und denen die Einsicht in unsere Bilanzzahlen fehlte.

Beim Bau und insbesondere bei der Einrichtung hätte ich einige 100.000 DM weniger ausgegeben, aber meine Herren der Verwaltung wollten etwas Besonderes. Manchmal hatte ich den Eindruck, sie wollten sich ein Denkmal setzen. Eins muss ich aber unbedingt dazu sagen. Sie stellten mir die Frage: „Können wir uns das erlauben, können wir das bezahlen?" Meine Antwort darauf: „Wenn wir den Altbau nicht verkauft bekommen, haben wir ein paar schwere Jahre vor uns, aber pleite gehen wir nicht."

Der Verlust im ersten Geschäftsjahr nach Bezug des Neubaus war dann auch kräftig, und ich musste mir in der Organisation einiges anhören und gefallen lassen. Ich benötigte schon starke Nerven und ein breites Kreuz, um das an mir abprallen zu lassen. Wenn man im Handel 3,5% Zinsbelastung und 4% Abschreibung zu verkraften hat, so sind das auch Werte, die sich mit normalen, bis dahin in der BÄKO bekannten Methoden nicht bewältigen ließen.

Meine Gedanken und Maßnahmen dazu: Wenn ich schon Bilanzverluste ausweisen musste, dann im ersten Jahr auch richtig, um etwas Luft für die weiteren Jahre zu haben.

So habe ich dann auch 1973 alle nur erdenklichen Aufwendungen, auch solche die nur bilanztechnischer Art waren, verbucht. Damit behielten die Kritiker zunächst einmal Recht und ich stand unter der besonderen Beobachtung des BÄKO-Prüfungsverbandes. Aber es war, wie ich es geplant hatte, nur ein Jahr mit Verlustausweis. Im Folgejahr hatten wir ein ausgeglichenes Ergebnis und von da an, sich jährlich steigernde Gewinne. Die Maßnahmen waren Mischkalkulation (so nannten wir das bei der EDEKA und der VEGE), Sonderangebote mit wirklichen Tiefstpreisen und ansonsten kräftige Aufschläge auf unsere Einstandswerte.

Die Niedrigpreise bei Artikeln, die nur einen geringen Anteil am Umsatz ausmachten, wurden kräftig beworben. Zusätzlich schafften wir alle Vergütungen wie Bonus und Warenrückvergütung ab, das verkauften wir als Netto-Kalkulation. Das war bis zu diesem Zeitpunkt in der Bäckerbranche nicht üblich und hatte einen durchschlagenden Erfolg.

In kürzester Zeit hatten wir unseren Umsatz verdoppelt. Hinzu kam, dass wir innerbetrieblich so rationalisiert hatten und die 20 Mio. Umsatz mit 40 Mitarbeitern bewältigten, wie zuvor die 10 Mio. Umsatz. Wir haben dann später 48 Mio. mit 50 Leuten geschafft. Die Rechnung, Zinsen gegen Lohnkosten, war voll aufgegangen.

Die Mitarbeiter hatten einen großen Anteil daran, denn sie ließen sich begeistern und lieferten bei nur geringen Lohn- und Gehaltszuschlägen eine gute Arbeit ab.

Sie vertrauten mir und meinem Versprechen, dass, wenn es der BÄKO einmal wieder besser gehen würde, sie davon auch entsprechend profitieren würden.

Das wurde dann in den Jahren, als es uns erheblich besser ging, zu einem dauernden Streitpunkt zwischen mir und den Herren des Vorstands.

Hatten wir wirtschaften gelernt mit der Belastung der alten Liegenschaften, so war es geradezu ein Bonus, als wir dann die alten Gebäude verkauften. Solange wir die hohen Verbindlichkeiten hatten, waren der Aufsichtsratvorsitzende und die Herren Vorstand ratlos und von meinen Vorschlägen abhängig. Es gab fast nur einstimmige Beschlüsse.

Als wir reichlich Gewinne machten, kamen dann die Auseinandersetzungen um die Gewinnverteilung. Vom Beschaffen hatten sie keine Ahnung, aber beim Verteilen waren sie dabei. Mein Versprechen an die Mitarbeiter, sie nun auch entsprechend ihrer Vorleistung, die sie, auch im Vertrauen auf mich, erbracht hatten, zu entlohnen, konnte ich nicht einhalten. Es war die Zeit, in der bei mir der Gedanke aufkam, ob es noch richtig wäre, weiter für die BÄKO Limburg zu arbeiten.

Wir hatten einen sehr harten Verdrängungswettbewerb betrieben. Acht kleine Familienbetriebe wurden aufgekauft und aus dem Markt genommen. Im Raum Limburg besaßen wir einen Marktanteil von über 80%. Die Händler außerhalb unseres Gebietes hatten sich aus unserem Raum zurückgezogen.

1974 übernahmen wir dann das Einzugsgebiet der BÄKO Frankfurt, bei der ich kurzfristig die Geschäftsführung übernommen hatte, um dann bei der Liquidation behilflich zu sein. Ich hatte in einer wahren Nacht-und-Nebel-

Aktion die Geschäftsführung dort mit übernommen, schon mit dem Gedanken, für Limburg das Gebiet zu sichern.

Der Aufsichtsrat der Landeszentrale Süd-West hatte den Vorstand samt Geschäftsführer der BÄKO Frankfurt zum Rapport nach Ladenburg gebeten, weil vieles in Frankfurt schief lief und die Genossenschaft so gut wie zahlungsunfähig war. Ich kannte solche Sitzungen und Auseinandersetzungen aus dem EDEKA-Bereich, aber im Aufsichtsrat der Landeszentrale war das etwas völlig Neues.

Als die gegenseitigen Schuldzuweisungen ihren Höhepunkt erreichten und feststand, dass die Lösung nur noch heißen konnte, die Auflösung des Vorstandes zu betreiben, habe ich meinem Kollegen Albert Eurskens einen Zettel mit dem Vermerk über den Tisch gereicht, dass wir diese Diskussion bis 17 Uhr fortführen sollten, damit der noch amtierende Vorstand nicht in der Lage war, zur Bank zu gehen, um das an die Landeszentrale überwiesene Geld für Warenlieferungen der letzten sechs Wochen nicht zurückrufen zu können. Das waren immerhin einige 100.000 DM. Damit hätten sie sich noch einige Wochen – auf unsere Kosten – über Wasser halten können.

Für 21 Uhr wurde dann der Aufsichtsrat der BÄKO Frankfurt zusammen gerufen und die fristlose Entlassung des Geschäftsführers beschlossen. Es wurde ihm Hausverbot erteilt und die Schlüssel abgenommen. Albert Eurskens und ich wurden zu kommissarischen Geschäftsführern bestellt und mir die Schlüssel der BÄKO Frankfurt übergeben. Es war mittlerweile ein Uhr nachts. Bei einem Bäckermeister in Offenbach habe ich ein paar Stunden geschlafen, um dann morgens um fünf Uhr mit einem großen Schlüsselbund vor der Genossenschaft zu stehen und die passenden Schlüssel für die jeweiligen Türen zu suchen. Den eintreffenden Mitarbeitern, zunächst des Lagers und dann denen im Büro, sagte ich, dass ich nun der neue Chef sei: „Alles hört auf mein Kommando, jetzt wird alles besser, die Arbeitsplätze sind gesichert."

Wobei ich da schon überzeugt war, dass die BÄKO Frankfurt nicht zu halten war. Ich muss es noch einmal dokumentieren, weil es schon ein tolles Ding war, wie ich in dem Chefbüro saß, nachdem ich mich mit den Lichtschaltern vertraut gemacht hatte, und nun die Schlüssel für die einzelnen Schreibtischschubladen und Schränke suchte. Auch das muss man im Geschäftsleben einmal mitgemacht haben.

Albert Eurskens übernahm die Aufgabe der Bilanzerstellung. Das konnte er besser als ich, und ich übernahm das Personal mit dem Tagesgeschäft. Was wir in vier Wochen alles erlebten und anstellten, darüber sollte ich einmal gesondert schreiben, mit dem Hinweis auf das, was unsere Vorgänger hinterlassen hatten.

Abgeschlossene Büroräume, gefüllt mit Kartons nicht abgelegter Rechnungen, nicht berechnete Lieferscheine lagen unter verschimmelten Butterbroten. Das Betreten von zwei Räumen war kaum möglich, weil der Fußboden mit noch aktuellen Papieren und weiteren Kartons bedeckt war.

Der Titel eines solchen Büchleins müsste heißen: „Wie richtet man eine Genossenschaft zugrunde."

Ein Schatten fiel dabei auch auf die Prüfer des BÄKO-Prüfungsverbandes, denn ihre Aufgabe wäre es gewesen, das rechtzeitig zu erkennen und härter einzugreifen. Meinen Vorstand in Limburg musste ich auch erst noch überzeugen, dass mein Einsatz in Frankfurt für uns von Nutzen war. Wo wäre heute die BÄKO Limburg ohne dieses Gebiet!?

Wir hatten 300.000 Einwohner im Einzugsgebiet, mit Frankfurt kamen 850.000 hinzu und, wir hatten nun einen Tummelplatz für unsere Expansion. Aber mach' das mal einem Bäckermeister klar.

Nachdem wir Frankfurt integriert hatten, war meine Vision damals, sich nun um den Raum Koblenz und Gießen zu kümmern. Ich gab mir einen Zeitrahmen von acht bis zehn Jahren, um diese beiden Genossenschaften noch zu übernehmen. Damit wäre dann Limburg im Mittelpunkt des Einzugsgebietes gewesen und in einer Größenordnung, wie ich sie für das Jahr 2000 für notwendig hielt. Aber denk' mal im Bäckerhandwerk fünf Jahre voraus, o weh!

Im Markt hatte ich mich auf einzelne Marktsegmente konzentriert, bei denen wir geringe Anteile hatten und deren Bedarf ich auch für die Zukunft sah. Zum Beispiel: die Hefe.

Wir besaßen einen Monatsumsatz von drei Tonnen und eine Vielzahl von kleinsten Händlern als Wettbewerber. Die lebten ganz gut davon, denn der Aufschlag auf den Einstandspreis betrug immerhin über 250%. Wir haben dann zwei Jahre die Hefe zum Einstandspreis verkauft, das war eine Reduzierung von 2,50 DM auf 0,86 DM. In dieser Zeit haben sieben Hefehändler ihren Betrieb eingestellt. Die meisten davon haben wir übernommen. Dabei hat uns ein Partner des Hefegroßhandels (ein im Aufbau befindliches Familienunternehmen, das mit dem Wort Partner wirklich richtig bezeichnet ist) geholfen, den größten Hefehändler in Frankfurt zu übernehmen. Dieser Partner des Großhandels, der in Frankreich hergestellte Hefe vertrieb, wurde damals von den arrivierten deutschen Herstellern als Emporkömmling, im negativen Sinne, betrachtet, ist aber heute ein bedeutender Anbieter im deutschen Hefemarkt.

Als wir dann 45 Tonnen Monatsumsatz hatten, haben wir den Preis wieder in die alte Richtung gebracht.

So sind wir in einigen Bereichen verfahren. Wir haben Frischpflaumen ins Sortiment aufgenommen und sind auf Anhieb von Null auf 110 Tonnen, bei nur acht Wochen Saisonbetrieb, gekommen.

Im Lager und Fuhrpark war im August und September Urlaubssperre, weil wir sonst die Mengen nicht bewältigt hätten. Meine Kenntnisse aus meiner Volontärzeit beim EDEKA-Fruchtkontor kamen mir dabei zugute. Ebenso meine persönliche Verbindung zu den Inhabern des in Limburg ansässigen größten Frischfruchthändlers, der Firma Wallrabenstein, mit denen ich einen guten Weg gefunden hatte, die gemeinsamen geschäftlichen Interessen zu vertreten.

Eins war bei diesen ganzen Aktionen wichtig. Ich kümmerte mich nicht um den Kleinkram und die ganzen Beschwerden aus dem Lieferanten- und Kundenkreis, auch nicht um die Wünsche der Reisenden, die unter Verkaufsdruck standen, was ganz natürlich war, da sie den Weg des geringsten Widerstandes gehen wollten. Was ich für richtig hielt, wurde angeordnet, kontrolliert und damit Basta.

Zu diesem Bereich gehörte noch etwas, und ich muss hier einmal zurückgreifen auf die ersten Tage in unserem Neubau. Wir hatten für das Lager wochenlang unter der Hilfestellung von Fachleuten aus der EDEKA, Lagerordnung und Platzzuteilung für die Artikel geplant und die Regalaufstellung bis ins Kleinste vorbereitet. Die Kommissionierer mussten nun nach Lagerortnummern arbeiten.

Unsere EDV wurde auf die neuen Lieferscheine umgestellt. Die Arbeiter mussten lernen, mit Gabelstapler und

Flurförderfahrzeugen zu arbeiten. Wir hatten sie zum Training geschickt und, was das Schlimmste war, die neuen LKW's konnten nur noch mit Rollcontainern beladen werden. Alles war vorbereitet und dann kam am ersten Tag der völlige Zusammenbruch des Warenausgangs.

Hier muss ich einmal einen Namen nennen. Fuhrparkleiter Herr Knoop. Er hatte die Ideen und das ganze Neue mitgetragen, war von der Richtigkeit überzeugt, hatte nächtelang über den Plänen gesessen und dann das Chaos am Anfang. Ich weiß, dass er heimgegangen ist und geheult hat vor Erschöpfung und Enttäuschung. Jedes Jahr denken wir erneut an diesen Tag, den 12. März 1973, und wenn wir uns treffen, sprechen wir davon. Ich bin Herrn Knoop sehr dankbar für diese Leistung und den Einsatz.

Weder die Herren des Vorstandes, noch die damaligen Mitarbeiter im näheren Umfeld, können das, was damals zu bewältigen war, richtig beurteilen.

Dazu die Reklamationen der Kunden, die mit den Rollcontainern nicht zurecht kamen, der viele Bruch, Zucker und Mehlsäcke kamen zurück. Es war fürchterlich. Die Reisenden stürzten mit den Kundenreklamationen ins Haus. Vier Wochen bestanden die Gespräche mit den Reisenden nur aus dem Thema Kundenreklamationen, bis ich es leid war und jede Diskussion über unsere Rollcontainer untersagte. Es war mal wieder: Basta!

Als wir drei Jahre später einmal aus organisatorischen Gründen nicht mit Rollcontainern ausliefern konnten, war der Terror, der von draußen kam, auch wieder groß, so hatte man sich daran gewöhnt.

Viele meiner Kollegen erkannten den Vorteil der Warenzustellung und versuchten es in ihren Genossenschaften.

Sie scheiterten, weil, wie sie sagten, die Kunden das nicht mitmachten. Ich hörte Sprüche wie: „Du kannst dir das in Limburg erlauben." Es gab nur drei BÄKO-Genossenschaften, die den Rollcontainerverkehr konsequent betrieben: Limburg, Kassel und Grimmen, alle von mir eingeführt.

Was ich mit dieser ganzen Geschichte aufzeigen will ist, dass ich, wenn ich einmal etwas für richtig hielt, es dann auch mit aller Konsequenz durchsetzte.

Auch wir verärgerten einige Kunden und Jahre später wäre es am Widerstand der Herren in der Verwaltung gescheitert, doch noch war es so, dass ich entschied und alles richtig war.

Aber als dann die Personen im Vorstand wechselten, Herr Heun, Herr Friedrich und Herr Fuhr sen. ausschieden, dafür dann Seel, Friedrich (Schlösschen) und Fuhr jun. kamen wurde es anders. Diese hatten die Anfänge nicht miterlebt und, im wahrsten Sinne des Wortes, nicht den Durchblick.

Es war aber letztlich mein Fehler, denn ich hatte mir nicht die richtigen Leute für die Verwaltung ausgesucht. Sie vertraten die Interessen der kleinen Betriebe, was auch von mir so gewollt war, denn ich hatte mittlerweile den Ruf, nur für die Großen da zu sein. Aber es gab auch eine Parallele zwischen ihren kleinen Betrieben (bei Seel, Idstein, Friedrich, Limburg – nicht zu verwechseln mit K.-H. Friedrich, Elz) und ihrem unternehmerischen Sachverstand.

Als es wieder einmal um die Erneuerung unseres EDV-Systems ging, kam das bedauerlicherweise besonders zum Ausdruck. Wenige Wochen, nachdem ich in Limburg war, hatte ich das Thema EDV angefasst, denn unser Rechnungswesen war gar keines. Wir schrieben Rechnungen und Lieferscheine noch mit der Schreibmaschine. Da ich das

System des Lebensmittelgroßhandels kannte, führte ich Verhandlungen mit der REWE-Genossenschaft in Diez, um auf deren EDV-Anlage im Lohnverfahren arbeiten zu können.

In der Geschäftsführerkonferenz berichtete ich darüber und löste Aktivitäten aus mit dem Ziel, ein Rechenzentrum für die hessischen BÄKO-Genossenschaften zu gründen. Ich verschob unsere Planung mit der REWE und befasste mich intensiv mit dieser Aufgabe. In diesem Zusammenhang war ich auch Gast in der IBM-Schule in Viemerkate am Comer See in der Villa d'Este, besuchte das Zentrallager von IBM in Mailand und einiges mehr, was sehr interessant war.

Die Gründerversammlung des Rechungszentrums in Giessen in Anwesenheit der IBM-Leute verlief in einer Art und Weise, mit einem fachlichen Inhalt, die mir so gegen den Strich ging, dass ich, als Vertreter der Genossenschaft Limburg der einzige war, der sich nicht an der Gründung beteiligte. Das war ein kleiner Skandal. Aber Herr Kollege Ochs aus Wiesbaden (damals gab es Herrn Altheim noch nicht) wollte das Warenwirtschaftssystem, hatte aber zu diesem Zeitpunkt noch nicht einmal Artikelnummern für sein Sortiment. Herr Direktor Becker (einer der Altvorderen noch aus der Rompel-Zeit) sah die Lohnbuchhaltung als das Wichtigste an. Der eine wollte die Vorfakturierung, der andere die Rechnungen erst nach dem Ausliefern schreiben und die IBM-Leute sagten, das könnten sie alles machen. Mir verschlug es die Sprache. Natürlich ging das alles, aber wo war dann der Rationalisierungseffekt und was sollte das kosten.

In keiner der Genossenschaften war ein Mitarbeiter, der auch nur die geringste Ahnung von EDV hatte. Also ohne mich, ich ging nach Hause, konnte einen Mitarbeiter, Herrn Kellner, der die Mittlere Reife hatte, für die Aufgabe gewinnen, bildete ihn als Operator aus und begann die Zusammenarbeit mit der REWE. Die BÄKO Limburg (wir hatten zwischenzeitlich eine Namensänderung und nannten uns BÄKO Hessen-Nassau) hat mit dieser Maßnahme 100-tausende bis in die Millionen gehende DM Kosten und viel Ärger gespart. Herr Kellner machte seine Arbeit so gut, dass er für die BÄKO ein wertvoller Mitarbeiter war. Leider konnte ich auch ihm das nicht, wie gewollt, zurückzahlen, er hätte es wirklich verdient gehabt.

Und nun zurück zum Ausgangspunkt dieses Themas. Es war wieder einmal soweit, dass wir umrüsten wollten. Zwischenzeitlich hatten wir eine eigene Anlage im Haus stehen.

Das BÄKO-Rechenzentrum befand sich in der Zentrale in Ladenburg, hatte an die zwanzig Nutzer, war aber im Preisleistungsverhältnis viel zu teuer. Der BÄKO-Prüfungsverband drängte, dass wir uns dem Rechenzentrum anschließen sollten. Von Seiten des Verbandes war es für mich verständlich, hätte doch unser Beitritt die Kosten für alle Beteiligten gesenkt, aber die Zeit der zentralen großen Rechenzentren war doch für den Handel vorbei.

Die Hardware wurde immer billiger, der Datentransport immer aufwendiger und für die Zukunft sah ich auf jedem Schreibtisch einen Bildschirm stehen.

Der Softwareverbund erschien mir viel wichtiger, aber sag das mal einem Friedrich, Fuhr oder Seel. Als ich von einem Bildschirm an jedem Arbeitsplatz sprach, sah ich nur in große ungläubige Augen.

Es gab einen flotten Spruch in dieser Zeit:

Wie richtet man ein Unternehmen zu Grunde?

1. Am schnellsten mit dem Computer.
2. Am schönsten durch Frauen.
3. Mit Alkohol geht es auch, aber man bemerkt nur die Hälfte.
4. Am Sichersten mit einem Verbandsprüfer als Geschäftsführer.

Auf jeden Fall gab es im Vorstand eine nicht einstimmige Entscheidung. Gegen meine Stimme wurde beschlossen, dem Rechenzentrum Süd-West beizutreten. Das war sozusagen der Knackpunkt meiner Tätigkeit in Limburg.

Ich musste Herrn Kellner entlassen, wenn ich auch eine überdurchschnittliche Abfindung für ihn herausholte, aber er weiß gar nicht, wie schwer mir das fiel, und ich wünschte mir heute, er könnte das lesen, denn ich wusste, was er für die BÄKO geleistet hatte und wie viele Nächte er sich im Interesse der BÄKO um die Ohren geschlagen hatte.

Zu diesem Zeitpunkt hätte ich meine Konsequenzen in Limburg ziehen müssen, aber das hätte auch wieder einen Wohnungswechsel zur Folge gehabt. Die Kinder gingen in Limburg zur Schule, privat hatte ich mir ein Umfeld aufgebaut, das ich nicht verlassen wollte und ich war sicher auch ausgebrannt von dem Tempo, das ich vorgelegt hatte. Natürlich war ich auch enttäuscht, dass man mir, der glaubte alles richtig zu machen, nun hinein redete. Aber die Entscheidung, die ich dann traf, war falsch: Ich begann meine Herren alles mögliche zu fragen, überließ ihnen die Entscheidungen, um sie dann auszuführen.

Ein weiteres Beispiel dazu: Der September war immer der Zeitpunkt, in dem für das kommende Jahr ein neues Vergütungs- oder Kalkulationssystem ausgearbeitet wurde. Ich vertrete heute noch die Auffassung, dass es keinen Sinn macht ein Bonifikationssystem länger als ein Jahr laufen zu lassen. Das hängt mit meiner Meinung von der Gewöhnung an Prämien und der abnutzenden Wirkung, sowie meinem Hang zur Mischkalkulation zusammen. Ich legte meinen Herren vier Modelle vor (früher hatte ich immer nur eins zur Information in die Sitzung gebracht) mit der Bemerkung, Vorschlag eins oder zwei sind sich ähnlich und würde ich machen. Es wurde Vorschlag vier genommen.

Eines hatte ich bei dieser Sache nicht erkannt: unser Umsatz stagnierte, das Betriebsergebnis wurde schlechter. Ich ließ allerdings auch einiges laufen und zum Schluss musste ich die Zahlen kommentieren, und es ging insbesondere im Kollegenkreis an mein Image. Das wiederum konnte ich nun überhaupt nicht vertragen, es war ja auch nicht möglich zu sagen, ich hätte es anders gemacht, aber meine Herren der Verwaltung wollten es so.

Nach zwei Jahren versuchte ich dann, das Ruder herum zu reißen und wieder alles an mich zu ziehen, aber da war es zu spät. Die Herren waren entscheidungsfreudig geworden, ließen sich das Heft nicht mehr aus der Hand nehmen, der Laden lief ja auch so gut, dass er eine Menge Fehlentscheidungen verkraften konnte, aber meine Zukunftsvisionen waren dahin. Das Verhältnis untereinander war angespannt, die gewonnene private Freundschaft wurde oberflächlich.

Ich hatte gemeinsame Reisen ins Leben gerufen. Einmal im Jahr mit Kunden und mit der Verwaltung eine Extratour. Das wollte ich drosseln, aber das ging auch nicht mehr. Unsere Kundenausflüge waren in den ersten Jahren ein Bombenerfolg. Mit im Durchschnitt 150 Kunden reisten wir nach Garmisch, Venedig, Paris, Wien und besuchten in Jugoslawien Postoina und Lippiza. Es war für viele Bäckermeister und insbesondere Bäckermeisterinnen der Höhepunkt des Jahres. Ich hatte aber auch mein ganzes Talent und meine Erfahrung in diese Reisen gelegt. Nachts ließ ich in der Partnachklamm ein Trompetensolo spielen, in der Grotte von Postoina sang der Chor der Frankfurter Bäcker und der Höhepunkt jeder Fahrt war der Galaabend der BÄKO. Die Herren im Nadelstreifen und die Damen in langen Kleidern hatten alles angelegt, was sie besaßen. Das Bäckerhandwerk war unter sich und konnte zeigen, was es hatte. Das war nicht mehr zu steigern und auch nicht mehr zu wiederholen. Die Leute waren gerne bereit, auch gut dafür zu bezahlen, so dass das eine Werbung für die BÄKO war, die uns nichts kostete. Die aus Frankfurt zu uns gekommenen Mitglieder gehörten bald zum harten Kern auf diesen Ausflügen und mancher wurde ein guter Kunde. Wieder einmal fand ich bestätigt, dass nicht nur Ware und Preis alleine den Ausschlag für Kundentreue geben.

Ich war mit meinen Kräften an eine Grenze gekommen und ich brauchte Erholung. In diesen Jahren ist das allgemeine öffentliche Leben an mir vorbei gegangen, einen Kino-, Theater- oder Konzertbesuch gab es nicht. Wer beim Film gerade „in" war oder welcher Schlager gerade aktuell, wusste ich nicht, Fernsehen kannte ich kaum, lediglich für die Politik und für den Sport als Zuschauer und Fernsehkonsument nahm ich mir noch Zeit.

Ich hatte Kreislaufprobleme durch zu niedrigen Blutdruck und da ich mich zuwenig bewegte (joggen kannte man noch nicht), war ich ziemlich am Ende meiner Kräfte. Ich habe dann auf Anraten meines Arztes eine vierwöchige Kur bekommen. Diese erste Kur war ein Höhepunkt in meinem bisher wirklich nicht ereignisarmen Leben.

Ich wurde zum Bärenfels-Sanatorium nach Weißkirchen geschickt.

Weiß Gott, Weißkirchen

Unter diesem Titel wollte ich schon immer etwas schreiben, nach nun fast 25 Jahren versuche ich es.

Meine Vorstellungen von einem Sanatorium waren weiß getünchte Wände, Zwei- bis Vierbett-Zimmer und Kasernierung. Da ich nun für vier Wochen vom weltlichen Leben Abschied nehmen sollte, wie ich glaubte, bin ich einen Tag vorher bereits nach Saarbrücken angereist. Eine Autostunde von Weißkirchen entfernt, um noch einmal in die Genüsse der Freiheit zu kommen. Pünktlich wie gewünscht, suchte ich dann am nächsten Morgen das Sanatorium auf.

Was nun folgte, muss ich dem Ablauf nach genau schildern:

Mit meinem damaligen Auto, einem Mercedes 280 S, fuhr ich vor den Eingang, betrat den Vorraum, schaute mich um und ging wieder hinaus, um in meinen Unterlagen nachzusehen, ob die Adresse auch stimmte, denn das, was ich vorfand, konnte nach meinen Vorstellungen nicht sein. Ein Ambiente wie in einem erstklassigen Hotel. Von einem schicken Girl wurde ich aufs Zimmer begleitet, Schreibtisch mit Stehlampe, Polster, Sitzecke in Nussbaum, ein entsprechendes Bett, ein klasse Bad und ein Balkon zum Wald hin; mir verschlug es die Sprache. Als ich an die Rezeption ging, um nach meinen Koffern zu sehen, die nachgebracht werden sollten, checkte gerade noch ein Neuankömmling ein. Er stellte sich vor: „Ich heiße Friedhelm und komme aus Karlsruhe." Und ich dann: „Ich heiße Friedhelm und komme aus Köln."

Wir beide waren daraufhin dann vier Wochen lang ein Duett.

So wie die erste Stunde verlief dann auch die gesamte Kur. Ich war so befreit, dachte seit Jahren das erstemal nicht an Arbeit und steckte meine ganze Kreativität nur in Blödsinn, und das war nicht wenig.

Das Sanatorium hatte zwei Schwimmbäder, eins zum Freizeitschwimmen und eins für die Bewegungsbäder. Bereits bei der zweiten Anwendung hatten wir die Therapeutin überzeugt, dass das Gesündeste für uns Wasserball war. Ruckzuck hatten wir zwei Teams gebildet, und was das Wichtigste war, gemischte Teams von Männern und Frauen. Ein Schild „Das Springen vom Beckenrand ist verboten" beachteten wir dergestalt, dass wir von der Balustrade im ersten Stock, wo die Umkleidekabinen waren, ins Wasser sprangen.

Am ersten Abend nach dem Essen stand ein Bus vor der Tür, der die Gäste zum Tanzen in den Ort fuhr. Wir beide fuhren mit dem PKW hinterher, um einmal zu schnuppern, was anlag.

Ich lernte Wolfgang kennen, der sieben Wochen Kuraufenthalt hatte. Ich sagte: „Wie geht das?" – „Ich hatte in den ersten Wochen Depressionen, sodass die Kur nicht anschlug, nun bekomme ich drei Wochen Verlängerung. Das mach ich immer so", sagte er, „jetzt schon zum dritten Male".

Kurz vor 23 Uhr war dann Zapfenstreich, denn um 23 Uhr wurden die Eingangstüren verschlossen und wer zweimal zu spät kam, wurde nach Hause geschickt.

Ich wollte Wolfgang mit nach Hause nehmen, aber er blieb noch, wie ging das?

Er hatte ein Zimmer im Erdgeschoss und das Fenster zum

Einsteigen aufgelassen. Ja, wie kommt man denn an ein solches Zimmer? „Du musst nur bei der Anmeldung schreiben, dass du gehbehindert bist, das kontrolliert hinterher niemand mehr."

Ich fing an zu lernen. Drei Jahre später, als ich wieder da war, hatte ich auch ein Zimmer im Parterre. Die Kontrolle am Eingang war nicht so leicht zu überwinden, wer sich aber auf den langen Fluren leise bewegte, konnte durchaus von Zimmer zu Zimmer.

Das erste Zimmer in den Fluren war von einem Sani belegt, der bei offener Türe Nachtwache hielt. Nun wollte man natürlich nicht nur durch die Türen auf dem eigenen Flur (das Glück hatten nur wenige), das Problem musste anders gelöst werden. Nachts um halb zwölf schickten wir eine von der Frau – von der Einengung Betroffene – mit einer Flasche Sekt zum Sani, die einige Zeit mit ihm verbrachte. Als er dann Tage später die Bewegungen auf unserem Flur unterbinden wollte, haben wir ihm gedroht, die Sache mit dem Sekt und dem Kurgast auffliegen zu lassen, das hätte ihn seinen Job gekostet, er war erpressbar. Der Mann war glücklich, als wir wieder abreisten.

Um in wirklichen Notfällen Hilfe zu holen, war in geringer Höhe an der Wand neben dem Bett ein Klingelknopf angebracht. Der hatte einigen, die sich zu ungestüm im Bett bewegten, schon erhebliche Probleme gebracht, denn es war unangenehm und schwer erklärbar, wenn man so schnell wieder nach Hause musste, weil der Doktor vor der Türe stand und im Zimmer allerhand Betrieb war. Ich hatte zur Abwehr den Erdal-Frosch erfunden. Der Deckel der Schuhcremedose wurde mit Tesafilm über dem Alarmknopf befestigt, so konnte man sich gefahrloser im Bett bewegen.

Drei Jahre später bei meinem zweiten Aufenthalt, wollte man mir diese gefahrenbegrenzende Technik als Geheimtipp offerieren, „Gute Erfindungen sind halt zeitlos".

An einem Samstag hielt uns dann nichts mehr in Weißkirchen und wir fuhren mit sechs Personen in meinem Auto nach Saarbrücken. Wir haben die Nacht durchgeschwoft, um vier Uhr morgens im Bahnhof noch einen Kaffee getrunken und dann zurück.

Auf dem Parkplatz im Wald haben wir dann unsere mitgenommenen Trainingsanzüge und Turnschuhe angezogen und sind mit den üblichen Frühsportlern ins Sanatorium gejoggt. Eine Schrecksekunde erlebten wir noch, weil in der Tür die Oberschwester stand. Wir befürchteten schon, unser Fehlen sei aufgefallen, aber sie wünschte uns nur einen guten Morgen mit den Worten: „Das finde ich richtig, Sie tun wenigstens etwas für ihre Gesundheit."

Das war der Höhepunkt eines frechen, aber tollen Erlebnisses. In der letzten Woche der Kur habe ich kundgetan, dass ich Geburtstag hätte, stimmte natürlich nicht, und eine Party gäbe. Das Bett im Zimmer habe ich abgeschlagen, Matratzen auf den Boden ausgelegt und ein Buffet aufgebaut. Zu trinken gab es ausschließlich Drei-Sterne-Tokayer. Dass das alles gut ging und nicht bis zum Chefarzt durchdrang, war schon verwunderlich, aber mittlerweile war auch ein Teil des Nachtpersonals vom Sanatorium in unsere Clique integriert.

Anwendungen medizinischer Art gab es natürlich auch, und ich hatte meine Freude am Laufen wiedergewonnen. In vierzehn Kilometer Entfernung gab es ein Forsthaus; der Dauerlauf dorthin, eine Flasche Wasser getrunken und wieder zurück, achtundzwanzig Kilometer, waren kein Problem.

Aus der Gruppe von zwölf Leuten, von denen ich lange

noch die Adressen mit mir herumtrug und auch einige besuchte, sind drei Ehen infolge der „Gesundheitsmaßnahmen" im Sanatorium geschieden worden.

Auf dem Heimweg zurück ins bürgerliche Leben habe ich auf einem Rastplatz angehalten, mir eine Zigarre angesteckt und noch einmal die vier Wochen Revue passieren lassen und den Titel gefunden zu: Weiß Gott, Weißkirchen.

Infolge dieses Erlebnisses bin ich dann noch viermal in Abständen von jeweils drei Jahren zur Kur gefahren. Noch einmal nach Weißkirchen, nach Windichbergerdorf im Bayrischen Wald und zweimal nach Bad Schussenried.

Aber diese erste Kur blieb vom Erlebnisgehalt her unerreicht. Alle Kuren aber hatten eines gemeinsam: ich habe mich prächtig erholt und aufgetankt für neue Taten.

Zurück zur BÄKO

In Limburg war ich zwischenzeitlich Präsident des LHC geworden, spielte im Club etwas Tennis und kümmerte mich um das Hockeyspielen meiner Kinder. Dabei habe ich unbewusst einen Fehler gemacht, der mir viel später erst aufgefallen ist. Ich habe mich in der Hauptsache, ja fast ausschließlich, um meinen Sohn Rolf gekümmert und dabei meine Tochter Beate zu wenig unterstützt. Sie wird dieses Manuskript abschreiben und lesen, dann möchte ich mich mit ihr darüber einmal unterhalten. Ich war stolz, dass Rolf in der Jugendnationalmannschaft spielte und habe ihn unterstützt, wo es nur ging.

Meine Aufzeichnungen habe ich für einige Tage unterbrochen, weil ich wieder einmal auf eine Sache gestoßen bin, auf eine Verhaltensweise von mir, die mir in diesem Umfang erst nachdem ich mir Gedanken darüber gemacht habe, bewusst geworden sind. Dass ich meine beiden Kinder gleichermaßen, ohne Abstriche, liebe, sei vorangestellt, dass daraus auch eine absolute, gleiche Verantwortung, Vorsorge und Fürsorge in mir vorhanden ist und gelebt wird, ist für mich selbstverständlich. Aber habe ich mich auch immer um beide gleichermaßen bemüht?

Bei diesem Gedanken, der mir beim Thema Hockey gekommen ist, habe ich geradezu ängstliche Zweifel, ob ich das richtig gemacht habe. Rolf ist mit mir vierzehn Tage mit dem Zelt in Jugoslawien gewesen, wir sind drei Wochen zur Fußballweltmeisterschaft in Frankreich und Spanien mit dem Zelt unterwegs gewesen, er war einige Wochen in Fürnheim.

Zur Vorbereitung auf die Qualifikation zur Hockey-Nationalmannschaft bin ich mit ihm in ein Hotel zum Lauftraining gefahren, die Mannschaften, in denen er spielte, habe ich betreut.

Wurde in dieser Zeit meine Tochter Beate von mir vernachlässigt? Sicher nicht, aber ich habe ihr weniger Aufmerksamkeit geschenkt. Sie war selbständiger, ihre Auffassungsgabe war höher als die von Rolf, sie brauchte keine Hilfe bei den Schulaufgaben. Meine Feststellungen zum heutigen Zeitpunkt, nicht als Entschuldigung für mich, aber mit einem unguten Gefühl verbunden, sind: Die falsche Erziehung, die ich gehabt hatte, (siehe mein Ausspruch aus der Kindheit „Der spielt ja mit Mädchen", die Hitlerjugend mit ihrem Führungsanspruch für harte Männer und mein sportliches Interesse, was ich selbst nicht erreicht hatte, aber in Rolf vielleicht verwirklicht sah), mögen Teil der Ursache sein. So wie ich mit Babys und Kleinstkindern nicht umgehen konnte (ich wusste nichts mit ihnen anzufangen), so ging es mir auch mit heranwachsenden Mädchen. Das hat mit Liebe und Zuneigung nichts zu tun, ist aber dumm und eine Schwäche von mir. Ich hoffe, Beate versteht mich. Mit den, wie ich meine, überzogenen Emanzipationsbemühungen der Frauen kann ich mich heute noch nicht anfreunden, ich halte immer noch eine geschlechterbezogene Aufgabenteilung für Familie und Gesellschaft am gesündesten.

Ein entscheidender Faktor bei der endgültigen Trennung von meiner Frau Margret war auch, ihr, wie ich meine, überzogenes Bemühen sich zu verselbstständigen, sich zu verwirklichen, wie es in den Kreisen, in denen sie sich aufhielt, hieß.

Wenn heute Ehen geschlossen werden unter diesen Voraussetzungen, Wünschen und Gedanken, dann ist das etwas anderes als zu meiner Zeit, in der wir konservativ, man mag es auch altmodisch bezeichnen, groß geworden sind.

Auf jeden Fall, die Ehen halten heute nicht mehr so lange wie früher, ob da ein kausaler Zusammenhang besteht, mögen andere bewerten.

Ja, Schreiben ist wie das Schaufeln im Garten des Lebens. Es kommen Dinge zum Vorschein, über die man sonst nicht nachdenkt und die man im Alter auch anders, neu bewertet.

Mit dem Hockeysport verbinden mich viele schöne Erlebnisse, dramatische Augenblicke und Stunden. Mit den Jugendmannschaften waren wir in Limburg jedes Jahr bei der Deutschen Endrunde, ob in der Halle oder im Feld, vertreten und mit der ersten Herrenmannschaft errangen wir einige Deutsche Meisterschaften. Ein paar besondere Ereignisse möchte ich nennen. Der erste Deutsche Meistertitel für den LHC im Feldhockey in Heidelberg, errungen mit zwei achtzehnjährigen Spieler, Stefan Saliger und Rolf Brass.

Deutsche m Meisterschaft in Heidelberg

Der erste deutsche Hallentitel in Augsburg, der nach einem 8:2-Rückstand noch mit 12:11 gewonnen wurde, oder das erste Jugendländerspiel von Rolf: Ich muss das erwähnen, weil es mich besonders berührte. Es war an einem Ostertag in Amstelven in Holland. Rolf war in der ersten Besetzung dabei, aber das Besondere, nein das Außergewöhnliche für mich war, dass dieses Spiel gegen England war. Gegen England! Das war etwas!

Wenn ich einmal im Gespräch davon erzählte, konnten nur die mich verstehen, die so alt oder älter waren als ich und eine ähnliche Erziehung, Hitlerjugend usw., genossen hatten. Die Engländer waren die einzigen auf der Welt, die uns Paroli bieten konnten, die fast genau so stark waren wie wir und die auch so ehrlich kämpften. In unseren Spielen war es ja auch immer so, die eine Gruppe, das sind wir und

Rolf in Aktion

wer spielt gegen die Engländer? Das wurde ausgelost, oder in unserer Ausdrucksweise beim Fußball um Siegessicherheit und Schwäche des Gegners aufzuzeigen, war es ein flotter Spruch: „Dat sinn doch kinn Engländer."

Diesen Blödsinn hatte man uns eingetrichtert, das hatte auch ich längst erkannt, aber wie sehr man mit so etwas behaftet ist, zeigte sich bei mir, als die beiden Nationalhymnen gespielt wurden. Ich ging abseits vom Spielfeld, um nicht zu zeigen, dass ich weinte.

Ein bemerkenswertes Ereignis am Rande. Meine Frau war mit in Holland, blieb aber bei dem Spiel wegen schlechtem Wetter im Clubhaus sitzen. Dass mich das über alle Maßen enttäuschte, wo ich doch so emotional dabei war, ist sicherlich verständlich, es war aber auch mein Fehler, dass ich darüber nicht gesprochen habe. Vielleicht hätte ich mir emotional „Luft machen müssen", aber ich ging den ruhigen, friedlichen Weg und fraß die Enttäuschung in mich hinein. So war es auch bei einigen anderen sportlichen Ereig-nissen. Von einem geradezu dramatischen sportlichen Wochen-ende kamen wir aus Bad Reichenhall, wir waren Süddeut-scher Meister geworden, die Leute gratulierten und feierten uns und zu Hause wurden wir nicht einmal gefragt, „wie habt ihr gespielt", sondern nur, „es ist aber spät geworden". Neben der persönlichen Enttäuschung tat mir das auch für Rolf leid, denn ich nahm an, dass er das auch spürte.

Mit den Kindern gab es Mitte der 70er Jahre schöne gemeinsame Urlaube. Der erste große war nach Oropesa in Spanien. Ich war mit Opa Böllert mit dem Auto vorgefahren und meine Frau kam mit den Kindern per Flugzeug nach. Die Kinder fühlten sich dort sehr wohl.

Wir erlebten, wie an einem spanischen Feiertag in Oro-pesa die Stiere durch die Straßen hinter den Spaniern her rauschten und auch mal einen erwischten. Zum Entsetzen der Familie, insbesondere von Opa Böllert, habe ich mich unter die Spanier auf die Straße gesellt, um, wenn die Biester kamen, mich rechtzeitig in einer Türnische in Sicherheit zu bringen.

Die Kinder hatten ein Zimmer für sich und Opa schlief bei uns. Ich hatte zwar eine andere Vorstellung von Urlaub, aber das war halt so und ich unternahm auch nichts dage-gen. Zweimal sind wir im Urlaub auf La Manga, eine Halb-insel in Südspanien, gefahren. Dort lernten wir Wasserski laufen.

Bei einem Segeltörn mit Geschäftsfreunden entlang der jugoslawischen Küste hatte ich eine traumhafte Insel ent-deckt. Sie lag direkt vor einem großen FKK-Campingplatz an der Küste von Istrien. Diese Insel hatte ich mir gemerkt, da wollte ich noch einmal hin.

So bin ich dann ein Jahr später mit meinem Sohn Rolf und einem Zelt noch einmal los. Es war spannend und schön, mit dem Höhepunkt, dass wir in eine Bora (einen Orkan, der durch Fallwinde vom Land her ausgelöst wurde) gerieten. Abenteuerurlaub wie ich ihn mit dem Jungen machen wollte, bedeutete, dass wir so nahe am Meer zelteten, wie es möglich war. Unser Zelt war zusätzlich an ein paar Ästen kleiner Bäume befestigt. Als nachts der Sturm losging, verbunden mit kräftigen Regenfällen, freuten wir uns, dass das Zelt so gut befestigt war, denn um uns herum hörten wir die Camper Heringe einschlagen und ihre Zelte befestigen, es schepperte aber auch gewaltig.

Unsere Freude dauerte nicht lange. Eine Kordel vom Baum riss und wir bewegten uns mit unserem gesamten Zelt. Es war schon eine etwas kritische Situation. Gott sei Dank war unser Auto nicht weit, und wir konnten einen Teil unserer Sachen darin verstauen und unser Zelt retten. Wir verbrachten den Rest der Nacht im Auto. Das Gute an der Bora ist, es bleibt warm dabei und morgens waren unsere Sachen schnell wieder trocken, so dass dem weiteren Campen nichts im Wege stand. Dieser Wind hat mich regelrecht verfolgt, noch dreimal erlebte ich die Bora.

Zu Hause erzählten wir von unseren tollen Erlebnissen, vom FKK-Strand. Beate wollte auch einmal dort hin und so überwand meine Frau ihre Abneigung gegen FKK unter der Bedingung, mit einem Wohnwagen zu fahren und nicht im Zelt übernachten zu müssen.

Es war ein netter, flotter Spruch von ihr: „Ich will nicht wach werden mit einem Strohhalm hinterm Ohr." So besorgte ich von einem Geschäftsfreund einen Wohnwagen, und wir verbrachten im darauffolgenden Jahr den ersten

Urlaub im Wohnwagen. Damit begann unsere Wohnwagen-Ära.

Meine Frau hatte sehr schnell ihre Abneigung gegen FKK abgelegt. Im übrigen auch eine Erfahrung, die ich mit meiner zweiten Frau gemacht habe, die zunächst mit wenig Begeisterung zum FKK-Campen überredet werden musste und später hellauf begeistert davon war.

Wir kauften dann den Wohnwagen, stellten ihn den Sommer über nach Bad Hönningen und machten in den nächsten beiden Jahren noch zwei Abenteuerreisen damit. Einmal nach Korsika in die Nähe von Porto Vecchio auf eine Anlage vom Robinson-Club mitten in der Macchia.

Die Robinson-Clubs bieten ihren Gästen im Vorabend-programm klassische Musik, so auch in Porto Vecchio, an einem mir noch nicht bekannten Abschnitt des Strandes. Mit einem kleinen Plakat, das an einen Baum geklebt war, wurde darauf hingewiesen: Klavierkonzert von Robert Schumann, siebzehn Uhr usw.

Ich stand in meinem FKK-Look vor dem Plakat, fragte ein vorbeikommendes Pärchen und es spielte sich folgender Dialog ab:

„Wo spielt heute der Schumann?"

„Der spielt gar nicht, der ist tot."

„Ohne Zeitung ist man aber auch über gar nichts mehr informiert."

Ohne weiteren Kommentar gingen wir auseinander. Am Abend trafen wir das Pärchen und haben kräftig gelacht.

Wir bereisten mit dem Auto Korsika und lernten eine wunderschöne Insel mit vielen Eigenarten, die nur dort anzutreffen sind, kennen. Beeindruckend sind die Maronenwälder, die vielen Süßwasserbäche und die freilaufenden, fast ausgewilderten Kühe und Hausschweine.

Die Insel Sardinien, die wir ein Jahr später bereisten, war dagegen von der Landschaft her eher öde. Sie war von den ehemaligen Besitzern, den Spaniern, Portugiesen und Italienern, regelrecht abgeholzt worden und hat sich nie mehr richtig erholt, hat allerdings traumhaft schöne Strände.

Dort bin ich das erste und auch bisher einzige Mal in einem Krankenhaus gewesen. Eine Nierenkolik hatte mich befallen. Die Zustände im Krankenhaus von Cagliari müssen beschrieben werden. Der Notarzt in der Campinganlage hatte mir eine Spritze gegeben und mich in ein Taxi verfrachtet, das mich ins 60 Kilometer entfernte Krankenhaus bringen sollte und zwar nachts. Im Krankenhaus wurde mir mitgeteilt, dass ich nur aufgenommen werden konnte, wenn ich ein Handtuch und Essbesteck mitbringen würde. Der Taxifahrer fuhr mit mir zu seinen Eltern, die wir aus dem Bett holten. Von denen bekam ich das Nötigste und im Krankenhaus dann ein Bett. Im Kongo wäre das wahrscheinlich einfacher gewesen.

Überfüllt wie ein Lazarett in Stalingrad lag ich in meinem Bett auf dem belebten Flur und bekam zunächst wieder einmal eine Spritze. Das wiederholte sich noch dreimal, dann wurde ich geröntgt. Da das aber nicht so richtig funktionierte, bin ich dann dreimal geröntgt worden – kaum zu glauben aber wahr. Das mit Mühe besorgte Essbesteck brauchte ich nicht, denn ich bekam nur zu trinken und immer mal wieder eine Spritze.

Ein recht glücklicher Umstand war, dass wir durch den Hockeysport Bekannte in Cagliari hatten. Der Vorsitzende des dortigen Clubs war Mediziner, er verkaufte Arzneimittel. Er besuchte mich, ich zog meine Klamotten unter dem Bett hervor, zog mich an und fuhr wieder zum Campingplatz. Er versorgte mich mit Spritzen, aber nicht mehr als zwei in 24 Stunden sollte ich nehmen, acht hatte ich bereits bekommen. Es ging auch alles gut, nach drei Tagen war die Geschichte erledigt.

Später in Deutschland wurde dann festgestellt, dass ich einen Nierenstein gehabt hatte, der glücklicherweise, sicher durch die Gewaltkur, abgegangen war. Eine Abmeldung im Krankenhaus hatte nicht stattgefunden und eine Rechnung ist auch nie gekommen. In späteren Gesprächen wurde mir bestätigt, dass man in Italien zwar hervorragende Ärzte hat, aber unmögliche Zustände in den Kliniken – ich hatte es erfahren.

Für die Kinder waren das Abenteuerurlaube. Sie hatten ein Zelt neben dem Wohnwagen und konnten sich richtig austoben. Es war eine große Freude für mich mitzumachen, sie waren auch in einem Alter, in dem man schon etwas mit ihnen anfangen konnte. Meine ganze Beschäftigung war auf die Kinder abgestellt.

Bei der Heimreise von Sardinien ist mir dann ein Missgeschick unterlaufen, ich hatte mich im Abreisedatum des Schiffes vertan und wir kamen einen Tag zu spät im Hafen von Olbia an, unser Schiff war weg.

Mit einiger Mühe, einigen Aufregungen und Schuldzuweisungen sind wir zwei Tage später losgeschippert.

Unser Wohnwagen kam wieder nach Bad Hönningen. Der Standort entwickelte sich im Laufe der Jahre zu einer Art zweiten Wohnsitz für die Sommermonate.

1986 kam es dann zu einem Eklat in der BÄKO und ich wurde, versehen mit einer guten Abfindung, entlassen.

Wie konnte es dazu kommen?

Da möchte ich zunächst einmal mit einer Selbstkritik beginnen.

Bis zum Beginn der 80er Jahre war ich beruflich sehr erfolgreich. Mir war so gut wie alles, was ich mir vorgenommen hatte, gelungen, so dass ich „auch alles, was denkbar war, für machbar hielt".

Selbstkritik geht verloren, wenn man allerorts nur gelobt wird, auch wenn man noch zu unterscheiden weiß zwischen denen, die sich nur anbiedern wollen, um daraus einen eigenen Vorteil zu erlangen, und jenen die es ehrlich meinen. Bei meinem Einfluss in der BÄKO-Gruppe und einem eigenen Einkaufsvolumen von über 40 Mio. DM waren das zum Beispiel die Repräsentanten der Zulieferindustrie, die über 50 Mitarbeiter, deren berufliche Entwicklung von mir abhing, und viele Leute mehr in meinem Umfeld. Die objektive Beurteilung der eigenen Person geht dabei verloren.

Das wirkt sich auch im privaten Bereich aus. Wenn man von Ja-Sagern umgeben ist, ein Kugelschreiber auf die Erde fällt und sich gleich drei Leute den Kopf stoßen, weil jeder der erste beim Aufheben sein will, zum Rasenmähen ein Mitarbeiter der BÄKO kommt, und man dann selbst den Bier- oder Wasserkasten in den Keller tragen soll, was völlig normal und richtig ist, oder man soll den Hof kehren, dann werden die selbstverständlichsten Dinge zum Problem.

Wenn darüber hinaus die Ehefrau, wie schon erwähnt, auf dem Selbstfindungstrip ist, sich im Betrieb die Damen aber besonders hübsch machen und kleiden, wie der Chef es gerne sieht, dann ist die Objektivität überfordert. Bei mir war das jedenfalls so. Man kritisiert, ist aber selbst nicht mehr kritikfähig.

Zu den privaten Problemen kam dann, dass meine Herren im Vorstand – wie schon kurz erwähnt – immer selbstbewusster wurden, mehr mit entscheiden wollten. Fehlentscheidungen, die daraus entstanden, blieben ohne große Folgen, weil der Betrieb so erfolgreich auf dem Markt war. Ich wurde unzufrieden, widmete mich mehr meinen privaten Interessen. In leitender Funktion ist eine solche Einstellung auf Dauer nicht vertretbar. Hatte ich doch selbst immer die Kollegen verurteilt, die eine berufliche Zeitrechnung mit dem Blick auf ihren Pensionierungstermin hatten.

Gedanken wie, was soll ich mich da jetzt noch streiten mit meinen Herren aus der Verwaltung, die zum Teil ja auch Freunde waren, oder ein unternehmerisches Risiko eingehen, in ein paar Jahren ist sowie Schluss, kamen nun auch mir. Unter Kollegen hatte ich das oft genug gehört und für schlimm empfunden, nun war ich auch soweit.

Im Betrieb wurden Maßnahmen beschlossen und Entscheidungen gefällt, die ich innerlich nicht mittrug. Maßgeblich, wie schon angesprochen, im EDV-Bereich. Weitere Knackpunkte: Ein leitender Mitarbeiter wurde des Diebstahls überführt, ein anderer musste wegen Unstimmigkeiten in der Abrechnung von Maschinen entlassen werden. Das Bonifikationssystem entsprach nicht mehr meinen Vorstellungen, für den Fuhrpark musste ich diskutieren, ob ein neuer Motor ausreichte oder ein neuer LKW angeschafft werden sollte, wobei es tatsächlich ein Diskussionspunkt war, ob mit Radio im Cockpit für den Fahrer, oder nicht.

Im Juni 1983 habe ich dann noch einmal einen Versuch unternommen, diese Entwicklung zu korrigieren. Ich habe den Vorstand, Herrn Simon und Herrn Seel, sowie den Aufsichtsratvorsitzenden Herrn Fuhr junior nach Hönningen eingeladen und zu einem Grundsatzgespräch gebeten. Nachdem ich einige Fakten genannt hatte, ging es im Kern um meine Forderung, die Herren sollten kontrollieren, was ich mache, aber die Entscheidungen mir überlassen so wie es in den ersten zehn Jahren war, als keiner wusste, wie es weiter gehen sollte, keiner eine Ahnung hatte wie wir die Schulden abtragen sollten.

Das wurde abgelehnt und damit war die weitere positive Entwicklung der BÄKO abgeschlossen. Mit meiner Dynamik und Einstellung früherer Jahre hätte ich mich zu diesem Zeitpunkt um eine andere Aufgabe bemüht, aber ich wollte nicht mehr von Limburg weg und passte mich an.

Die BÄKO-Gruppe in der Gesamtheit leidet an der Konstruktion des ehrenamtlichen Vorstandsmandats. Die Haftung der ehrenamtlichen Vorstandsmitglieder mit ihrem persönlichen Vermögen und den daraus resultierenden Entscheidungsbefugnissen steht in einem krassen Widerspruch zu ihrer fachlichen Kompetenz im zeitgemäßen und modernen Fachgroßhandel.

Wo sollte ein Bäckermeister es auch gelernt haben mit seiner berufsspezifischen Ausbildung, einer Betriebsgröße und Verantwortung für zehn Mitarbeiter. Wir haben heute Genossenschaften, die bald 100 Mio. DM Jahresumsatz erreichen, in denen über 100 Mitarbeiter tätig sind, die sich im Wettbewerb mit den heutigen Marketing-Methoden und den modernsten Techniken auf den sich permanent verändernden Markt einstellen sollen, und ihre Entscheidungsträger denken noch in Kartongrößen.

Schon zu EDEKA-Zeiten war ich der Meinung und bin heute mehr denn je davon überzeugt, der Vorstand muss hauptamtlich sein und im Gegenzug der ehrenamtliche Aufsichtsrat durch externe Hilfen in seiner Kontrollfunktion gestärkt werden. Der BÄKO-Prüfungsverband hat in dieser ihm eigentlich zustehenden Aufgabe versagt. Auch das ist systembedingt, denn letztlich entscheidet der Bäckermeister über das Gehalt des Verbandsdirektors. Schon von meiner Ausbildung her beim EDEKA-Prüfungsverband war ich immer von der Richtigkeit eines branchenspezifischen Prüfungsverbandes überzeugt, habe auch deswegen gerne Aufgaben im beratenden Bereich des Prüfungsverbandes übernommen, sah mich aber doch häufig im Gegensatz und nicht selten in Konfrontation mit dem Verband.

Das beginnt mit der Verbandsspitze, dem Direktor des Prüfungsverbands. Etwas stark formuliert, aber im Kern zutreffend: Die Ausbildung eines Wirtschaftsprüfers ist eine langwierige Angelegenheit und stellt hohe Anforderungen. Wer sich dann als Wirtschaftsprüfer im besten Alter von 50 Jahren für 200.000 DM per anno verdingt (und viel mehr kann die BÄKO nicht bezahlen), der ist der Bodensatz der Berufsgruppe und kein dynamischer Unternehmer.

So ist es ja auch nicht gelungen, in fünfzehn Jahren alle BÄKO-Genossenschaften als Verbandsmitglieder zu gewinnen. Das wirkte sich auch nach unten hin auf die Qualität der Verbandsprüfer aus. In der Regel Buchhaltertypen, Rechnungs- und Belegkontrolleure mit dem Gehalt eines Abteilungsleiters, mehr hatten sie auch nicht verdient, aber keine Gesprächspartner der Geschäftsführungen um marktpolitische Konzeptionen. Diese Nullenfänger, die sich, teilweise aus einem Neidkomplex heraus, an den Spesenabrechnungen der Geschäftsführer aufgeilen konnten und damit die Bäckermeister beeindruckten, haben einige Genossenschaften kaputt geprüft. –

Wie richtet man eine Genossenschaft zu Grunde:
1. Man lässt die Ehrenamtsträger entscheiden,
   wie es ihnen satzungsgemäß zusteht.
2. Man schaltet, wenn es Probleme gibt,
   den Prüfungsverband ein.

Wenn bei mir kontrolliert wurde, ob die Zigarren, die ich rauchte, auch von mir bezahlt wurden, so hatte ich damit kein Problem, aber ich wollte den Prüfungsverband in einer Führungsrolle für alle Genossenschaften sehen und dass er dazu nicht fähig war, störte mich.

Zum Abschluss dieses Themas: Es hat Prüfer gegeben, die haben dem Aufsichtsrat die Entlassung des Geschäftsführers nahegelegt und sich dann selbst um diese Aufgabe beworben. Dabei beweist die BÄKO-Geschichte, dass es in all' den Jahren nur einen Prüfer gegeben hat, der sich als Geschäftsführer durchsetzte: Herr Euskens, alle anderen sind gescheitert. Es ist eben doch etwas anderes, zu sagen, was falsch ist, oder es selbst besser zu machen.

Heute empfehle ich den Entscheidungsträgern, den Bäckermeistern, die Auflösung oder Fusion des BÄKO-Prüfungsverbandes zu betreiben, denn er ist zu klein geblieben, um die ihm gestellten Aufgaben vernünftig lösen zu können. Private Wirtschaftsprüfungsgesellschaften haben heute eine Größenordnung und damit eine Leistungsfähigkeit erreicht, die denen eines kleinen Verbandes bei weitem überlegen ist.

Daran, dass ich es nicht lassen kann, Vorschläge für die Zukunft zu machen, sieht man, dass ich immer noch mit dem Handwerk verbunden bin.

So hat dann auch bei meiner Entlassung der Verband in Person des Verbandsdirektors eine Rolle gespielt, die für die BÄKO nicht von Vorteil war. Ein dummer Fehler des Verbandes war zunächst der Versuch über drei Jahre und dann die Umsetzung der Änderung meines Anstellungsvertrags. Durch meine umsatzabhängige Entlohnung, die als Beispiel schlechter Vertragsgestaltung bei Berücksichtigung der Interessen des Bäckerhandwerks galt, immerhin hatte sich der Umsatz in meiner Zeit von 9 Mio. DM auf 45 Mio. DM entwickelt und somit auch mein Gehalt, war ein Dorn im Auge kurzsichtiger Betrachter. Die Umsatzbeteiligung wurde gemindert und dafür eine zusätzliche Gewinnbeteiligung eingeführt.

Dazu muss man wissen, was die eigentliche Aufgabe der Genossenschaft ist: Bemühungen um den Fortbestand des Handwerks und Gewinne bei den Mitgliedern entstehen zu lassen; Genossenschaften sind „Non-Profit-Unternehmen". Der Ertrag bei der Genossenschaft hat ausschließlich nur der Fortbestandsicherung zu dienen und nicht der Eigenkapitalanhäufung. Weil Engstirner dem Geschäftsführer Prämien zahlen für Gewinne, die sie in ihren Häusern zu Lasten des Handwerks erzielen, haben wir gute Genossenschaften, die unabhängig vom Kapital der Mitglieder geworden sind, was dem Haftungs- und Verantwortungsgedanken von Schulze-Delitzsch widerspricht.

Die Krönung in diesem Bereich war, dass man es als modern bezeichnete, die Nachschusspflicht der Mitglieder aufzuheben und damit aus der erweiterten Verantwortung nahm. Das zeigte, dass an den Schalthebeln keine Leute mehr waren, die wussten, was Genossenschaft bedeutet. Zum Gewinn einer Genossenschaft sagte Herr Stubbe: Setzen sie zehn Professoren an diese Frage und sie erhalten fünfzehn verschiedene Antworten.

Auf jeden Fall, für mich war diese Änderung kein finanzieller Verlust, denn der Verband hatte es versäumt, in seinem Mustervertrag vorzuschreiben, was er für eine prämierenswerte Gewinngröße hielt. So habe ich mir dann den Bilanzgewinn vor allen Kundenvergütungen, Dividenden und Steuern vertraglich sichern lassen. Was diese Burschen, die Ahnungslosen, nicht gewusst hatten, war, dass wir den Altbau, der mit 300.000 DM zu Buche stand, für 2,5 Mio. DM verkauften und der AO Ertrag Gewinn war.

Die Herren des Vorstands und Aufsichtsrats haben, als sie meine Jahresabrechnung sahen, dem Verband erhebliche Vorwürfe gemacht, was mich wiederum beim Verband nicht beliebter machte. Es war auch ein Grund, warum man mit meinem Ausscheiden, der vom Verband betrieben wurde, einverstanden war, denn von dem Geld konnten sie sich zwei von der Sorte meines Nachfolgers, Herrn Herr, leisten.

Ob die BÄKO damit Geld gespart hat, mögen andere entscheiden.

Die logische Folge war dann, dass ich von der BÄKO entlassen wurde. Ich will es hier einmal öffentlich machen: Mir war das recht, denn ich wollte auch nicht mehr.

Dass dann die Öffentlichkeit, die Presse mit einbezogen wurde, dass mein aufgebautes Image, das ich gepflegt hatte, darunter litt und es für mich nicht ganz einfach war, liegt wohl in der Natur der Sache.

Eines muss ich noch beschreiben, um es auch als Lehrbeispiel weiter zu geben: Ich hatte mir kein Vergehen zuschulden kommen lassen. Auf der letzten Generalversammlung wurde ich noch, auch vom BÄKO-Prüfungsverband, vor den Mitgliedern gelobt, die BÄKO Hessen-Nassau als vorbildlich hingestellt und nun galt es zu begründen, vier Monate nach der Versammlung, warum man sich von mir trennte.

Dabei wurde dann gelogen, wohlwollend kann man es als Notlügen bezeichnen, und in die Öffentlichkeit gebracht. Mir war das gleichgültig, ich hatte mein Geld und meine Ruhe.

Später stellte ich fest, dass diese Einstellung vielleicht doch falsch war. Zwei gute Bekannte, ich nenne hier einmal die Namen: Frau Herdering aus Dorchheim und Herr Neeb jun. aus Diez, sagten mir fast gleichlautend: „An den Vorwürfen muss doch etwas dran gewesen sein, sonst hättest Du dich doch gewehrt, so wie wir dich kennen."

Auch später in Kassel, wo ich überhaupt erstmalig den Umfang der Verleumdungen erfuhr, hörte ich ähnliches.

Das Fazit für mich und für alle, denen einmal etwas ähnliches passiert: Es gibt eine Grenze des Stillhaltens. Es für sich alleine besser zu wissen, genügt dann nicht mehr.

Ob schuld daran die Mandel war?

Von den ganzen Gremien und Ausschüssen, in denen ich tätig war, gab es einen, der neben der sachlichen Arbeit auch ein besonderer Hort der Freude und Unterhaltung war, der betriebswirtschaftliche Ausschuss des BÄKO-Prüfungsverbandes. Hier traf sich eine Gruppe von Kollegen, die zumindest bei der Freizeitgestaltung die gleichen Interessen hatten.

Von den vielen gemeinsamen Erlebnissen war eine Reise nach Kalifornien, Las Vegas und New York der Höhepunkt. Es wäre unanständig über alles zu berichten, was wir erlebten.

Nett ist die Geschichte in New York, wo wir abends ankamen, und ich mit Günter Altheim noch einmal um die Ecken ging. Ich kannte mich durch einige Besuche in New York ein wenig aus.

Was ich nicht kannte war Angst, und so bin ich mit

Günter nach Harlem. Es war schmuddelig, pikant und prikkelnd, aber für gefährlich hielt ich es nicht.

Am anderen Tag war für uns eine Stadtrundfahrt organisiert. Die Sprecherin im Bus ließ an einer Straßenkreuzung halten und sagte: „Von hier ab beginnt jetzt Harlem. Wir können mit dem Bus nicht hineinfahren, das ist zu gefährlich. Bitte betreten Sie diese Gegend nicht, auch nicht am Tage und schon gar nicht nachts."

Günter rief ganz entsetzt: „Friedhelm, ist das nicht hier, wo wir gestern Abend waren?" Ihm ist im Nachhinein der Schreck in die Glieder gefahren.

Im Rahmen eines geselligen Beisammenseins nach dieser Reise habe ich ein paar Reime vorgetragen, die ich nun in Ausschnitten wiedergebe. Ausschnitte deswegen, weil im Gesamten ein paar Passagen sind, die die BÄKO-Politik betreffen und allgemein nicht verstanden würden.

Ein paar Gedanken, die auf dem Flug von Las Vegas nach New York zu Papier gebracht wurden.

Refrain: „Ob Schuld daran die Mandel war."

Voll Überdruss hatten wir erkannt,
schnell weg von hier in ein anderes Land.
Lasst uns erholen dort wo die Mandeln blühn
und ein Stück Welt erleben im Vorüberziehn.
Eine Reise mit Flugzeug, Auto und auch cable-car,
ob Schuld daran die Mandel war?
Erlebnisse werden durch Erzählen erst schön.
Freunde werden uns durch Schweigen verstehn,
dass schwarz die Nacht und auch die Haut,
wer hat denn hier das Geld geklaut?
Ja, wer in den Urwald geht, der begibt sich in Gefahr!
Ob Schuld daran die Mandel war?

Ob Schuld daran die Mandel war?

Die Schluchten tief, der Canyon groß,
gekrümmt der Colorado in Arizonas Schoß.
Wo Frauen sind wie Marmor und Wachs
da blüht bei Männern nicht nur der Flachs.
Zu kaufen gibt's vieles für Moneten in bar.
Ob Schuld daran die Mandel war?
Ich rede nicht weiter, ich mache jetzt Schluss,
ein jeder zu Hause sich begnügen muss.
So wie man liegt so ist man gebettet,
wem's zu Hause Spaß macht, der ist gerettet.
Kalifornien du warst wunderbar,
egal, ob Schuld daran die Mandel war!

Und dann bezogen auf den Präsidenten des Deutschen Bäckerhandwerks, der in Personalunion in allen wichtigen Gremien des Handwerks an entscheidender Stelle saß und in seiner Gedankenwelt nie den Geist des kleinen Bäckers aus Bayern überwinden konnte:

Fragt man nach der Moral von dem Gedichte
so steht zwischen den Zeilen die Geschichte:
Wir haben in Kalifornien so viele Mandeln geseh'n,
immer neue kommen, die alten vergeh'n.
Lasst uns auf die neue Ernte hoffen,
vielleicht sind wir dann glücklicher betroffen.
Doch eine neue Mandel muss nicht unbedingt her,
veredeln wir die alte, das wäre fair!
Diese Erkenntnis war dann auch die Reise wert
und wer's Schuld war, der sei geehrt.
Macht uns die Arbeit und das Reisen Spaß fürwahr,
wir dankbar fragen: ob Schuld die Mandel war?

Ein weiterer Vers von mir zu diesem Anlass:
Achtzehnter Zehnter neunzehnhunderteinundachtzig
eine Gruppe von Kollegen und Freunden auf macht sich.
Nach vorn gerichtet ist aller Blick,
vergessen alle Diskussionen,
sie blieben mit den Neidern zurück.

In Frankfurt treffen wir alle ein.
Erste Frage, wo mögen die Bremer sein?
Klehmann kommt dann als erster vom Norden,
der Nebel war also nicht so schlimm am Morgen.

Alle waren sehr schnell eingecheckt,
man spürte zum ersten Mal, es beginnt ganz perfekt.
Ein Flug von fast zwölf Stunden,
wir brachten die Zeit gut über die Runden.

Essen, trinken, schlafen, nicht wie im Bett –
Dafür wurde die Stewardess geneckt.
   In der Kombüse die Gruppe sich traf über Grönland,
Günter Altheim wurde vorgestellt im neuen Gewand.
Für „40" galt es ihn zu ehren,
gegen den Doktor h.c. und den Hut
konnte er sich nicht wehren.

   Es war schon ein Ding, bei Bier, Sekt und Vino,
wir hörten Chopin im Lufthansa-Kino.
Etwas müde, doch erwartungsvoll gespannt,
gingen wir in San Francisco von Bord,
wir betraten ein anderes Land!

   Hilton, San Francisco, Günther Hoffmann
stand am Empfang,
sein Bemühen und seine Vorsorge begann.
Nur ein Weltmann wie er kann Gäste
so freundlich begrüßen,
dabei ein Hemd und kein Anzug im eigenen
Schrank zu wissen.

   Und dann wurde uns da noch jemand vorgestellt,
Hosi, eine Junge, ein Mann von Welt.
Im Laufe der Reise durch das Land,
wir stellten fest, Mensch war der bekannt.
Er kannte die Farmer, der Hotels großen Flair –
er gab Auskunft über so vieles;
er wusste wohin und woher.

   Das erste Essen, hervorragend wir alle es genossen,
Gastgeber, die Tenneco – mit ihren Bossen.
Nach 20 Stunden, helllichter Tag –
zufrieden ein jeder in seinem Bette lag.
   Am Morgen, nach dem ersten Wecken,

begann man das eigentliche Amerika zu entdecken.
In Sacramento nach dem Essen im Holiday Inn,
zum ersten Mal es richtig in die Mandeln ging.

Transportiert, entkernt, gereinigt, geschält,
von fleißigen Frauen die besten ausgewählt,
welch eine Mühe, welche Sorgfalt wird angewandt,
wie gut, wäre das auch unsern Bäckern und
Konditoren bekannt!

Da heißt es oft: der Preis, die Geschabten zu dick,
wer hat denn wieder die falschen geschickt?
Am Abend beim Essen, mit Diamonds als Gastgeber,
wir stellten fest:
die Genossen sind etwas entfernt
von den genossenschaftlichen Urhebern!

In der Gruppe wurde bei Karten 30einhalb bekannt.
Günter sagte, ja warum arbeite ich für's Geld
und reise nicht in 30einhalb durch die Welt?

30einhalb

Noch eins wird der Gruppe aus Sacramento in
Erinnerung bleiben,
es war ja auch wirklich zum Weinen.
Ob zum Essen, zum Drink, oder man ging ins Bett,
die Damen aus Pelle mit Tüll vom Ballett.
Man sollte nicht meinen, wo die alle waren,
warum sind die uns nicht begegnet vor 50 Jahren,
als sie in unserem Alter waren.

Dass nicht jede Mandelernte daneben geht,
wurde uns beim Besuch von Masons Farm belegt.
Wenn eine gute Ernte nicht bringt viele Dollar ein,
sind wir gegenüber dem lieben Gott, so meine ich, ein
bisschen gemein.
Zurück nach San Francisco,
die genossenschaftliche Mandel war abgeschlossen,
wir nun die schöne Weltstadt genossen.
Zu erwähnen wäre manches; vieles war begehrenswert
schön,
doch der Eindruck von High's Regency wird nicht
schnell vergehn.

Groß war der Einsatz von TENNECO,
wir jetteten nach Bakersfield, privat, mal eben so.
Selbst vom Hubschrauber bekamen wir
Mandeln und Baumwolle gezeigt,
die Waage unserer Stimmung stark zur TENNECO
zeigt.

Es war Freitag, die Anstrengung des Business vorbei,
San Francisco, Nevada, der Weg nach Las Vegas war
frei.
Dann der Empfang in der Weltstadt der Spieler,
wir kannten unsere Welt nicht wieder.

Selbst der Kitsch war hier so bombastisch,
der Unterschied zur Heimat einfach drastisch.
In Caesar's Palace, wo des Dollars Kampfes Lärm,
die vielen Gefechte, von der Heimat so fern.
    Wir waren erschlagen, beeindruckt, entzückt,
dem Alltag der Heimat weit entrückt.
Viele sagten, das kommt nie wieder,
Automaten, Banditen, Damen ohne Mieder.
    Ein Glimmer und Glitzern, ob in schwarz oder weiß,
selbst Caesar, der Ausgelaugte,
ihm wäre geworden zu heiß.
Es war besonders, wir es einmalig empfanden,
doch sollte das das Paradies sein, was in der Wüste
entstanden?
Nein, hier fährt man hin um es zu sehen,
um dann wieder gerne nach Hause zu gehen.

Grand Canyon: Verpasste Chance!

Arizona, Grand Canyon, zu den Indios,
ein Abstecher per Flugzeug, ein paar Stunden bloß.
Man ist in der Nähe, man plant es mit ein,
sehr schön und interessant, mal da gewesen zu sein.
  Den Flair von Kalifornien im Sinn,
den Wind von Arizona im Haar,
die Drinks von Caesar's Palace in den Knochen,
den Staub von Nevada an den Füßen –
lässt uns die Freiheitsstatue von New York begrüßen.
  Eine Zwischenbilanz ist hier schon angebracht,
wir haben gelebt, gescherzt und gelacht.
Sie werden alle einstimmen mit mir,
wenn wir singen: „Hoffmann, wir danken dir!"
  Zurückblickend sei ihm noch einmal gedacht,
welch' große Mühe er sich mit uns gemacht.
Mandeln mögen gut für Marzipan sein,
auch nötig für Dollars, das klingt zwar gemein.
Doch Mandeln und diese Reise haben Menschen
verbunden,
wer dabei war, wird es leichten Herzens bekunden.
  In fröhlichen Runden ist nicht schwer
Kollege zu sein,
wenn wir uns brauchen und es fällt uns dann
diese Reise ein,
wenn wir da sind, wenn es füreinander gilt,
dann hat die Reise ihren Zweck erfüllt.

Den folgenden, nicht ernst zu nehmenden Vortrag, jedoch mit ernstem Hintergrund, habe ich im Anschluss einer Jubiläumsfeier in Augsburg gehalten:

Der Verband!

Sie erkennen, dass ich eine Verletzung – nennen wir es einen Schaden – hatte. Um ihn zu mindern, ihn in Grenzen zu halten, bemühte ich den Verband.

Ich dachte – ja denkste – und hatte es auch so gelernt, es sei seine Aufgabe, Schaden zu mindern.

Nun hat das aber mit so einem Verband seine Tücken. Erst einmal verhält er sich sehr unterschiedlich. Keineswegs ist er an jeder Stelle gleich gut, oder gleich gut zu gebrauchen.

Man ist in der Lage, mit ihm einen Körperteil abzubinden, sterben zu lassen, wobei es auf den ankommt, der den Verband handhabt, damit nicht auch einmal ein gesundes Glied stirbt. Es soll schon vorgekommen sein, womit klargestellt ist, dass der Einsatz des Verbandes nicht immer und überall sinnvoll ist. Bei mancher Verletzung mit schweren Folgen wäre es sinnvoll gewesen, der Verband wäre vorher da gewesen. Logisch, der Schaden wäre geringer gewesen oder erst gar nicht aufgetreten.

Aber was ist beim Verband schon logisch oder gar sinnvoll?

Der Gesunde vermisst ihn nicht und der Kranke findet ihn lästig. Wer schon einmal in den Zwängen eines Verbandes war, kennt das beglückende Gefühl, wenn er weg ist.

Ja, der alte Verband, er hat so was wie miefigen Müll an sich. Gewöhnlich mit zwei Fingern einer jeden Hand weit von sich haltend, trägt man ihn weg und lässt ihn fallen. Gewiss, das ist manchmal ungerecht, denn er war ja auch mal nötig.

Wir tragen in unserem Leben alle einmal ein paar Schrammen und Wunden davon.

Wir haben alle viele Erinnerungen, aber wer erinnert sich schon an einen alten Verband?

Das ist natürlich für den Verband ein tragisches Schicksal und für uns von daher sein Frust verständlich.

Auch wissen wir, wenn ein Verband mal nicht passt oder seine Anwendung falsch war, kommt er ins Rutschen, verliert sein Niveau.

Und es ist schon physikalisch bedingt, dass, wenn ein Verband rutscht, es fast immer nach unten geschieht, was man ihm dann noch nicht einmal anlasten kann, sondern höchstens dem, der den Verband handhabe.

Aber wenn er neu ist, im unschuldigen Weiß getragen wird, dann ist das der Augenblick, wo sein Stolz leuchtet, die Schmerzen des Trägers völlig ignorierend. So ist es für ihn auch ein Glücksgefühl, dem Gespräch unschuldiger Kinder zu lauschen, und der Erfahrene lächelt abgeklärt, wenn er aus Kindermund hört: „Ich möchte auch mal so einen schönen Verband."

Haben die Kinder erst die damit verbundenen Schmerzen erfahren, so kann man sie mit erhobenem Zeigefinger erziehen:

„Sei artig, oder du bekommst einen Verband!" Hingegen für den Erfahrenen ist es nicht mehr Drohung, sondern reizvolle Veränderung, wenn man ihm sagt oder er es sich überlegt, „Nehme ich mir einen neuen Verband?"

Hat der Feind ihn zu ertragen, so freut man sich und dem Freund wünscht man mitleidvoll baldige Genesung.

Was kann der Verband dafür, dass er sich nicht artikulieren kann?

Könnte man mit ihm kommunizieren – reden, so würden wir erfahren,

1. Dass er wenig weiß, aber überall mitredet.
2. Dass, wenn man ihn aufklärt, er es nicht begreift.
3. Dass er Lösungen erarbeitet für nicht vorhandene Probleme.

Aber er erfüllt auch seine soziale Funktion. Ohne Verband wären die vielen Sanitäter arbeitslos, weil sie ja nichts anderes gelernt haben. Ganze Kliniken müssten eventuell geschlossen werden, nur für den Chefarzt natürlich problemlos, der eine zusätzliche Ausbildung in der Agrarwirtschaft hat. Man könnte ihn ja risikolos in der Landwirtschaft einsetzen.

Risikolos ja, denn ein Skalpell auf dem Bauernhof ist bei weitem nicht so gefährlich wie Mist in der Klinik.

Wenn es für mich einmal unumgänglich ist, dass ich einen Verband benötige, so wünsche ich mir die Wunde am Hintern. Bei Bedarf könnte ich dann entsprechend essen und ihn wegscheißen.

Fazit: Dort, wo der meiste Verband ist, ist das größte Elend.

Glücklich, wer ihn gar nicht kennt.

Selig, wer ihn nicht sein eigen nennt,

klug, wer mit geschickter Hand auf ihn verzichten kann,

den Verband.

Zu einem der letzten Abschnitte dieses Pamphlets muss man wissen, dass der damalige Verbandsdirektor aus der Agrarwirtschaft kam.

Ich habe oft, auch ohne Vorsicht, bei hellem Tageslicht meine schlimmsten Gedanken gesagt. Das brachte mir gleichermaßen Anerkennung und Feinde, meistens allerdings heimlich, das war mir aber scheißegal.

Dass der Verbandsdirektor das nicht lustig fand, auch wenn er sich für einen Rheinländer hielt, habe ich in Kauf genommen, so musste ich dann auch akzeptieren, dass er die treibende Kraft bei meiner Entlassung in Limburg war. Für ihn spielte es ja auch keine Rolle, dass die BÄKO viel Geld zahlen musste, um mich los zu werden, denn das bezahlte nicht er. Dieser kleine Einmetersiebzig-Typ hatte das Napoleonsyndrom.

Zu Hause in der Familie war es so, dass Beate mittlerweile eine eigene Wohnung hatte. Später bin ich dann noch in München mit ihr auf Wohnungssuche gewesen. Rolf begann mit dem Studium in Worms. Auch hier habe ich mit ihm gemeinsam die erste Studentenbude ausgesucht, sodass mir nichts mehr im Wege stand, mein Leben auf eine neue Basis zu stellen. Ich hatte ein festes Vorhaben umgesetzt: solange die Kinder zu Hause sind, bleibe ich auch. Es ist mir manchmal schwer gefallen, es kamen Zweifel, ob es richtig war, aber im Rückblick bin ich froh darüber und mache für mich die Feststellung, dass ich richtig gehandelt habe.

Es war doch ein gewaltiger Schritt und eine enorme Veränderung in meinem Leben, den ich gemacht habe.

Auslösender Punkt war mein Ausscheiden aus der BÄKO. Damit verbunden die Niederlegung aller Aufsichtsratsposten und Ausschussarbeit in der BÄKO-Gruppe. Austritt aus der Partei, Niederlegung des Amtes als Vorsitzender des Hockey-Clubs. Scheidung beantragt und in wenigen Wochen durchgeführt. Haus verkauft und in eine Mietwohnung gezogen. Die Freundin (heute heißt es Lebensabschnittsgefährtin) mit in der Mietwohnung, gemeinsamer Möbelkauf. Bevor die Möbel zur Auslieferung kamen, war sie wieder ausgezogen, und ich dabei arbeitslos. Das alles innerhalb weniger Wochen.

Jeder einzelne dieser Vorgänge war mit vielen Gedanken und Emotionen verbunden. Ein ungeheuerer Kraftakt, ich brauchte auch einige Zeit, um mich davon zu erholen. Aber ich habe es durchgestanden und bin heute mit dem Ergebnis meiner damaligen Entscheidungen sehr zufrieden, ja ich erweitere das, auf sehr glücklich.

Besonderes schwierige Momente gab es natürlich auch, so zum Beispiel, als unser Haus in Offheim verkauft war und die zwischen mir und meiner Frau aufgeteilten Möbel ausgeräumt waren und ich noch einmal ins Haus ging. Es war nicht der Abschied vom Haus, zu dem ich keine besondere Beziehung hatte und auch keine so tollen Erinnerungen, sondern die beiden leeren Kinderzimmer, die mich sehr berührten, denn es war die endgültige Abnabelung von ihnen. Das wurde mir sehr deutlich bewusst.

Beim Ordnen der Gedanken zu diesem Thema musste ich mir viel Zeit nehmen. Ich weiß jetzt nicht, in diesem Augenblick, in dem ich damit beginne sie niederzuschreiben, ob es mir gelingt, den Facettenreichtum an Erlebnissen und Begegnungen mit meinen Gefühlen zum jeweiligen Zeitpunkt des Geschehens in die richtigen Worte fassen zu können.

Anfang der 70er Jahre, es muss 1972 oder 1973 gewesen sein, als wir den ersten Wohnwagenurlaub in Jugoslawien hinter uns hatten, und weil uns das Campen so gut gefallen hatte, haben wir einen Wohnwagen gekauft. Den ersten Winter über stand er auf unserem Grundstück in Offheim, was kein dauerhafter Zustand sein konnte, weil es viel zu beengt war. So bemühten wir uns um einen Stellplatz. Wenn ich sage wir, so bedeutet das in dieser Zeit, dass meine Frau sich darum kümmerte, denn ich hatte für die Dinge, die zu

Hause als Erledigung anlagen, weder Zeit noch Sinn.

So war es dann auch mit dem Verkauf des Hauses in Off-heim, als Folge der Scheidung. Meine Frau hatte die Verbindung zum Käufer geknüpft, wie ich später feststellte nicht ganz uneigennützig, denn sie hat eine kräftige Provision kassiert, ohne mich zu informieren, die damit auch nicht in die Aufteilung des Vermögens fiel.

Da ich mir am Scheitern meiner Ehe selbst eine erhebliche Schuld zuschrieb, war es für mich ganz selbstverständlich, dass das in der Ehe erworbene Vermögen auch korrekt geteilt wurde. Ich hatte mich äußerst großzügig verhalten, was auch zur Folge hatte, dass die Scheidung so schnell und ohne Vermögensdiskussion durchgeführt wurde.

Wenn man dann im Nachhinein feststellt, noch um einige tausend Mark beschissen worden zu sein, so vermerke ich das als unangenehme Randerscheinung.

Eine Zwischenbemerkung dazu: Heute weiß ich, dass es ein Fehler von mir war, mich nur um die beruflichen Belange zu kümmern, dazu noch mein Auftreten in der Öffentlichkeit in Limburg, sowie mein Engagement mit den Kindern im Sport. In der Nachbetrachtung erkenne ich darin auch eine Art Flucht in permanente Aktivität vor den Problemen zu Hause.

Ich hatte den Zeitpunkt verpasst, mich um Dinge, die zu Hause anlagen, zu kümmern, um sie in eine von mir gewünschte Richtung zu bringen. Es war wohl das Zusammentreffen von Bequemlichkeit und Resignation, denn überall woanders war ich bestimmend, dominant bei der Durchsetzung meiner Vorstellungen, aber zu Hause bestimmte meine Frau. Es waren ja auch zunächst die kleinen Dinge, die mich nicht interessierten, wie: welche Tapete kommt an die Wand, welches Bild wohin. Die Möbel für das neue Haus in Offheim kaufte sie, bis hin zu sehr persönlichen Dingen wie Anzug, Schuhe, Hemd und Krawatten. Das alles kaufte sie für mich. Mein Bekanntheitsgrad erlaubte mir nicht, in Limburg in ein Geschäft zu gehen, um es dann, ohne etwas zu kaufen, wieder zu verlassen. Es war halt die Provinz, wo jeder jeden kannte.

Das Ganze spielte sich dann so ab, dass meine Frau mir drei oder vier Anzüge nach Hause holte, und ich mir einen oder zwei davon aussuchte. Das Gleiche geschah beim Kaufen von Schuhen. In diesen Dingen war ich so unselbständig geworden, dass ich mir später, als wir geschieden waren, eine Freundin oder gute Bekannte aussuchte, die mit mir einkaufen ging, wenn es sich um die persönlichen Dinge meiner Kleidung handelte.

Ich weiß noch, wie überrascht meine Frau war, als ich einmal aus Wiesbaden nach Hause kam und mir einen neuen Anzug gekauft hatte. Christa Courtial hatte mich begleitet, sonst wäre es auch dazu nicht gekommen.

Zusammenfassend und symbolisch für mein Verhalten: ich habe mir 30 Jahre lang keine Krawatte selbst gekauft.

Bad Hönningen

So war es dann auch mit dem Wohnwagen. Eines Tages offenbarte mir meine Frau: „Wir haben einen Stellplatz für unseren Wohnwagen, beim Thermalbad in Bad Hönningen können wir ihn den Sommer über hinstellen."

Zu der Auswahl dieses Standortes muss noch gesagt werden, dass ich 1958 das Thermalbad auf der gegenüberliegenden Rheinseite von Bad Hönningen, in Bad Breisig, kennengelernt hatte und wir häufig in der Freizeit der ersten Jahre dort hingefahren sind. Wir waren Freunde des Thermalbades geworden. Daraus hatte es sich ja auch ergeben, dass wir unsere Hochzeitsreise nach Bad Breisig machten.

Nun stand unser Wohnwagen in Bad Hönningen auf dem Campingplatz, ohne dass wir eigentlich Camper waren. Sehr einfach, mit den primitivsten Mitteln ausgestattet, ohne Vorzelt, auf einem Ascheplatz.

Ich war in der ersten Zeit sehr wenig dort, selbst zum Wochenende fehlte mir die Zeit und das Interesse zum Campen. Meine Frau hatte überraschend schnell ihre ursprüngliche Ablehnung gegen eine Freizeitgestaltung dieser Art abgelegt und sich dort offensichtlich sehr wohl gefühlt. Ich sehe heute die Gründe darin, dass wir zwar das öffentliche Leben (das im Mittelpunkt stehen!), in Limburg zu Anfang sehr genossen haben, denn es war eine Aufwertung unseres Lebens und unserer Persönlichkeit, wir waren stolz, dass wir dazu gehörten, aber es war nicht das Umfeld, aus dem wir kamen, einfach gesagt, es war nicht unsere Welt.

So ist es wohl auch meiner Frau gegangen und sie fühlte sich in der Anonymität wohl, wobei das Wissen, dass man einen anderen sozialen Stand hatte als die meisten der Nachbarcamper, auch dazu beigetragen hat.

Sie hatte sich in Bad Hönningen einen eigenen Bekanntenkreis aufgebaut. Wie sehr, habe ich erst später gemerkt. Von Limburg aus fuhren befreundete Paare mit, wenn ich keine Zeit hatte. So lernte ich dann auch das Ehepaar Courtial kennen, das schon einige Wochenenden mit meiner Frau im Campingwagen verbracht hatte.

Allmählich begann auch ich dann, Hönningen zu entdecken, aber es dauerte schon ein paar Jahre, bis ich meine Freizeit dort verbrachte, dann allerdings so, dass ich mich um möglichst viel Freizeit bemühte und jede freie Stunde auf dem Campingplatz verbrachte.

Was zog mich so sehr dahin?

Einmal die schon angesprochene Anonymität, ich war ausgebrannt und es leid zu repräsentieren. Unrasiert und mit der kurzen Hose konnte ich abschalten. Der Bekanntenkreis dort waren einfache Leute. Skat gespielt habe ich mit einem Müllwagenfahrer aus Remscheid. Ebenso einfach waren auch die Gesprächsthemen und Witze, die erzählt wurden.

War es zurück zum Ursprung, tauchte im Geiste Onkel Schorsch wieder auf?

Ich begann über mein Leben nachzudenken, über den Sinn des immer weiter, immer mehr. Auf der Basis eines relativen Wohlstandes, den ich – von meiner Herkunft her gesehen – hatte, lässt es sich ja auch leichter philosophieren, ob die Arbeit und der Einsatz, den man gebracht hat, richtig war, in Bezug auf den Verzicht der damit einhergeht.

Hierbei bin ich zu dem Ergebnis gekommen, dass es bisher im Wesentlichen richtig war, was ich gemacht habe. Aber was rückblickend richtig war, muss zum aktuellen Zeitpunkt und insbesondere in der Perspektive nicht zwangsläufig auch so sein.

Ich verglich die Sorgen, Probleme und den Aufwand, die meine Geschäftspartner oder Geschäftsführerkollegen bei einem Nettoeinkommen von 10.000 DM im Monat hatten, mit den 3.000 DM und den Sorgen eines Müllfahrers oder anderen Arbeitern und konnte keinen wesentlichen Unterschied entdecken, speziell auf den Punkt Zufriedenheit bezogen.

Diese Gedanken waren natürlich auch nicht sehr förderlich für mein berufliches Engagement, ich begann umzudenken. Dafür war Bad Hönningen der geeignete Ort, um auf dem Campingplatz eine Art Aussteigermentalität zu pflegen.

Um es an einem Beispiel einmal zu demonstrieren, wie sich das darstellte:

Ich kam von einer Kalifornienreise zurück, hatte die letzte Nacht im Hayett-Hotel in San Francisco für 300 Dollar gewohnt, vom Flughafen Köln-Bonn holte mich der BÄKO-Fahrer ab und brachte mich zum Campingplatz. Dort warf ich den Nadelstreifen in die Ecke und ging ans Büdchen von Karl zum Kölschtrinken und beteiligte mich an der Diskussion um die Preiserhöhung für ein Kölsch, von 1,30 DM auf 1,40 DM. Keiner hatte eine Ahnung, dass ich am Abend vorher noch für einen Whisky sechszehn Dollar bezahlt hatte. Das war das neue Leben, das mir gefiel.

Das Schwimmen und Baden im Thermalbad tat sein übriges, ich fühlte mich körperlich wieder wohler, auch dadurch, dass ich zwangsläufig mehr zu Fuß gehen musste oder mit dem Fahrrad fuhr.

Ich hatte zu meinem 50. Geburtstag von Günther Wallrabenstein ein Rennrad geschenkt bekommen und versuchte es zu benutzen. Das mit dem Versuchen, wie ich schreibe, muss ich sicher erklären, denn es zeigte sich, dass ich älter geworden war, etwas unbeweglicher und sicher auch ängstlicher, wohlwollend kann man es auch vernünftiger nennen.

Wie gesagt, es war ein Rennrad. Mit dünnen Reifen, mit Halterungen für die Schuhe und einem Rennlenker, der mich zwang, mit dem Kopf voraus liegend bis über die Mittelachse des Vorderrades zu fahren. Ich hatte das Gefühl, neu radfahren lernen zu müssen. War ich früher kilometerweit freihändig gefahren, so konnte ich auf dem neuen Ding nicht einmal mehr eine Hand loslassen, um eine Richtungsänderung anzuzeigen. Ich habe es einige Wochen geübt, aber das ungute und unsichere Gefühl nie überwinden können, so dass ich es nach einem Anstandshalbjahr, weil es doch ein Geschenk war, gegen ein normales Tourenrad eintauschte.

Das sind so die kleinen, man ist geneigt zu sagen unbedeutenden Beispiele, die aber zum Nachdenken veranlassen und auf jeden Fall bei mir zu einem Umdenken führten – in Richtung mehr bewegen und anders leben.

Hönningen brachte mir auch noch einen weiteren Vorteil, den ich im Sommer wie auch im Winter nutzte und den ich wie folgt umschreibe: Wenn ich einmal unerkannt, nicht ganz alleine sein wollte, so bot sich Bad Hönningen als eine gute Möglichkeit an.

Weniger als eine Stunde Fahrzeit von Limburg aus war ich im Niemandsland. Schön am Umfeld dort war auch, dass niemand wusste, was ich beruflich machte, ich war einfach der Friedhelm und damit hatte es sich.

Mit der häufigen Anwesenheit auf dem Campingplatz stieg auch das Bedürfnis nach etwas mehr Komfort. Ein neuer, wenn auch gebrauchter Wohnwagen mit Vorzelt wurde gekauft und den kleinen Verbesserungen in Bezug auf Bequemlichkeit und Niveau nachgegangen.

Da ich nach wie vor wenig Sinn für die handwerkliche Tätigkeit hatte, ließ ich mir den Wohnwagen mit Vorzelt samt Anschlüssen von den Mitarbeitern meiner Werkstatt aus der BÄKO auf- und abbauen. Es war damals schon eine rechte Schau auf dem Platz, als ich aufbauen ließ. Drei Mitarbeiter mit zwei Werkstattbussen, die eingerichtet waren vom Gewindeschneider bis zum Schweißgerät, machten mir innerhalb eines Tages einen perfekten Aufbau.

In diesen Jahren wurde das Grundstück auch noch mit

einem Zaun als Windfang umgeben.

Nach meinem Ausscheiden aus der BÄKO hatte sich das dann grundlegend geändert, und ich musste mich selbst um den Auf- und Abbau bemühen. Dabei geschah etwas, was keiner, der mich bis dahin kannte, für möglich gehalten hätte. Ich konnte, nachdem ich es musste, auch alles selber machen. Zunächst etwas unbeholfen, weil mir auch das entsprechende Werkzeug fehlte, aber heute mache ich meine Wasseranschlüsse selber, verlege die Stromkabel und baue auch alleine mein Vorzelt auf.

Ein klein wenig stolz war ich schon darauf, als ich feststellte, dass ich das auch ohne Hilfe kann. Bei meiner Kreativität in der Gestaltung habe ich heute einiges schöner oder besser als meine Nachbarn, so glaube ich auf jeden Fall.

In den letzten beiden Jahren merke ich allerdings, dass mir die Arbeiten körperlich schwerer fallen, der Rücken spielt nicht mehr so mit, einige Tage Kreuzschmerzen nach jedem Auf- und Abbau sind drin.

Ich befürchte, wenn ich das Campen aufrecht erhalten will, muß ich bald für einige Arbeiten doch wieder Hilfe in Anspruch nehmen.

Im Zuge der Gestaltung des Grundstückes in Bad Hönningen hat sich bei mir ein anderes Hobby entwickelt, die Botanik.

Hatte ich mich bei unseren Häusern in Bensberg und Offheim nicht um die Innenausstattung gekümmert, so doch um die Gartengestaltung.

War auch die Trennung beim Verkauf der Häuser für mich kein emotionales Problem, hatte ich doch selbst keinen Stein auf den anderen gesetzt oder einen Nagel in die Wand geschlagen, so bedauerte ich doch den Verlust des Gartens,

Garten in Offheim

den ich gestaltet hatte.

Dazu eine Anmerkung: Wer beruflichen Ehrgeiz entwik-
kelt, muss heute räumlich mobil sein. Der Glücksfall, dass
man am Wohnort oder gar am Heimatort seine berufliche
Zukunft findet, ist selten und kommt einem Lottogewinn
gleich.

Die Konsequenz daraus ist, sich nicht emotional an einen
Standort zu binden.

Das geschieht in der Regel am stärksten durch einen Haus-
bau, bei dem man sich persönlich körperlich stark engagiert.

Wer selbst mit Schwielen an den Händen Stein auf Stein
gesetzt hat, eventuell noch verbunden mit erheblichen finanziellen Einschränkungen, der ist in seiner räumlichen Mobilität erheblich eingeengt und behindert damit seine berufliche Entwicklung.

Hierbei muss man die Vor- und Nachteile besonders
abwägen, um dann eine Entscheidung zu treffen.

Meine persönliche Mobilität auf die diversen Wohnungen bezogen war durch folgende Fakten bestimmt:
1. Kriegsbedingt
2. Berufsabhängig
3. Private Veranlassung

So habe ich in zwölf verschiedenen Wohnungen gelebt, die sich teilweise in erheblichen Entfernungen befanden.

In Köln-Kalk geboren und bis zum 10. Lebensjahr dort ansässig, dann Fürnheim, anschließend zwei verschiedene Wohnungen in Bergisch-Gladbach. Mit dem Ziel der Verbesserung der Räumlichkeiten nach Köln-Merheim, Hochzeit und eine neue Wohnung in Merheim, dann eigenes Haus in Bensberg-Refrath, berufsbedingt nach Gladbeck und von dort nach Limburg, zunächst zur Miete, dann ins eigene Haus nach Offheim. In Folge der privaten Veränderungen nach Heistenbach und jetzt in Diez an der Lahn.

In meinen Vorträgen bei selbständigen Bäckermeistern oder jungen Handwerkern habe ich häufig darauf hingewiesen, welches unschätzbare Glück es ist, wenn man dort leben kann wo man geboren wurde, seine Schulfreunde bis ins hohe Alter hinein hat, sowie das gewohnte Umfeld vom Sportclub bis zum Gesangsverein. Es gibt ein lokales, soziales Netz, das wie ein Rehabilitationszentrum bei seelischen Krisen wirkt.

Wenn die Menschen mitten im Leben stehen, möchten sicher viele ausbrechen, die Globalität der Welt lockt. Sie ist auch verlockend, aber verbunden mit dem Verlust des Heimatgefühls, das, so merke ich es bei mir, mit dem Älterwerden wieder eine zunehmende Rolle spielt.

Wenn auch Heimat oder gelebte Heimatverbundenheit nicht unbedingt gleichzusetzen sind mit Lebensqualität, so hat doch die räumliche Mobilität als Folge wirtschaftlichen

Strebens eine gewisse Heimatlosigkeit zur Folge.

Viele Menschen haben gar nicht die Möglichkeit abzuwägen, zu beurteilen, was für sie der richtige Weg ist, auch weil sie die Konsequenzen nicht erkennen, eventuell auch nicht erkennen können, weil sich ihre Wünsche und Vorstellungen im Laufe der Jahre des Älterwerdens ändern.

Ein Beispiel hierfür ist mein Freund Erich, der seit fast 40 Jahren in Montevideo lebt und sich nun im Alter die Frage stellt, wo gehöre ich hin, und immer dort, wo er gerade ist, spürt er, nicht zu Hause zu sein.

Es ist wie beim Umsteigen auf einem Bahnhof, man ist nicht mehr dort, wo man herkommt und auch noch nicht da, wo man hin möchte, sofern man überhaupt weiss, wo man hin will, eine Unschlüssigkeit die noch erschwerend hinzukommt.

So ist nun einmal der Mensch: Was er nicht hat, ist für ihn erstrebenswert. Das ist gut so, denn anders würde es Trägheit bedeuten. Wer satt ist und keine Wünsche mehr hat, hört auf zu leben, aber wie in allen Dingen, das Maß oder Ausmaß der Wünsche muß im Zusammenhang mit den Konsequenzen gesehen werden, die im Falle der erfolgreichen Realisierung eintreten.

Und noch eins zu diesem Thema: Im Rahmen einer Laudatio zum 60. Geburtstag meines Kollegen Adolf Deibel habe ich zum Schluss gesagt:

„Wenn du wieder einmal im Tal des Lebens bist, so mögen dir nur solche Gipfel begehrenswert erscheinen, die du aus eigener Kraft erreichen kannst, dann hast du die Voraussetzung geschaffen, ein glücklicher Mensch zu sein, und das wünsche ich dir."

Nun war es also so, dass ich keine innere Beziehung zu

Grüner Daumen

den beiden Häusern hatte, aber der Verlust der Gartenanlage, wo ich jeden Strauch gepflegt hatte, tat mir weh.

So habe ich dann in Hönningen angefangen Blumen zu züchten, eine Hecke zu pflanzen, Geranien überwintern zu lassen und einen schottischen Rasen anzulegen.

Zunächst hatte ich keine Ahnung von diesen Dingen, aber mittlerweile habe ich den Ruf, einen grünen Daumen zu besitzen, und nicht selten kommen Besucher an meiner Anlage vorbei, um die Blumenpracht zu besichtigen.

Belustigend finde ich, wenn vorbeikommende Passanten von mir wissen wollen, wie man diese oder jene Blume so schön zum Blühen bringt. Als wenn ich das genau wüsste:

Dünger, Wasser und ab und zu mit ihnen reden, den Rest macht der liebe Gott.

Ich wünsche mir, dass meine Gesundheit es zulässt, noch einige Jahre auf dem Campingplatz verbringen zu können.

Hilfreich dabei ist, dass meine jetzige Frau Sylvia auch ein begeisterter Camper geworden ist.

Nachdem sich meine Einstellung zum Berufsleben geändert hatte und ich mich auch frei gemacht hatte von dem Bedürfnis der öffentlichen Anerkennung, – als Konsequenz aus der geschilderten Entlassung in Limburg – musste ich mich in einem völlig anderen Leben zurecht finden.

Alleine in einer Wohnung und Freizeit ohne Ende. Davon mag man träumen, wenn man Jahrzehnte im täglichen Stress gestanden hat, aber in der Realität ist das schon eine gewaltige Veränderung. Es war nicht so, dass ich mir nicht vorher meine Gedanken darüber gemacht hätte, wenn sich auch einiges anders entwickelt hat, als es von mir geplant war. So hatte ich die Situation, in der ich nun war, doch gedanklich durchgespielt und dabei an zwei Fixpunkten festgemacht.

Erstens, ich war wirtschaftlich weitgehend unabhängig, sofern ich meinen Lebensstandard den veränderten Verhältnissen anpasste. Zweitens, ich war noch jung genug, fühlte mich auf jeden Fall so, um noch einmal, aber dann anders, anzufangen.

Mit der Einstellung, die da besagt, ich muss mindestens so viel verdienen, wie ich ausgebe, stand ich schon immer auf Kriegsfuß.

Heute noch führe ich Diskussionen mit Unzufriedenen, die über Geldmangel klagen. Von tragischen Ausnahmen abgesehen, sind das für mich alles Fälle, wo die Ansprüche dem Leistungsvermögen nicht angepasst sind.

In meiner 26-jährigen ersten Ehe war es ja auch so, dass mein Einkommen, welches nun wirklich nicht am unteren

Existenzminimum lag, gerade ausreichte, um am Monatsende das laufende Konto auszugleichen, wobei für mich das nur in den ersten Jahren des Hauskaufes in Bensberg gerechtfertigt war. So hatte ich auch in Folge wenige Monate nach meiner Scheidung das erstemal auf dem laufenden Konto einen Haben-Saldo beim Vergleich der laufenden Einnahmen mit meinen Ausgaben.

Ich mag da mit meiner Meinung altmodisch sein, aber ausgeben will ich nur das Geld, das bereits da ist und nicht das, was zu erwarten ist. Letztlich ist es doch nur eine Zeitverzögerung von ein paar Wochen oder Monaten, in der man sich einen Wunsch erfüllt.

Der Verhaltensforscher Oposchowski hat in einem Vortrag darüber einmal gesagt:

„Die Menschen haben heute alle den einen Wunsch, endlich einmal so viel zu verdienen, wie sie ausgeben."

Meine Zufriedenheit lag in meiner Anpassungsfähigkeit an die vorhandenen finanziellen Mittel.

Zweitens waren es dann die anderen Veränderungen, die ich mit meiner Kraft und dem Vertrauen auf meine Noch-Vitalität zu bewältigten hoffte. Das war schwerer als gedacht. Zunächst die ungewohnten Kleinigkeiten im alltäglichen Leben. Betten machen, Tassen spülen, Staubsaugen und Klamotten wegräumen. Ich hatte zum Beispiel eine Spülmaschine, wusste aber nicht einmal wie man sie bediente. Gekocht habe ich nicht. Einkaufen, damit ich etwas zum Frühstück hatte, musste ich notgedrungen. Die Wäsche brachte ich in die Wäscherei und die Hemden ließ ich bügeln.

Ein Vorteil war, ich hatte einige Bekannte, die sich schon immer gewünscht hatten, dass ich sie einmal besuchte, wenn sie alleine zu Hause waren. Das half mir anfangs ganz gut über die Runden.

Das Schwierigste war die Zeiteinteilung, was tun morgens um neun Uhr. In den ersten Monaten war auch Winterzeit, und Hönningen kam nicht infrage. Die tägliche Anerkennung im Job fiel aus, keiner sagte mehr Herr Direktor, ich möchte sie mal sprechen. Freunde oder Freundinnen, außer ein paar Abenteuern, gab es nicht. Wenn ich jetzt so durchlese, was ich geschrieben habe, liest sich das aber problematischer an, als es für mich letztlich war.

In einem hatte ich Recht behalten, ich war noch jung und stark genug, um das durchzustehen und eins spürte ich deutlich:

„Die Lebensqualität steigt, wo die Beine etwas mehr und die Ellenbogen etwas weniger gebraucht werden."

So beschrieb es Erhard Eppler, ein SPD-Mann der ersten Jahre der Bundesrepublik, auch als Vorgrüner bezeichnet aufgrund seiner Einstellung zur Marktwirtschaft und Umwelt.

Zwei Episoden als Übergang

1. Nach wenigen Wochen fing ich dann an, mir Gedanken zu machen, wie ich mich beschäftigen sollte. Ich wollte einen Zusatzverdienst, ohne dass ich wieder in einen Job einstieg, denn richtig arbeiten wollte ich nicht mehr. Einige Monate habe ich dann Konserven und Mehl bei meinen ehemaligen Kollegen verkauft.

Dabei habe ich eine erstaunliche Feststellung gemacht, die mir sehr weiter geholfen hat. Ich wusste ja, was meine ehemaligen Kollegen dachten, als ich bei ihnen vorbeikam und um einen Auftrag bat. Es war eine Mischung aus Mitleid, Schadenfreude und Unverständnis. Sie sahen bei mir den sozialen Abstieg. Der Braß, der in Versammlungen und bei den Tagungen immer die großen Reden geschwungen hatte, der vielfach alles besser wusste, kam nun um Konserven zu verkaufen!

Mir war scheißegal was die dachten, ich wusste es für mich besser, ich hatte mich losgelöst von der Anerkennung von außen. Wenn ich nach einem halbstündigen Gespräch mit einem ehemaligen Kollegen wieder in meinem Auto saß, erkannte ich, dass es mir viel besser ging in Bezug auf die Gestaltung meines Lebens, als denen, die noch in der Aufgabe und in dem Job waren, den ich bis vor wenigen Monaten auch noch gemacht hatte.

Gestehen muss ich allerdings auch, dass ich gelegentlich einen wehmütigen Gedanken hatte, wenn ich von den Problemen bei ihnen hörte, die mir ja nicht unbekannt waren, merkte oder spürte wie sie diese lösen wollten, und ich der Auffassung war, die bessere Mög-lichkeit zu kennen oder die bessere Methode zu wissen, die sie einer Lösung näherführen würde.

Ich hatte den größten Teil meines beruflichen Lebens damit verbracht, dem Bäckerhandwerk, in welcher Form auch immer, zu helfen und nun erkannte ich, dass ich eine bessere Lösungsmöglichkeit wusste und verhielt mich passiv, mit dem Gedanken: „Lass sie doch machen, was sie wollen."

Diese, meine Einstellung, befriedigte mich nicht. Im übrigen geht es mir heute noch so, wenn ich von den Sorgen und Nöten in den BÄKO's höre, dass ich mir sage: „Man müsste noch mal 40 sein."

Diese Bedenken gehen aber nicht so weit, meine Entscheidung von damals in Frage zu stellen. Sie war richtig, meine Lebensqualität hat sich dadurch erheblich verbessert.

2. Eines Tages erhielt ich dann einen Anruf mit ungefähr folgendem Inhalt: „Guten Tag Herr Braß, mein Name ist Borchert (Name geändert). Ich war vor vielen Jahren bei Ihnen in der EDEKA-Schule in Schlangenbad und Sie haben uns damals die Methoden zur Standortanalyse und Kaufkraftgutachten beigebracht. Sie werden sich sicherlich nicht mehr erinnern. Ich habe gehört, Sie sind freiberuflich tätig (eine vornehme Umschreibung für arbeitslos). Könnten Sie uns helfen, wir haben einige Probleme bei der Übernahme der in Konkurs gegangenen Konsumgenossenschaftsfilialen. Ich bin im Vorstand der Spar-AG in Ellhofen." – „Herr Borchert, ich komme und höre mir das an."

So wurde ich dann für neun Monate Mitarbeiter bei der Spar-AG mit einem kleinen Büro in Worms. Sechs Monate davon habe ich im Süd-West-Raum und im Saargebiet Umsatzprognosen für Konsumfilialen gemacht und Rentabilitätsplanungen für Standorte, die uns durch Makler angeboten wurden. Wenn auch zwischen meinen EDEKA-Erfahrungen und dem Anruf eine Zeitspanne von 30 Jahren lag, verbunden mit ungeheuren Veränderungen im Lebensmittelmarkt, so hatte sich doch im Grundsätzlichen der Kaufkraftgutachten nichts verändert. Wir waren auch damals in der EDEKA mit unseren Gedanken und Planungen der Zeit weit voraus, was ich bei Ausübung dieser neuen Tätigkeit wieder einmal bestätigt fand.

Im Rahmen eines Vorstandsgesprächs habe ich gesagt, dass ich diese Art der passiven Akquisition für nicht sehr sinnvoll halte, denn die Maklerangebote gingen an alle Gruppen im Handel und die wirklich guten Standorte wurden an die renommierten Marktbeteiligten vermietet. Meine Vorstellung war die aktive Standortpolitik, wie ich sie schon

324

früher bei der EDEKA beschrieben hatte. Es ging darum, ganze Regionen zu untersuchen, um herauszufinden, wo noch Kaufkraft zusammengefasst werden konnte, um dann über die Grundbuchämter die Eigentümer solcher Standorte zu ermitteln. Ich erhielt daraufhin den Auftrag, für die gesamte Region Kassel ein solches Gutachten zu erstellen. Das hat mir sehr viel Freude gemacht und nach sechs Wochen habe ich dann auch dieses Gutachten mit einigem Stolz präsentiert.

Wenn ich das heute betrachte, so habe ich mit einem Gehalt von 8.000 DM plus Spesen, für den Preis eines Butterbrots diese Arbeit abgeliefert.

Mit der Auflösung der Spar AG Ellhofen war dann auch diese Aufgabe beendet.

In diese Jahre hinein fiel dann auch die schönste Urlaubs- und Reisezeit, die ich genossen habe. Mein Sohn Rolf arbeitete für die Robinson-Clubs in der Türkei und ermöglichte mir, besser gesagt uns, denn ich war privat wieder fest gebunden, preiswerte Reiseengagements.

Beruflich hatte ich Österreich, die Schweiz, die Städte Paris, Stockholm mit seinem Umland bereist, nach San Francisco und Las Vegas, den Grand Canyon und New York war ich durch Einladungen von Geschäftsfreunden gekommen. Wobei New York auf mich den stärksten Eindruck gemacht hat.

Ich war mehr als zehnmal da, meine Meinung dazu: „Wer wirklich genügend Geld hat, der schafft sich eine zusätzliche Penthoousewohnung in New York am Central Park an. Das Leben in dieser Stadt mit ihrer Vielseitigkeit im Angebot, die Kontaktmöglichkeiten bei gleichzeitiger Anonymität, wenn gewünscht, ist für mich unübertreffbar."

Privat kamen die obligatorischen Urlaubsziele wie Mallorca, Grand Canaria, Jugoslawien und wie bereits geschildert die Inseln Korsika und Sardinien hinzu, sowie die Skigebiete von Österreich und der Schweiz.

Nun erschloss sich eine andere Region für mich. Im Eröffnungsjahr des Robinson-Clubs Lykia lernte ich das Leben in diesen Clubs kennen und schätzen, so dass ich mehrere Jahre in Folge durch die Türkei reiste. Im Tagesstress des Berufslebens hatte ich mir immer gewünscht, einmal längere Zeit in einem Land im Süden mit Sonne und Meer zu verbringen; wer träumt nicht davon.

Nun hatte ich die Gelegenheit und nutzte sie. Es sollte so etwas wie der Abschluss meines Arbeitslebens sein. Ich hatte Zeit, die Verbindung und es war finanziell machbar und ich war an keine Familie gebunden. Auch plante ich wieder zu

Maris

heiraten und war mir im Klaren darüber, dass damit eine Einschränkung meiner Freizeitgestaltung verbunden war, zumindestens in großem Rahmen. So fuhr ich mit meiner zukünftigen Frau Sylvia mit dem Auto nach Ancona und von dort in einer Drei-Tages-Schiffsreise in die Türke

Urlaub mit Sylvia

Vier Wochen blieben wir im Robinson-Club Lykia. Meine Sylvia musste dann wieder nach Hause und ich reiste noch zwei Monate durch die Türkei, immer mit dem Anlaufpunkt der verschiedenen Robinson-Clubs. Herrlich, alleine, unabhängig, mit einem zuverlässigen Auto dieses Land zu bereisen. Es war aber nicht nur das Land und die Leute, die ich kennenlernte. Ich war zum Beispiel auch im Taurus-Gebirge, am Ararat, und im interessanten, ja ich behaupte, einmaligen Kapadokien. In diesen zwei Monaten erlebte, nein erfuhr ich so eine Art Selbstfindungsprozess. Nie hatte ich mir die Zeit genommen oder auch nur das

Bedürfnis gehabt, über mein bisheriges Leben nachzudenken, oder gar philosophische Betrachtungen anzustellen, um das Rohmaterial und meine Erfahrungen zu verarbeiten. Nicht nur in der Rückschau, sondern insbesondere auf die Gestaltung meines Lebensabends.

Meine bisherigen Entscheidungen und auch die Empfindungen, die ich zu einem Teil bereits geschildert habe, waren doch alle mehr oder weniger aus dem Augenblick heraus, aus der mittel- und kurzfristigen Sicht geschehen, eben situationsbedingt. Damit war ich nicht unzufrieden, aber was ich in dieser Zeit machte war etwas anderes, es hatte mehr grundsätzliche Natur.

Was bedeutet Leben, was hat man geschaffen, was hinterlässt man? Ich war nicht unzufrieden, es stellte sich keine Schwermut ein, eher so etwas wie eine heitere Altersmelancholie.

Nachdenken in der Türkei

Der Plan entstand (den ich nun verwirkliche), über mein Leben zu schreiben als eine Art der Hinterlassenschaft. Die simple und doch schwer zu beantwortende Frage stellte ich mir: „Hast du recht und anständig gehandelt mit dem zweifelsohne problemvollen Ergebnis, dass es dazu keine vergleichbaren festen Größen gibt, sondern vom jeweiligen Betrachter aus dessen Situation heraus, anders beurteilt wird?"

Aber es ging mir darum, es mit meinen Augen zu sehen. Ich hatte die Muße gefunden, auf einer Bank zu sitzen und den Ameisen zuzuschauen.

Ein Ergebnis dieser Betrachtungen finde ich in dem Satz treffend beschrieben: „Gib die Jugend mit Grazie auf."

Bei meinen ausgedehnten Reisen durch die Türkei habe ich erkannt, wie reich dieses Land ist. Erz- und Kohlebergwerke sind vorhanden, sowie auch riesige Weizen- und Kartoffelfelder und natürlich die großen Weideflächen.

Wenn es den Türken gelingt, einen demokratischen Staat aufzubauen, wobei zweifelsohne die Lösung der Religions- und Glaubensfrage eine entscheidende Rolle spielt, wird die Türkei einmal ein positives, bereicherndes Element in der Europäischen Union sein, an der Nahtstelle zwischen Europa und Asien. Die Deutschfreundlichkeit der Türken wird dabei für uns ein enormer Vorteil sein.

Wenn man hier bei uns vielerorts die distanzierte Haltung gegenüber den Türken sieht, ist man doch, so jedenfalls war es bei mir, überrascht wie positiv man als Deutscher aufgenommen wird. Da ist zunächst einmal der Vorteil, dass viele Türken deutsch sprechen. In den kleinen Orten und Städtchen im Landesinneren finden sich bei jedem Stopp und Aufenthalt mit dem Auto Bewohner ein, die sich mit einem unterhalten wollen. Es ist nicht die Begehrlichkeit auf unsere DM, wie ich das leider so oft in Österreich erfahren habe.

Diese Freundlichkeit hat einen anderen Hintergrund: Wer von den Türken nicht selbst einmal in Deutschland war, kennt jemand oder hat jemand in der Familie, der unser Land kennt, und das ist das Schöne und Überraschende für denjenigen, der positive Erfahrungen gemacht hat. Wir Deutsche haben mit der Türkei geradezu eine Bastion an der Grenze zu Asien, und das, was wir den türkischen Mitbürgern in unserem Lande Gutes getan haben, wird sich einmal auszahlen. Unsere Kinder werden auf jeden Fall davon in unterschiedlichster Art profitieren. Meine Einstellung zu den Türken in unserem Land ist auf jeden Fall durch meine Reisen eine sehr positive.

Das Leben in den Robinson-Clubs hatte natürlich nur wenig mit der Türkei zu tun, das hätte sich auch in einem jeden anderen Land so abgespielt. Bei vielen, mit denen ich in Deutschland über den Cluburlaub gesprochen habe, ist eine Ablehnung zu spüren, schon weil man die Animation

Animation im Robinson-Club

als Beeinflussung der eigenen Gestaltung des Urlaubs sieht. Ich habe das nie so empfunden, obschon ich nun wirklich jemand bin, der seine Freizeit selbst gestalten will.

Außerhalb der Türkei habe ich noch die Robinson-Clubs Bentota in Sri Lanka besucht und auf Mallorca. Als Fazit aus meinem Urlaub in Bentota kann ich nur jedem empfehlen, einmal Sri Lanka zu besuchen.

Ein besonderes Ereignis hatte ich noch in der Türkei, nein, ich muss es anders sagen, habe ich dort gestaltet, meinen 60. Geburtstag.

Wie bereits bekannt, hatte ich meinen 50. Geburtstag in Limburg im großen Stil gefeiert. Es war die berufliche Verpflichtung und ich machte aus meinem "50." eine Werbekampagne für die BÄKO. Auf Kosten der Firma hatte ich die Geschäftspartner, Kunden und Mitarbeiter eingeladen und so über 400 Gäste auf der geschäftlichen Ebene. Privat gab es dann noch eine extra Fete mit 120 Leuten.

Nun hatte sich zu meinem 60. mein Umfeld total verändert. Privat durch die Scheidung, öffentlich und beruflich war ich im Niemandsland verschwunden.

Zum 60. habe ich es mir daher einfacher gemacht und den Geburtstag in die Türkei verlegt, insbesondere um es auch meinen Freunden und den Ehemaligen zu erleichtern.

Meine Einladungskarte dazu hatte folgenden Wortlaut: „Ich weiß, dass Ihr wisst, dass ich 60 werde. Wer mir persönlich gratulieren will, ist herzlich eingeladen und 24 Stunden mein Gast, im Robinson-Club Lykia in der Türkei."

28 Gäste durfte ich dann am Flughafen Dalaman abholen. Mit denen habe ich dann auch 24 unvergessene Stunden gefeiert, wobei das Animationsteam des Clubs erheblich mit dazu beigetragen hat.

Der 60zigste mit Erich

Mein Freund Erich war aus Montevideo angereist. Mit ihm blieben noch einige, insbesondere meine Freunde aus Kassel, vierzehn Tage in Lykia.

Die Freunde aus Kassel

Nun, wie kam es zu den Freunden aus Kassel ?

Einige Wochen nachdem meine Arbeit für die Sparzentrale in Ellhofen beendet war, bekam ich einen Anruf vom Geschäftsführer der BÄKO-Landeszentrale Nord aus Hamburg, Herrn Direktor Lars. Der Inhalt des Gesprächs war die Frage, ob ich bereit wäre mit dem Direktor des BÄKO-Prüfungsverbands ein Gespräch zu führen, weil der Aufsichtsrat einer BÄKO einen Geschäftsführer suchte und Interesse an meiner Person gezeigt hätte. Er möchte dieses Gespräch gerne vermitteln.

Ich war gewaltig überrascht, denn gerade der BÄKO-Prüfungsverband hatte doch eine entscheidende Rolle bei meiner Entlassung in Limburg gespielt, wenn auch damals noch unter der Führung eines anderen Verbandsdirektors,

des kleinen Napoleons Herrn Jacobs – wie ich ihn bezeichnete. Ich konnte mir nicht vorstellen, wie der Prüfungsverband über seinen Schatten springen würde, um mich noch einmal einzustellen, hatte man doch damals viel Geld bezahlt, um mich loszuwerden. Ich war aber grundsätzlich zu diesem Gespräch bereit, auch in der Erwartung, dass der neue Mann an der Spitze die Dinge von damals vielleicht anders sah. So kam es zu einem geradezu denkwürdigen Treffen in Bad Honnef, dem Sitz des Verbandes.

Allein mein Erscheinen in den Verbandsbüros löste bei den Mitarbeitern, die ich ja alle kannte, einen kleinen Erdrutsch aus. Es war offensichtlich keiner informiert, dass ich kam.

Der Verbandsdirektor erschien, stellte sich vor und sagte, ich möchte mich bitte noch einen Moment gedulden, denn er möchte, dass Herr ...... an dem Gespräch teilnehme. Ich nenne den Namen nicht, da ich nicht weiß, wer das einmal liest, aber für mich war das so, als wenn der Aufsichtratsvorsitzende eines Unternehmens bei der Suche nach einem neuen Vorstand den Pförtner zu diesem Gespräch bittet. Damit war für mich klar, dass für den Verbandsdirektor dieses Gespräch nur eine Pflichterfüllung war, die er nicht umgehen konnte.

Es war meine Neugierde, die mich veranlasste zu bleiben, denn ich hatte überlegt, sofort wieder zu gehen. So verlief dann auch das Gespräch. Da war doch tatsächlich jemand dabei, der sich auch noch ins Gespräch einmischen wollte, dem ich in Limburg, aber auch an anderen Orten, sinnbildlich schon mal einen Besen in die Hand gedrückt hatte, damit er das Prinzip der Lagerordnung lernte.

Ich habe dann auch sehr schnell Herrn Direktor Klinkhammer gesagt, dass dieses Gespräch wohl nur deswegen stattfindet, weil er es nicht umgehen konnte, aber nicht um einen Geschäftsführer zu finden für eine notleidende Genossenschaft. Er hat nicht einmal widersprochen.

Pikant, auf jeden Fall für ihn, war es, dass er zweieinhalb Jahre später vor einem Publikum aus Fachleuten, circa 250 Personen, eine Laudatio hielt, in seiner Funktion halten musste, um mich zu loben, weil ich eine Genossenschaft vor dem Ruin gerettet hatte.

Eine Woche später erhielt ich dann von einem Aufsichtsratmitglied der BÄKO Kassel, das ich durch langjährige Zusammenarbeit auf verschiedenen Ebenen des Bäckerhandwerks kannte, einen Anruf mit der Bitte, doch einmal nach Kassel zu kommen, um mir die Probleme der dortigen BÄKO anzuhören.

Ich fand dort einen ehrenamtlichen Vorstand und einige Herren des Aufsichtsratsvorstands, die völlig ratlos vor dem Problem ihrer BÄKO standen. Die Prüfer des Verbands hatten in dieser BÄKO einen Geschäftsführer, den ich persönlich gut kannte, ich umschreibe es einmal, tot geprüft.

Sie hatten so viele Mängel aufgezeigt, dass Herr Rupp, so hieß er, nicht mehr zu halten war.

Bezeichnenderweise hatte sich dann dieser Prüfer, als die Entlassung feststand, um die Stelle des Geschäftsführers beworben. Ich hielt das damals schon für einen Skandal. Er bekam diesen Posten auch nicht, aber der Verband hatte einen Mann empfohlen und in der Verwaltung durchgedrückt, der dann das Kunststück fertigbrachte, die an sich wirtschaftlich gesunde BÄKO in weniger als zwei Jahren zu ruinieren.

Von den Kasseler Bäckern aus war auch die Anfrage an den Verband bezüglich meiner Person gekommen, mit dem geschilderten Ergebnis und der Empfehlung des Verbands für eine andere Person als Geschäftsführer. Von dem Gespräch zwischen mir und dem Direktor des Verbands wurde der Aufsichtsrat in Kassel nicht informiert.

Ich hörte mir das ganze Thema in Kassel an, bat um Einsicht in alle Geschäftsunterlagen der letzten Jahre und sagte zu, die Geschäftsführung für zwei Jahre zu übernehmen.

Einen Beratungsbericht zu schreiben, mit Empfehlungen, um dann jemanden die Aufgabe zu übertragen, hielt ich nicht für erfolgversprechend.

Es war schon eine sehr mutige Geschichte, gegen den Willen des BÄKO-Prüfungsverbands, den maroden Laden zu übernehmen. Einige haben das auch, und nicht zu unrecht, als Himmelfahrtskommando bezeichnet.

Gegenüber dem Verbandsdirektor, der bis zuletzt intervenierte, setzte sich der Aufsichtsratsvorsitzende Herr Riede mit seinen Leuten aus der Verwaltung durch, mit dem Zusatz, dass er im Falle eines Scheiterns meinerseits sein Amt zur Verfügung stellen würde.

Meine Vorstellung im Gesamtaufsichtsrat der BÄKO Kassel und damit die Berufung zum Geschäftsführenden Vorstand war nur noch eine Formsache, aber erwähnenswert, weil damit noch eine schier unglaubliche Entgleisung eines Verbandsprüfers verbunden war.

Herr Lind hatte sich Hoffung auf diese Position gemacht und den Termin der letztentscheidenden Sitzung erfahren. Eine halbe Stunde vor Sitzungsbeginn, Samstagmittag, meldete er sich telefonisch beim Vorsitzenden, der bereits in der BÄKO war, um ihm mitzuteilen, dass meine Verfehlungen in Limburg dergestalt waren, dass ich mit mehreren Damen des ehrenamtlichen Vorstandes ein Verhältnis gehabt hätte.

Das gleiche hatte er, wie sich später herausstellte, am Morgen einigen Aufsichtsratsmitgliedern mitgeteilt.

Dieser Dreckskerl hatte noch einmal etwas Unruhe vor Beginn der Sitzung hervorgerufen, aber die Entscheidung nicht mehr abwenden können. Meine Vereinbarung mit der BÄKO Kassel war, dass ich maximal zwei Jahre diese Aufgabe übernehme, aber jederzeit sofort ohne weitere Bezahlung zurücktrete, wenn es der Aufsichtsrat wünscht, dafür aber im Gegenzug keine Einmischung des ehrenamtlichen Vorstands oder des Aufsichtsrats in meine Entscheidungen zur Geschäftspolitik dulde.

Das war schon eine sehr weitreichende Forderung, die auch nicht satzungskonform war und beim Prüfungsverband einigen Terror auslöste, aber dagegen stand ja mein Angebot, sofort und ohne Kosten für die BÄKO, wenn gewünscht, diese zu verlassen.

Es gab auch nach einem Jahr einmal im Aufsichtsrat die Bemerkung: „Warum sitzen wir eigentlich hier? Nur um zu hören, was gemacht worden ist oder was gemacht wird. Haben wir überhaupt die Möglichkeit einzugreifen oder abzustimmen?"

Meine Antwort: „Nein, nur über meine Person, nicht aber über einen Sachverhalt."

Ich schildere das so ausführlich, weil es so unnatürlich war und aufzeigt, unter welchen Druck ich mich selbst gesetzt hatte. Aber ich wollte es allen noch einmal beweisen und insbesondere denen zeigen, die mich für viel Geld losgeworden waren, welchen Fehler sie gemacht hatten.

Die ersten und die letzten zehn Minuten meiner Tätigkeit in Kassel haben sich in meiner Erinnerung tief eingeprägt.

Als ich montags begann, auf den Betriebshof fuhr und im Selbstgespräch zu mir sagte: „Auf was hast du dich da eingelassen", und zwei Jahre später, als ich meinen Schreibtisch geräumt hatte, den Hof wieder verließ und die Mitarbeiter an den Fenstern standen und mit weißen Taschentüchern zum Abschied winkten.

Nach wenigen Metern mit dem Auto musste ich anhalten und mir ein paar Tränen aus den Augen wischen. Die Leute wussten, als ich kam, dass ihre Firma so gut wie bankrott war. Sie hatten Angst um ihren Arbeitsplatz, und nach zwei Jahren waren sie wieder in einem gesunden Unternehmen beschäftigt.

Um über diese zwei Jahre zu berichten, das behalte ich mir einmal für einen späteren Zeitpunkt vor, es sprengt den

Das Team in Kassel

Rahmen dieses Buches, ist aber ein Lehrstoff für Betriebswirtschaft und Management, der auf keiner Universität
gelehrt wird.

Und aus dieser Zeit stammt meine persönliche Verbindung, und zum Teil Freundschaft, zu den Mitgliedern der
Verwaltung der BÄKO Kassel, die ja ihr Mandat mit meinem Erfolg oder Misserfolg verbunden hatten und mir
dankbar waren, dass es funktioniert hatte. Mit Recht konnten einige von sich behaupten, dass die Rettung der BÄKO
Kassel auf ihre Initiative hin gelungen war. Dazu gab es
neben den Mitarbeitern im allgemeinen noch ein paar
besondere Gewinner, bei denen ich heute noch spüre, wie
dankbar sie mir sind.

Die BÄKO hatte durch dubiose Vorgänge, als ich kam,
keine Abteilungsleiter mehr, es fehlten der Buchhalter, der
Einkäufer, der Fuhrparkleiter und der Geschäftsführer.

338

Nach drei Tagen habe ich in einer Mitarbeiterbesprechung einen Mitarbeiter des Lagers zum Fuhrparkleiter erklärt, den Angestellten in der Buchhaltung zum Chefbuchhalter gemacht und einem Reisenden die Leitung des Einkaufs übertragen.

Alle drei haben sich mit meiner Hilfe in diese neue Aufgabe bestens eingearbeitet und eine erhebliche berufliche Entwicklung genommen.

Ich weiß, dass es auch etwas Glück war, dass es in allen Fällen funktioniert hat und dass sie damit auch einen erheblichen Anteil an der Gesundung der BÄKO hatten, aber sie erinnern sich heute noch gerne an mich.

Meine letzte und wichtigste Aufgabe für die BÄKO war, einen Nachfolger als Geschäftsführer zu präsentieren. Um ihn in der Verwaltung durchzusetzen, hatte es schon einiger Anstrengung bedurft, aber auch da hatte ich den richtigen Mann gefunden.

Dass dieser Mann ein ehemaliger Mitarbeiter aus der BÄKO Limburg war, den man nach meinem Weggang nicht mehr für qualifiziert genug hielt, ist eine pikante Note am Rande.

Die Rettung der BÄKO Kassel war in der Branche ein spektakuläres Ereignis und so blieb es nicht aus, dass ich eine Fülle von Angeboten für ähnliche Aufgaben erhielt.

Das deckte sich aber nicht mehr mit meiner weiteren Lebensplanung, noch einmal so hart einzusteigen.

Meine Gedanken und Äußerungen dazu waren:

„Wie viele Sommer hat mein Leben noch, dass ich mir es erlauben kann, sie im Büro oder im Sitzungszimmer zu verbringen." Ich setze mich lieber auf den Campingplatz in Bad Hönningen.

Einen weichen und dann endgültigen Ausstieg aus meinem Berufsleben hatte ich dann doch noch. In den neuen Bundesländern gab es eine kleine BÄKO mit einem jungen Geschäftsführer und einer Fülle von Problemen.

Für weitere zwei Jahre bin ich dann noch einmal eine Woche pro Monat nach Grimmen in Mecklenburg/Vorpommern gefahren, um dort eine neue BÄKO aufzubauen und organisatorisch gut aufzustellen und dabei noch so quasi nebenher, diese BÄKO mit zwei weiteren kleineren Genossenschaften zu fusionieren.

Eine Woche im Monat mein Wissen an einen jungen Kollegen weiterzugeben, auf Tageshonorar-Basis, um dann wieder drei Wochen Pause zu haben, war eine schöne Sache und die ideale Vorbereitung auf das endgültige Rentnerdasein.

Es ist ein Widerspruch in sich, aber für mich eine glückliche Tatsache, wenn ich zum Ausdruck bringe, dass mein holpriger Ausstieg aus dem Berufsleben mir glatt gelungen ist.

Der Rentner

Von da ab hatte ich nun wirklich Zeit im wahrsten Sinne des Wortes. Es war schon immer so, dass ich für die Dinge, die mir wichtig erschienen, auch die nötige Zeit hatte, aber erstens musste ich Prioritäten setzen, was gleichbedeutend war, dass doch einiges nicht getan werden konnte, und zweitens bleibt die Frage offen, ob ich immer die richtige Reihenfolge des Notwendigen gewählt habe.

Was ist überhaupt unter „Zeit haben" zu verstehen?

Jedes Jahr wird das Unwort des Jahres gewählt, ich würde dafür einmal die Aussage „keine Zeit" empfehlen. Kein Wortgefüge habe ich in den letzten 20 Jahren meines Berufslebens häufiger gehört, als dieses „keine Zeit".

Zum Beweis kann jeder einmal einen Schnelltest durchführen und ans Telefon gehen, um zehn Bekannte oder Freunde für den nächsten Abend einzuladen. Über die Hälfte werden Sie erst beim dritten oder vierten Anruf erreichen und wenn mehr als drei den Terminvorschlag annehmen, so ist das eine gute Quote.

Keine Zeit, mit welcher Begründung auch begleitet, wird die häufigste Antwort sein, weil der oder die Eingeladenen verplant sind, ob von sich selbst oder durch andere ist in diesem Zusammenhang unbedeutend.

Wer nicht will, findet „keine Zeit" als die beste aller Ausreden. Denn „keine Zeit" ist „in". Der Begriff ist positiv besetzt. Denn wer keine Zeit hat, ist aktiv, wird als dynamisch beurteilt.

Unsere Eltern lehrten uns ja schon, dass Müßiggang aller Laster Anfang ist, wie ja auch der Fleiß als hervorragende deutsche Tugend beurteilt wird.

Ist das aber auch heute noch richtig oder war das jemals richtig?

Das Gegenteil von Fleiß ist nicht zwangsläufig Faulheit.

Ich sehe einen deutlichen Unterschied zwischen Faulheit und Muße. Faulheit ist gedankenloses Nichtstun, was am besten beschrieben wird mit „Zeit totschlagen". Das so weit gehen kann, dass eine Unrast als Folge der Faulheit entsteht.

Muße ist sinnvolles Nichtstun, sich mit den schönen Künsten befassen, lesen, meditieren, Hobbys pflegen.

Die Arbeit darf nicht nur ihrer selbst willen gemacht werden, sondern muss der Weg zu dem Ziel der „Muße" sein.

Wir sind von der Erziehung auf Arbeit und Fleiß ausgerichtet. Wir lernen nirgendwo sinnvolle Freizeitgestaltung.

In unseren Schulen wird der musische Unterricht vernachlässigt, als nicht bedeutungsvoll für die Vorbereitung auf die Arbeitswelt angesehen. Schon unsere Kinder werden auf den Weg „Arbeit" vorbereitet, aber nicht auf das Ziel „Muße".

Zeit totschlagen hat zur Folge: Konsum, Steigerung des Sozialprodukts mit den Nebenwirkungen auf Ressourcen und Umwelt. Muße hingegen bedeutet, trotz Konsumverzicht, mehr Lebensqualität.

Muße lernen und leben kann eine sinnstiftende Lösung für das nächste Jahrhundert in den entwickelten Ländern sein.

Ich glaube, ich habe es gelernt, zugestandenermaßen dafür aber allerdings auch 60 Jahre gebraucht.

Zum Thema Muße gehört, dass ich durch einen Zufall vor einiger Zeit darauf gekommen bin, dass ich ein gewisses Talent habe, zu einer bestimmten Art des Gestaltens. Ich baue seit drei Jahren Weihnachtskrippen aus Materialien von Feld und Wald.

Bei einem Besuch auf den Weihnachtsmärkten in München sah ich, was dort an Krippen angeboten wurde. Und was mich noch besonders inspirierte, zu welchen Preisen.

Ich probierte es einmal zu Hause mit den Materialien, die ich gerade so vorfand und war überrascht, was daraus wurde. Nachdem ich für ein paar Freunde einige gebaut hatte und die erste Krippe für 500 DM verkauft war, setzte die mir eigene Euphorie ein, und ich fing das große Bauen an. Zwischenzeitlich habe ich insgesamt an die 60 Krippen verkauft, und ich muss aufpassen, dass die Angelegenheit nicht schon wieder in Arbeit ausartet.

Es macht mir aber auch Spaß, durch den Wald zu gehen,

nach Wurzeln zu suchen, die mir geeignet erscheinen, sowie Baumrinde und Moos zu sammeln.

Für das nächste Weihnachtsgeschäft habe ich bereits wieder im Eingang eines Garten-Centers einen guten Verkaufsstandort geplant, und obschon wir erst im Mai des Jahres sind, werde ich bald mit dem neuen „Geschäft" beginnen.

Erst will ich aber nun endlich mein Buch fertig schreiben. Bei dieser Tätigkeit ist eine enorme Veränderung eingetreten. Habe ich zuerst meine Gedanken handschriftlich zu Papier gebracht, um dann auf eine Schreibmaschine überzugehen, die ich mir von meinem Stiefsohn Sascha geliehen habe, bin ich nun im Besitz eines PC's. Ich konnte mich nicht mehr der Dreifaltigkeit von Computer, CD-Rom und Internet entziehen.

Mein Sohn Rolf hatte mir zu Weihnachten einen Internet-Kurs an der Volkshochschule geschenkt. Er wollte mich wohl geistig fit halten und war der Meinung, daß ich noch nicht zu alt sei, um mich mit diesem – für mich neuen – Medium vertraut zu machen.

Habe ich doch bisher um alles, was mit Technik zu tun hat, einen weiten Bogen gemacht. Bei mir trifft ja auch zu, was man den Alten häufig nachsagt: dass sie nicht einmal ihren Videorecorder selbst programmieren können. Nun sollte ich mir einen Computer zulegen, damit ich im Internet surfen kann.

Solange ich noch im Beruf aktiv war, habe ich es abgelehnt, dass ein Bildschirm auf meinen Schreibtisch kam. Dabei wusste ich genau die Vorteile der EDV zu nutzen und hatte oft genug entscheiden müssen, welche Anlagen gekauft oder gemietet werden sollten, welche Programme wichtig und sinnvoll waren, und vor allen Dingen, welche Zahlen und Daten ich haben wollte.

Die Gegenüberstellung vom Preisleistungsverhältnis bei Neuanschaffungen oder Erweiterungen war mein Thema, aber selbst daran arbeiten, nein, da war mir die Zeit dafür zu schade.

Heute noch bin ich der Meinung, dass der Chefschreibtisch sich von allen anderen darin unterscheidet, dass dort kein PC steht. Ich weiß wie altmodisch das klingt, und bei den vielen Gesprächen der letzten Wochen in dieser Angelegenheit, insbesondere mit den Computer-Freaks, konnte mich noch keiner überzeugen, dass eine solche Auffassung heute nicht mehr zeitgemäß ist. Vielleicht ist es aber auch nur Altersstarrsinn von mir?

Drei Tage war ich in Hamburg bei meinem Sohn und habe das erste Mal mit der Maus gespielt. Anschließend hat mich meine Tochter in München in die ersten Schritte des Schreibprogramms eingeweiht und nun habe ich so ein Ding zu Hause stehen.

Zum Schreiben ist es eine große Erleichterung, und wenn ich auch noch eine Menge Klopse einbaue, so macht es mir zwischenzeitlich Freude, damit umzugehen. Eine der Folgen dieser Anschaffung ist, dass ich mich nun entschlossen habe, dieses Buch zu bebildern, denn das Scannen der alten Fotographien macht mir Spaß, nur die Bearbeitung funktioniert noch nicht.

Eine Bemerkung dazu am Rande: Moorhuhn schießen ist eine nette Beschäftigung geworden. Auch dass ich nun per E-Mail kommuniziere, empfinde ich als eine Verbesserung meiner Lebensqualität. Als einen Widerspruch zu meiner Einstellung der Verwendung des PC's auf dem Chefschreibtisch sehe ich das nicht, denn jetzt bin ich Rentner und was ich mache, ist Freizeitgestaltung.

Zwei Anekdoten am Rande, die dazu passen: Als Chef habe ich in einem Betrieb einmal die vielen Sekretärinnen der Abteilungsleiter abgeschafft und die Herren mit Diktiergeräten ausgerüstet und im Schreibsaal die Korrespondenz erledigen lassen. Mein Arbeitsplatz aber war davon ausgenommen, dafür war ich der Boss.

Für alle, die sich damit einmal befassen sei allerdings gesagt, dass die Telefonkosten der Herren Abteilungsleiter kräftig stiegen.

Die andere Geschichte war, dass ich auf einer Geschäftsführerkonferenz von den Kollegen einmal mit der Bemerkung angesprochen wurde, warum ich kein Autotelefon hatte: „Ein Autotelefon kannst du dir doch leisten", worauf gerade das meine Antwort war: „Ich kann es mir leisten, keins zu haben." Damit will ich nur meine Grundeinstellung zum Chef sein zum Ausdruck bringen.

Viele Manager sind ja auch zum Sklaven ihrer eignen Technik geworden, die sie sich aufgebaut haben und darüber hinaus (so formuliert es Daniel Goeudevert) zum Krüppel geworden sind, nicht weil ihnen etwas fehlt, sondern weil sie von allem zu viel haben und letztendlich glauben, auch weil es so angenehm ist, was die Höflinge in ihrem Umfeld sagen.

Das wonnige Gefühl in ihnen ist jedoch nur der Sonnenschein, der die Position erleuchtet, und mit dem Abschied von ihr sich auch die Sonne verdunkelt, und dann erst zeigt sich, ob er als Mensch das Managerdasein überlebt hat.

Im Herbst des Jahres 1987 hatte ich eine Begegnung, die meinem privaten Leben bis heute einen neuen, anderen Verlauf gegeben hat. Ich lernte meine jetzige Frau Sylvia kennen. Über eine Anzeige in der Zeitung suchte ich für ein paar Stunden in der Woche eine Hilfe für meinen Haushalt.

Sie bewarb sich darum und brachte meine Junggesellenwohnung auf Vordermann, um es salopp zu formulieren.

Es waren aber die Gespräche mit ihr, die mir eine neue andere Welt aufzeigten. Was waren das doch alles für kleine Wehwehchen, die ich zu bewältigen hatte, im Gegensatz zu dem, was sie durchgemacht und geleistet hatte. Es war mein Respekt vor ihrer Lebensleistung, der mich ihr näherbrachte und mit der Zeit in eine tiefe Zuneigung überging.

Es machte mir Freude und daran hat sich bis heute nichts geändert, ihr ein etwas anderes Leben zu bieten. Es waren zuerst die kleinen Dinge, die mir Freude machten, wenn ich etwa mit mit ihr nach Köln fuhr, um eine neue Garderobe zu kaufen, und wir anschließend noch auf ein paar Kölsch in eine Kneipe gingen.

Dann begannen wir mit dem Reisen. Ich zeigte ihr einige Städte und Länder, die ich schon besucht hatte, und fand meine Erfüllung darin, zu sehen, wie ihr das gefiel.

Sylvia

Mittlerweile haben wir gemeinsam einige große Reisen gemacht und einiges Interessantes und Neues auf dieser Welt für uns entdeckt.

Ich habe zu Beginn meines Schreibens einmal davon gesprochen, dass ich viele Erlebnisse hatte, die ich aber leider nicht teilen oder mitteilen konnte, das hat sich nun geändert und ist zu einer Bereicherung für mich geworden.

Wenn man heute in unserer toleranten Zeit, was immer man auch darunter versteht, zusammenleben kann, ohne Anstoß zu erregen, so war es doch für mich selbstverständlich, wieder zu heiraten, um ihr die notwendige Sicherheit zu geben und auch um mich selbst in die Verantwortung zu nehmen.

Da sie aus ihrer Ehe die beiden Kinder Sascha und Lydia mitbrachte, habe ich nun eine Familie mit vier erwachsenen Kindern.

Hochzeit

Heute ist der 20. Mai 2001. Ich sitze in der Sonne in Bad Hönningen auf dem Campingplatz, den der Leser ja schon von meinen Schilderungen her kennt und habe erneut das bisher Geschriebene durchgelesen. Es sind fast vier Jahre vergangen, seitdem ich mit dem Aufschreiben meiner Erlebnisse und Gedanken begonnen habe, also doch mit relativ großen Unterbrechungen. Nun ich habe mich entschlossen, meine Aufzeichnungen zu beenden.

„Der Mann mit der Zigarre macht Schluss"

So stand es einmal in einem Pressebericht, als ich eine Aufgabe abgeschlossen hatte, und so will ich es wiederholen.

Seit meinem 30. Lebensjahr begleiten mich die Zigarren. Was ist das eigentlich mit diesem Rauchen? Ist es bereits einzuordnen unter Sucht, weil ich nicht damit aufhöre, obschon ich weiß, dass es meiner Gesundheit nicht förderlich ist. Etwas Dummheit ist sicher dabei, auf jeden Fall ist es eine liebgewonnene Marotte von mir.

Angefangen hat es zu meiner EDEKA-Zeit, als nach Abschluss der Sitzungen, im großen Sitzungssaal des EDEKA-Hauses in Hamburg am Alsterufer der EDEKA-Rollgriff erfunden wurde.

Rollgriff bedeutete, wenn zum Schluss einer Tagung noch einmal jeder in die auf dem Tisch stehenden Zigarrenkisten griff und zwar nicht, um eine mitzunehmen, sondern so viele, wie mit einer Hand zu fassen waren, auch von denjenigen ausgeführt, die nicht rauchten, sondern irgendwen damit versorgten. Ein typisches Beispiel von Raffgier, das war dann der EDEKA-Rollgriff.

Von da ab hat mich dann die Zigarre überall hin begleitet. Da ich bei meinen Auslandsreisen selten genug Zigarren dabei hatte und mich vor Ort versorgen musste, lernte ich das Wort Zigarren in vielen Sprachen.

In der Türkei waren es Purros,
in Italien Sigaro oder Plural Sigari,
in Jugoslavien Debela Cigara Kuba,
in Schweden sagte ich Kan Jag Fo en Cigarr tack,
in Montevideo kaufte ich un abrazo,
auf Haiti, wo das Spanische vorherrschte,
Quiero comprar cigarros por favor,
bei den Engländern I want to buy cigars please,
und in Sidney einfach Cigars.

Ein Urteil erlaube ich mir auch, indem ich sage, nirgends auf der Welt sind die Zigarren besser, bezogen auf das Preis-Leistungs-Verhältnis, als in Deutschland. Den Kult, der um die Handgedrehte aus Cuba gemacht wird oder von einigen Karibischen Inseln, kann ich nicht nachvollziehen. Über Geschmack lässt sich aber bekanntlich streiten. Deshalb will ich mich am Vergleich zwischen Sumatra und Brasil-Tabak auch nicht beteiligen, genauso wenig beim Thema handgedrehte. Denn hier ist es, wie bei vielen Handwerken: Die Garantie der gleichbleibenden Qualität, die sich im Wesentlichen durch das Deckblatt und dem gleichmäßigen Abbrennen auszeichnet, ist bei der Maschine größer, da diese nicht von der Geschicklichkeit und der Tagesform des Zigarrenmachers abhängig ist.

Ich habe die Zeremonie einer in Rum- oder Cognacdampf aufbereiteten Zigarre genossen, unter Beachtung der Etikette, wie sie Davidoff in seinem Buch beschreibt. Aber das hat nichts mit dem täglichen Rauchen zu tun.

Im Januar dieses Jahres war ich in Cuba und gehörte wohl zu den seltenen Cubareisenden, die ihre Zigarren von Deutschland mitbrachten.

Bei meinem ersten Australienbesuch stellte ich fest, wie teuer und für den einfachen Arbeiter kaum bezahlbar dort die Zigarren waren. Mit der Folge, dass ich bei meinen späteren Besuchen sie nicht nur für meinen eigenen Bedarf mitnahm, sondern auch um hier und da eine Freude zu bereiten. Wenn dort in einem einfachen Lokal in der Provinz ein Essen acht Dollar kostete, so war der Zigarrenpreis für eine, die ich aus Deutschland für 0,60 DM mitbrachte, sechs bis acht Dollar.

So und nun stecke ich mir wieder eine an, schaue von meinem Standort aus auf den Rhein, auf die vorbeifahrenden Schiffe und auf das gegenüberliegende Ufer von Bad Breisig.

Der Rhein: Mit ihm will ich mich zum Schluss befassen.

Es fasziniert mich, den Wellen und dem ständig dahin fließenden Wasser zuzuschauen. Bei irgendeiner Laudatio habe ich einmal nicht nur vom Wasser als Ursprung allen Lebens gesprochen, sondern dass Wasser auch als Sinnbild des Lebens dargestellt.

Wie zunächst der kleine Quell sprudelnd aus der Erde tritt, jedem Hindernis ausweichend, aber von Beginn an dem Gesetz der Natur und Schwerkraft folgend, den Weg abwärts sucht und findet. Wie daraus ein Bach wird, der sich mit anderen vereinigt und aus dem ein immer größer werdender Fluss entsteht, der für Mensch und Tier Grundlage der Nahrungsquelle ist, sowie dem Menschen mit seiner Kraft dient, indem er zum Beispiel Mühlen betreibt, und zwar nicht nur eine, sondern solange er im Vollbesitz seiner gebündelten Kräfte steht, viele nacheinander. Bis er dann zum Strom wird mit majestätischer

Ausstrahlung und einem Ufer, von dem aus man seine noch in ihm haftende Kraft und die davon ausgehende Gefahr erkennt, aber auch ein Ufer, an dem man von ihm lernen kann und sich ausruhen kann. So wie seine Wasser träge und gemächlich sich ins Meer ergießen und, dort angekommen, keine Mühlen mehr treiben.

Die Gewalt des Wassers kann ich fast jedes Jahr erleben, wenn der Rhein über die Ufer tritt. Die lautlose, ja schleichende Katastrophe des steigenden Wasserspiegels, die Verwüstungen, die er anrichtet und den Morast und Schlamm, den die zurückweichende Flut hinterlässt. Doch parallel dazu auch die Auffrischung und Gesundung, die deutlich erkennbar ist, wenn er wieder normal in seinem Flußbett läuft.

Ein Kölner Liedermacher hat es vortrefflich in Mundart beschrieben.

„Ei mol em Joh tritt de Rhing us dem Bett, nämlich immer dann, wenn hä Huhwasser hätt, dann freuen sich die Fesch, dat es doch klor, dann han se widder Sauerstoff für et janze Johr."

Hochwasser in Hönnigen

Ich habe mich bemüht, nicht nur Zahlen und Fakten aus meinem Leben und dem Umfeld meines Lebens aufzuzeigen, sondern mehr noch meine Gedanken und Empfindungen zu den jeweiligen Ereignissen.

Ich hatte viel Freude daran, mich zu erinnern und kann Jean Pauls Worte nachempfinden, in denen er sagt: "Die Erinnerung ist das einzige Paradies, aus dem wir nicht vertrieben werden können".

Heute bin ich ein zufriedener Mensch, aber auch froh darüber, das ich nicht wunschlos glücklich bin.

Denn ein wunschlos glücklicher Mensch ist ein armer Tor – ohne Wunsch, ohne Ziel, ohne Perspektive.

Wenn ich einmal die Augen schließe, weiß ich, ich wollte es vielen recht machen, ich habe einiges versucht und doch wenig bewegt.

Friedhelm Brass

Als Kölsche Jung, wie ich öf bezeichnet wode ben un
ich mich och föhle, sin die letzte Wöht en dem Boch
vum Willi Ostermann:

> *Un deit der Herrgott mich ens rofe,*
> *däm Petrus sagen ich alsdann:*
> *„Ich kann et ruhig deer verzälle,*
> *dat Sehnsuch ich noh Kölle han."*
> *Un loren ich vum Himmelspöözche*
> *dereins he op ming Vatterstadt,*
> *well stell ich noch do bovven sage,*
> *wie gän ich dich, mie Kölle hann.*

Meiner Tochter Beate, die mich mit zwei lieben und wilden Burschen mittlerweile zum Opa machte, schrieb ich in diesem Jahr (Erscheinung der Erstausgabe) zum Geburtstag die Verse, die ich hier zum Schluss zitiere, weil sie den Kern der Erfahrungen meines Lebens beinhalten.

Vom Kindergeburtstag zum Geburtstag der Kinder:

So wie die Erde sich dreht
die Sonne auf- und untergeht.
Das eigne Dasein endlich ist,
doch unendlich der Zyklus allen Lebens, das ist gewiss.

An den eigenen Kindern man es am besten versteht,
wie das Leben kommt, das Leben geht.
Die Geburt des Kindes vom eigenen Blut,
die Kraft der Zukunft in ihm ruht.
Das kleine Kind behütet und umsorgt,
doch auch ihm ist das Leben nur geborgt.
Selbst in Windeln und in Abhängigkeit,
vom ersten Tag an man erkennt die Persönlichkeit.

Tollen, springen, fröhlich sein,
läutet die bewegte Phase ein.
Neugierig fühlen, fassen, fragen,
hören was die andern sagen.

Selbst das Lernen will gelernet sein,
ob Junge oder Mägdelein.
Ist dann wieder einmal ein Jahr vergangen,
für Eltern mit Freude, aber auch mit Bangen.

Blickt am Geburtstag man zurück,
überwiegt der Stolz, die Freude und das Glück.
Die Erfahrung des Lebens, die die Alten gemacht,
ihr Wissen um Gefahren, das nicht immer die Sonne lacht.
Lässt Eltern auch in der Freude nicht leichtsinnig werden,
glücklich sein sollen sie auf Erden.

Dann kommt die Zeit, sie nennt man Jugend,
die erste Bewährung, man nennt sie Tugend.
Schmerzlich für die Eltern zu sehn,
wenn die einst Kleinen eigne Wege gehen.

Beim Tun und Lassen wünscht man Glück,
Kindheit und Jugend bleiben zurück.
Heute laden sie zum Geburtstag ein,
und schon sind da neue Kinderlein.

Für die Eltern aber Kind bleibt Kind,
auch wenn sie in die Jahre gekommen sind.
Kindsein hat für sie nichts mit Alter zu tun,
es sind Sorge, Freude, Schmerz, die in ihnen ruhn.
Und für die Kinder die wahre Kindheit erst vergeht,
wenn der Eltern Geist vorm Himmel steht.
Aufgerufen sind dann die neuen Alten,
Eignes Blut und Leben zu verwalten.

Vom gleichen Autor seien hier noch zwei weitere Veröffentlichungen erwähnt.

Die Titelseiten sind nachstehend abgebildet.
Im Original selbstverständlich farbig.

1. **"Kölsche Tön" – Herrjott wat et nit all jitt**

   Die Kölsche Sproch es schon jet bekloptes.
   Self wenn de se verstehs,
   weiss de noch lang nit wat gemeint es.

2. **Ein turbulenter Weg**

   Es ist gut wenn man in die Welt hinaus geht,
   ja, man sollte es sogar tun,
   aber trotzden sein wie ein Baum –
   tiefverwurzelt in der heimatlichen Erde.

Kölsche
Herrjott wat et nit all jitt
Ton
Jeck
Löstich
Un Biesterei

Frank Brandt.

Die Hauptperson
des Romans
"Ein turbulenter Weg!".

In vielen Situationen seines
Lebens musste er
Entscheidungen treffen,
die ihm keine Zeit ließen,
die Konsequenzen
und Folgen zu bedenken.

**Der
literarische
Vater von
Frank Brandt**

eff *ee*

Er entschied aus dem Gefühl des Augenblicks
und der inneren Eingebung, beflügelt von einer
ihm eigenen Leichtigkeit. In den ersten Jahren
zusätzlich getragen von jugendlichem Übermut
und der Unbedarftheit. Dann aber auch zuverlässig
und Verantwortung übernehmend für die
Menschen, die ihn auf seinem Weg begleiteten.

Nicht immer gewollt und geplant,
aber stets mit interessiertem Blick für Kultur und
Natur bereiste, arbeitete und flüchtete er
durch die exotischsten Länder der Erde.

25 Jahre ein turbulentes Leben –
um am Ende doch seine Wurzeln in der
heimatlichen Erde zu finden.

Ein turbulenter Weg!

Herstellung und Verlag:
BoD - Books on Demand, Norderstedt
ISBN 978-3-7448-1321-1